# CASAGRANDE
## E SEUS DEMÔNIOS

# CASAGRANDE E SEUS DEMÔNIOS
## CASAGRANDE E GILVAN RIBEIRO

**EDIÇÃO ATUALIZADA**

1ª edição

EDITORA RECORD
RIO DE JANEIRO • SÃO PAULO
2024

CIP-BRASIL. CATALOGAÇÃO NA PUBLICAÇÃO
SINDICATO NACIONAL DOS EDITORES DE LIVROS, RJ

C33c
    Casagrande Júnior, Walter, 1963-
       Casagrande e seus demônios / Walter Casagrande Júnior, Gilvan Ribeiro. - 1. ed., atual. - Rio de Janeiro : Record, 2024.

       ISBN 978-85-01-92160-4

       1. Casagrande Júnior, Walter, 1963-. 2. Jogadores de futebol - Brasil - Biografia. 3. Futebol - Brasil - História. I. Ribeiro, Gilvan. II. Título.

24-91474
                 CDD: 927.963340981
                 CDU: 929:796.332(81)

Gabriela Faray Ferreira Lopes - Bibliotecária - CRB-7/6643

Copyright © Walter Casagrande Júnior e Gilvan Ribeiro, 2013, 2024

Capa: Leticia Quintilhano sobre foto de Maria Isabel Oliveira/Agência O Globo

Fotos do encarte: 1. José Ribeiro/Diário de S. Paulo | 2. Oswaldo Kaize/Folhapress | 3. Antonio Moura/Agência O Globo | 4. José Pinto/Abril Comunicações S/A | 5. Fotógrafo não identificado/Acervo Gazeta Press | 6. J. B. Scalco/Placar | 7. Acervo pessoal do autor | 8. Carlos Fenerich/Abril Comunicações S.A | 9. Irmo Celso/Placar | 10. Acervo pessoal do autor | 11. Fernando Santos/Folhapress | 12. Alfredo Rizzutti/Agência Estado | 13. Acervo pessoal do autor | 14. Paulo Santos/Placar | 15. Manoel Motta/FolhaPress | 16 a 19. Acervo pessoal do autor | 20. PA Images / Alamy / Fotoarena | 21 a 37. Acervo pessoal do autor

Todos os esforços foram feitos para localizar os fotógrafos das imagens reproduzidas neste livro. Nossa intenção é divulgar o material iconográfico que marcou uma época, sem qualquer intuito de violar direitos de terceiros. A editora compromete-se a dar os devidos créditos numa próxima edição, caso os autores as reconheçam e possam provar sua autoria.

Todos os direitos reservados. Proibida a reprodução, armazenamento ou transmissão de partes deste livro, através de quaisquer meios, sem prévia autorização por escrito.

Texto revisado segundo o Acordo Ortográfico da Língua Portuguesa de 1990.

Direitos exclusivos desta edição reservados pela
EDITORA RECORD LTDA.
Rua Argentina, 171 – Rio de Janeiro, RJ – 20921-380 – Tel.: (21) 2585-2000.

Impresso no Brasil

ISBN 978-85-01-92160-4

Seja um leitor preferencial Record.
Cadastre-se no site www.record.com.br
e receba informações sobre nossos
lançamentos e nossas promoções.

Atendimento e venda direta ao leitor:
sac@record.com.br

*Dedico esta biografia à minha irmã Zilda, que nos deixou tão cedo; ao Sócrates, ao Gonzaguinha e ao Marcelo Fromer, por terem me revelado o verdadeiro sentido da palavra amizade; e ao Raul Seixas, ídolo eterno.*

Walter Casagrande Júnior

*Dedico este livro a Cristina Maiello e Luan Ribeiro, por tudo.*

Gilvan Ribeiro

*Há homens que lutam um dia, e são bons;*
*Há outros que lutam um ano, e são melhores;*
*Há aqueles que lutam muitos anos, e são muito bons;*
*Porém, há os que lutam toda a vida;*
*Estes são os imprescindíveis.*

"Os que lutam", Bertolt Brecht

# SUMÁRIO

Prefácio à primeira edição, *por Marcelo Rubens Paiva* — 11
Prefácio à nova edição, *por Paulo Miklos* — 15
Introdução à nova edição — 17

1. Demônios à solta — 19
2. Água benta — 27
3. Overdoses — 31
4. A primeira internação — 39
5. Memórias do exílio — 45
6. A vida lá fora — 51
7. Os filhos — 55
8. *Domingão do Faustão* — 63
9. Demônios, o confronto final — 75
10. O furacão Baby — 93
11. Amizade colorida — 115
12. Inferno na torre — 125
13. Prisão em flagrante — 131
14. Democracia Corinthiana — 139
15. A ditadura do amor — 155
16. Uma dupla (quase) perfeita — 165
17. O Leão é manso — 193
18. Aventura na Europa — 199
19. Às turras com Telê — 213
20. Pegadinhas do Casão — 223

21. Futpopbolista 233
22. Política em campo 259
23. Na luta contra o racismo 275
24. Adeus à Globo 289
25. História sem fim 305

Olhando no espelho 313
Agradecimentos 321
Referências bibliográficas 323
Índice onomástico 325

# PREFÁCIO À PRIMEIRA EDIÇÃO

"Minha vida dá um livro." Se alguém tem o direito de fazer esse comentário, seu nome é Walter Casagrande Júnior, nosso amigo Casão, o homem-gol com sangue de roqueiro, inquieto, curioso, destemido, atirado e, sobretudo, amigo prestativo e fiel.

Em 2012, ele se emocionou e se divertiu em Yokohama, chorou e riu, cobrindo o seu Corinthians no Mundial de Clubes da FIFA, disputado no Japão. Nos mandava mensagens pelo celular antes dos jogos, ainda madrugada no Brasil: "Acorda, meu, vai começar o jogo!".

Sua vida dá um livro. Dá um filme. Dá uma ópera-rock, sob a supervisão de Lobão, Nasi Valadão, Kiko Zambianchi, Lee Marcucci e Titãs, rapaziada bem vivida de seu círculo de amizades.

Ópera que começaria com ele sozinho em seu apê no bairro Alto de Pinheiros, em São Paulo, na meia-idade, com um dos melhores empregos do telejornalismo, o de comentarista esportivo respeitado e com prestígio na Rede Globo.

As janelas estão fechadas há dias, e as portas, trancadas. Um cheiro de cigarro, bebida, busca e mofo no ar. Por que sempre queremos mais? Se nos dão o topo, queremos atravessar as nuvens. Se estamos na estratosfera, queremos ir a outros planetas, outras galáxias. Uma inquietação que alimenta a humanidade.

O protagonista Casão, de short, sem camisa, barba por fazer há dias, cabelos escorridos, emaranhados, começa seu ritual macabro e rotineiro. O que buscava? O fundo. O outro lado. A fronteira.

Tranca as portas. Coloca o DVD do The Doors. Senta-se diante de uma mesa. Primeiro, cheira três carreiras de cocaína. Toma uns comprimidos pra dar barato. Prepara, aí sim, o néctar, a estrela de sua festinha particular, uma seringa com heroína. Faz um torniquete, procura uma das poucas veias que ainda aguentam o tranco de uma agulhada. Enquanto a droga injetada vagueia pelo corpo, ele enxuga meia garrafa de tequila e, para dar a liga final, fuma um baseado.

E quem me descreveu essa cena, com uma sinceridade comovente, num fim de tarde comum, foi o próprio. Continua.

Ele se deita no chão sobre uma mandala, abraçado a um grande crucifixo. Acende um Marlboro light e vê pela enésima vez Jim Morrison cantar: "This is the end, my only friend, the end of our elaborate plans, the end of everything that stands, the end, no safety or surprise, the end..." [Este é o fim, meu único amigo, o fim dos nossos planos traçados, o fim de tudo que interessa, o fim sem saída nem surpresa, o fim...].

Difícil tal cena ser imaginada. Por mais exagerada e absurda que possa parecer, isso acontecia nos últimos dias do mergulho profundo em uma viagem tenebrosa e solitária que, por milagre, foi interrompida graças à sua família e à perseverança de um filho. Sua busca não tinha mais um fim em si mesmo, mas o próprio desfecho embutido.

Ele é levado à força a uma clínica, e nos primeiros quatro meses fica em isolamento, sem TV ou jornais. Ao todo, o tratamento dura um ano.

Repensa. Relembra. Aos dezoito anos de idade, como jogador, faz quatro gols na estreia como profissional do Corinthians. Dias depois, faz três contra o arquirrival Palmeiras. Parece sonho de um moleque torcedor, mas assim ele começou.

Corta. Estamos agora no comício das Diretas Já. Ele, Sócrates, Wladimir e Zenon, diante de mais de 1 milhão de pessoas no Anhangabaú, ao lado de Osmar Santos, gritam: "Queremos eleições diretas!"

Num flashback, aparece com dois amigos levando uma dura da Rota, que procura o baseado que ele, Casão, dispensou segundos antes. O jogador já famoso e articulador do movimento Democracia Corinthiana apanha da polícia em plena Marginal Tietê. Dias depois, é preso no aeroporto

## PREFÁCIO À PRIMEIRA EDIÇÃO

Santos Dumont com uma presença implantada pela Polícia Federal, braço repressivo da ditadura, que anunciou a prisão com toda a pompa.

Muitos acharão que o autor deste livro ou os roteiristas do suposto filme carregaram na tinta, maltrataram o teclado e exageraram, para ampliar os conflitos e pontos de virada, para tornar a narrativa mais atraente do que ela é. Impossível.

Sim, tudo isso aconteceu e está contado aqui por Gilvan Ribeiro, que não segue a ordem cronológica previsível, não se censura, não adoça, e começa pelo pior, pelos Demônios à solta.

Casão faz questão de contar o inferno que viveu quando era viciado em drogas e sua internação, pois para ele é fundamental passar adiante a experiência, dividir as dores da dependência e alertar para os perigos de um vício frenético, sem preconceitos, desvios ou mentiras. A verdade ajuda a sanidade.

Ele nos lembra com uma incrível riqueza de detalhes, coração aberto, sincero, memória preservada, como um alerta. Crianças, não se espelhem em mim. Vi o inferno. Passeei de mãos dadas com o demônio. E não recomendo.

Eu, "curíntia" fanático, amigo do Dotô, ou Magrão [Sócrates], acompanhei de perto as aventuras e provocações da Democracia Corinthiana. Torcia por aquele camisa 9 cabeludo que frequentava as mesmas casas noturnas que eu, como o Carbono 14, na Bela Vista, achava o Rose Bom Bom muito "playba" — onde começou a cena roqueira brasileira dos anos 1980 —, era amigo dos meus amigos e jogava muito!

Desde os catorze anos ele já era bicho-grilo. Andava de Havaianas ao contrário, jeans desbotado, camiseta da irmã, tipo baby look. Usou tamancos na época. Saía muito com o Magrão [Sócrates], que o adotou. Casão com dezoito anos, já no profissional do Corinthians, ele com 27. Ele sábio, equilibrado, diante do garoto passional, que queria experimentar tudo na vida.

Foi em 1982, durante o show de Peter Frampton no Corinthians, que o apresentaram à cocaína. Sentiu-se Zeus no Monte Olimpo. "O cara me deu um colar com uma conchinha cheia de pó, e eu ficava cheirando e bebendo Campari a noite toda, nem vi o show. Depois fui tirar uma foto com o Peter Frampton. Eu parecia um fantasma", me disse certa vez.

Corinthians, Seleção Brasileira. Seguiu o caminho dos grandes ídolos. Ficou oito anos jogando na Europa, primeiro no Porto, Portugal, e depois no Torino, Itália, com uma rotina bem família, sem se drogar, até ser introduzido à heroína. Usou três dias direto, sem parar. Sacou que aquilo não ia dar certo. A droga passou a fazer parte de sua "filosofia de vida".

Em 2005, como comentarista, se injetava e saía dirigindo o carro, vendo estrelas e fantasmas. Galvão Bueno e, principalmente, Marco Mora, diretor executivo da Central Globo de Esportes em São Paulo (CGESP), o bancaram durante a internação. A imprensa o preservou, por respeito ao seu passado e ao grande cara que todos adoram. Até o desafeto ex-goleiro e técnico Emerson Leão, que era contra a Democracia Corinthiana, o procurou e o apoiou. Paulo César Caju, craque que viveu drama semelhante, deu suporte. Assim como Lobão.

Não fugia da clínica porque queria provar que não precisava estar lá. Ficou quatro meses. Descobriu que, sim, precisava estar lá, que "dependentes químicos usam drogas para se anestesiar de algo na vida com que eles não conseguem lidar". Ficou mais oito meses, totalmente isolado, recebendo visitas apenas dos familiares.

Casão ainda faz terapia, anda com psicólogas. E, como poucos, consegue rir da desgraça pela qual passou. Voltou a ser um dos melhores comentaristas da TV brasileira.

Ciente de que é ex-dependente, grupo que, segundo ele, mais sofre preconceito no Brasil, milita agora em palestras, abre o jogo em eventos e entrevistas, alerta e expõe seu drama pessoal, tão bem contado aqui nestas páginas pelo confidente e amigo jornalista Ribeiro.

Marcelo Rubens Paiva
*Corintiano, maloqueiro, escritor*

# PREFÁCIO À NOVA EDIÇÃO

Casagrande é um amigo fiel. Daqueles com quem você pode contar. Ele vai estar do seu lado. Foi assim quando nos encontramos no Hospital das Clínicas em São Paulo, desesperados por notícias do nosso querido Marcelo Fromer. Sofremos juntos a perda de um grande amigo. Foi ali que eu conheci outro Casagrande. Sensível, amoroso, agregador. Casagrande tinha um projeto com o Marcelo, um livro de memórias, uma biografia; eles estavam sempre juntos e chegaram a gravar sessões de conversas com esse objetivo. Infelizmente, a ideia não saiu daquelas fitas cassete.

Mas, agora, você tem este livro em mãos! O título é muito preciso: *Casagrande e seus demônios*. É claro que a expectativa de revelações assombrosas não será frustrada aqui. Nosso herói não ficaria satisfeito com um livro chapa-branca. Herói, sim! Por todas as conquistas incríveis na carreira e pela postura, dentro e fora de campo!

Casão vem prestar um serviço inestimável para todos os que passam pelo que ele passou. Todos nós temos de lidar com nossos demônios. Seu exemplo, as lições que aprendemos, suas paixões e seu desassossego estão aqui. Ele é o mesmo cidadão comprometido com seu semelhante e com seu país da época da Democracia Corinthiana. Casão é rock'n'roll! Um cara de personalidade muito autêntica. Não à toa é considerado um dos maiores comentaristas do Brasil.

O que você tem nas mãos é um livro corajoso. Com o único intuito de domar nossos demônios. Aqui, Casagrande expõe suas lutas contra a dependência química e revela detalhes íntimos de sua batalha pessoal. Ele abre seu coração, compartilhando as experiências mais difíceis e delicadas.

Ao fazê-lo, ele não apenas destaca a importância do apoio e da solidariedade, mas também nos convida a refletir sobre a importância de tratar as questões de saúde mental e vícios de forma compassiva.

Sabemos que todos nós estamos na busca desse equilíbrio saudável frente às mudanças em nossas vidas. O tempo passa. As coisas se transformam à nossa volta. Por vezes a gente se perde e precisa recomeçar a busca pela felicidade. Amadurecer está principalmente na capacidade de a gente se redimensionar. Encontrar vida em novos espaços. Aprender também é a descoberta do que temos por dentro.

Envelhecer é uma viagem. Devemos, como Casagrande, seguir com dignidade, bom humor e verdade. Compartilhando nossas experiências e, principalmente, amando. Amando muito as pessoas. E sonhando sempre.

Obrigado, Gilvan Ribeiro! Parabéns pelo trabalho primoroso.

Obrigado, Casão! Por esta aula de humanidade. Conta sempre comigo também!!!

Paulo Miklos
*Músico, compositor, integrante do grupo Titãs e ator.*

# INTRODUÇÃO À NOVA EDIÇÃO

O relançamento de *Casagrande e seus demônios* – em edição atualizada, com novos capítulos –, além de celebrar o sucesso do livro publicado pela primeira vez em 2013, tornando-o acessível a leitores que porventura não tenham tido a oportunidade de desfrutá-lo na época, cumpre o papel de desvendar tudo o que ocorreu na trajetória de Walter Casagrande Júnior nesses últimos dez anos. E não foi pouca coisa, como se constatará no decorrer das próximas páginas.

Houve recaídas no uso de cocaína e álcool, algo comum durante o tratamento de dependentes químicos até que o ponto de equilíbrio seja alcançado. Quando viajamos pelo Brasil em movimentadas sessões de autógrafos nas livrarias de todo o país, há uma década, Casagrande se mostrava ótimo e acreditava que as drogas eram coisa do passado. No entanto, a morte de sua mãe, dona Zilda, em setembro daquele ano, teve impacto devastador. Em depressão profunda, primeiro passou a consumir grandes quantidades de bebidas alcoólicas, um gatilho que inevitavelmente o levaria de volta ao pó. Como consequência direta, os tão temidos demônios não demorariam a cruzar seu caminho novamente.

As primeiras aparições, nessa outra fase de terror, ocorreriam em novembro de 2014, num hotel em Viena, para onde ele viajara a fim de comentar um amistoso da Seleção Brasileira – essas visões iniciais aconteceram sem que estivesse sob efeito de drogas, assegura Casagrande, o que o deixava ainda mais alarmado e perturbado. O surto começou com a presença sobrenatural de uma mulher demoníaca, de cabelos pretos e muito pálida, que o seguiria no retorno ao Brasil, trazendo junto mais companheiros indesejáveis.

Dessa vez, ao contrário das monstruosidades que o haviam atormentado em 2007, os tinhosos seres do mal tinham formas humanas. O chefe deles, um sujeito de sorriso sarcástico e cabelo amarelo, até usava calça jeans em suas visitas diárias a sua casa, aos finais de tarde. Chegavam pontualmente às 18h. A despeito de a aparência ser menos grotesca, a experiência se revelaria mais apavorante e perigosa do que a anterior por ter ameaçado a sua existência. No auge da obsessão, os demônios quase o induziram a se atirar da janela do apartamento.

A virada decisiva em sua vida se daria com a iniciativa própria de buscar internação em outubro de 2015, na mesma clínica para onde havia sido conduzido à revelia oito anos antes e permanecido isolado durante longos doze meses. A diferença agora é que não se achava em estado tão deplorável e, por se tratar de um ato voluntário, ele podia sair para trabalhar em dias de jogos e participar de programas, assim como para almoçar com amigos, ir ao cinema, ao teatro ou a shows, sempre com o apoio de um psicólogo.

Desde então, Casagrande ganhou autonomia e segue livre das drogas e do álcool. E também dos demônios. Passou a combater outra espécie de "diabo" – aquele tipo de carne e osso, que propaga ódio na sociedade e coloca em risco a democracia. A ascensão da extrema direita o fez entrar com mais firmeza na luta antirracista e voltar à militância nas eleições de 2022, com repercussões em sua carreira profissional, que culminariam em sua saída da Globo.

As suas incursões pela cultura, com a produção de um show monumental em homenagem a Adoniran Barbosa, no Theatro Municipal de São Paulo, e de outros que ele acalenta para o futuro, também se encontram neste livro. Episódios recentes que serão compartilhados com os leitores, convidados a relembrar passagens dramáticas do ex-jogador, com mais detalhes, e a descobrir tantas outras aventuras inéditas.

# 1. DEMÔNIOS À SOLTA

As portas do inferno estavam abertas. Os demônios invadiam a casa sem qualquer cerimônia, andavam pelos cômodos, apareciam nas paredes, sentavam-se no sofá. Como se a presença deles ali fosse algo natural. Eram feios, muito feios, horrendos mesmo. E grandes, enormes, mal cabiam no apartamento localizado na Vila Leopoldina, na zona oeste de São Paulo. Espremido entre aqueles seres descomunais, estava Walter Casagrande Júnior, apavorado, sem noção do tempo e do espaço. Já perdera a conta de quantos dias essa situação absurda se repetia. Coisa de um mês, talvez. A confusão se tornava ainda maior pela quantidade de noites e manhãs que se emendavam, sem um intervalo para o sono restaurador. Atingira algo em torno de dez dias em claro, sem dormir ou comer.

Não deixa de ser irônico que o ex-jogador de 1,91 metro, acostumado a trombar com zagueiros corpulentos, que não se intimidava com cara feia, estivesse tão acuado agora. A irreverência sempre fora a sua marca registrada. Já desafiara, com opiniões e gestos contundentes, dirigentes, técnicos, autoridades, a ditadura militar nos anos 1980, e tudo o que aparecia pela frente e lhe parecia autoritário. Desde a adolescência, encarava as frequentes blitze policiais com certa ironia; já fora revistado várias vezes por soldados truculentos, chegou a ser preso por porte de cocaína no auge da carreira de atacante, mas jamais se abalava. Tratava os problemas em geral, inclusive no âmbito da Justiça, com um despudor que beirava a irresponsabilidade. Alma de roqueiro, guerrilheiro, orra, meu!

Mas aquele cara apenas lembrava, remotamente, o atacante destemido que fez sucesso em clubes como Corinthians, São Paulo, Porto, Ascoli,

Torino, Flamengo e na Seleção Brasileira. Magro de assustar, usava o cinto com furos adicionais, cada vez mais próximos da outra extremidade para segurar a calça na linha da cintura, e exibia as maçãs do rosto proeminentes, ressaltadas por bochechas chupadas para dentro. A sua figura esquálida e os olhos fundos, com as pupilas dilatadas, agora demonstravam só fragilidade. E medo.

"Eu tinha visões horríveis, tudo parecia muito real. Estava assustado pra caralho, via demônios pelo apartamento inteiro. Eram maiores do que eu, com dois ou três metros de altura. Alguns apareciam no quarto, outros na sala, e até uma imagem de mulher surgiu refletida na geladeira. Aí comecei a ficar com medo de ir à cozinha, já não comia, nem me sentava no sofá, porque eu os via em todos os lugares, todos os dias, constantemente. Não falavam ou me ameaçavam, mas a simples presença deles era aterrorizante. Isso durou um mês, sei lá, um mês e meio", conta o ídolo.

O pavor de se deparar com aqueles seres dos infernos o levava a desviar o olhar e a evitar qualquer tipo de contato. Por isso não chegou a guardar as feições de todas as criaturas. Em sua mente ficou registrada apenas a imagem de um deles: "O formato era de homem, só que muito maior. Os olhos, vermelhos, brilhavam. Tinha as orelhas grandes, o nariz também, e os dentes caninos saíam pra fora da boca", descreve.

Atualmente, libertado das profundezas, Casagrande procura dar uma explicação racional para a loucura daqueles dias. "Eu entrei em surto psicótico pelo uso exagerado de drogas e privação de sono. Também foi uma coisa induzida pelas pesquisas que eu estava fazendo, na época, sobre demônios", justifica.

O interesse pelo assunto surgiu como uma curiosidade meramente intelectual. Casagrande não segue uma religião e não tinha a menor intenção de se meter com feitiçaria ou satanismo. "É fundamental o fato de tudo na vida ter dois lados. Nós temos o braço esquerdo e o direito, dois olhos, duas orelhas, a porta se abre e se fecha, a luz se acende e se apaga. Se a gente jogar uma pedra pra cima, ela vai descer. Enfim, tudo tem o oposto. Então, seria muita pretensão das pessoas achar que só existem Deus e os anjos. Creio que bem e mal, sombra e luz, Sol e Lua, noite e dia, direito e esquerdo – quaisquer definições de opostos são complementares. Um precisa do outro para existir. Para o equilíbrio do universo, que é movido a energia, é preciso existir as duas faces."

Ao lado disso, há uma forte mística demoníaca no rock, gênero musical do qual Casagrande sempre foi fã. Uma vertente que abarca algumas bandas, sobretudo de heavy metal, com simulações de cultos satânicos destinadas a estimular a rebeldia do público de maneira metafórica. Usa-se a figura do diabo muito mais como um símbolo de contestação – para chocar uma sociedade hipócrita que prega valores cristãos, mas age de maneira oposta aos ensinamentos deixados por Jesus – do que propriamente para propor uma conversão ao mal.

O Black Sabbath, banda inglesa que é uma das preferidas de Casagrande, tem muitas histórias sombrias em suas letras, com referências a demônios e práticas ocultistas. A tendência partiu do baixista e principal letrista Geezer Butler, aficionado por contos e romances desse tipo. Butler se inspirou, para batizar o grupo, em um filme de terror italiano do diretor Mario Bava, *As três máscaras do terror*, de 1963, exibido na Inglaterra e nos Estados Unidos como *Black Sabbath*. Esse era o termo que a Santa Inquisição, na Idade Média, utilizava para se referir a supostas reuniões de bruxas e feiticeiros com o propósito de invocar o diabo. Porém, como as confissões eram obtidas sob tortura, não há confirmação de que esses encontros existissem de fato.

Na década de 1970, Raul Seixas, símbolo do rock brasileiro e um dos maiores ídolos de Casagrande, aventurou-se por esse terreno pantanoso. "Sociedade alternativa", composição dele em parceria com Paulo Coelho, que integra *Gita*, LP já no panteão dos clássicos nacionais, faz um tributo ao ocultista inglês Aleister Crowley (1875-1947). Fundador de uma religião denominada Thelema, o polêmico Crowley se autoproclamava a "Grande Besta 666", número associado ao mal no Apocalipse, e defendia o uso de drogas e o sexo livre, para escândalo em sua época. A letra da canção reproduz trechos do *Liber Oz*, texto com os princípios da Thelema, como: "Faz o que tu queres, há de ser tudo da lei." A música ainda cita Crowley e saúda a chegada do Novo Aeon, era que supostamente viria para marcar o domínio dessa controversa religião no mundo. Até sua morte, Raul Seixas se manteve fiel às ideias propagadas por Crowley. Já o escritor Paulo Coelho diz tê-las rejeitado desde 1974. Tanto é assim que, no último encontro dos parceiros, em 1989, em um show no Canecão, ele não cantou o verso "Faz o que tu queres/Há de ser tudo da lei", durante a execução de "Sociedade alternativa".

Muitos outros astros da música e bandas de rock cultuavam Crowley. Ele foi homenageado pelos Beatles na capa de *Sgt. Pepper's Lonely Hearts Club Band*, de 1967, e David Bowie chegou a gravar um disco inspirado em seus pensamentos, *Station to Station*, em 1976. Assim como Jimmy Page, do Led Zeppelin, sempre assumiu ser seu admirador e seguidor.

Nesse caldo cultural do rock, é compreensível que o interesse de Casagrande tenha sido despertado, levando-o a procurar livros de Crowley e outros na mesma linha. Movido por esses estímulos, passou a pesquisar a origem dos mitos demoníacos. A Bíblia revela a saga de Lúcifer, anjo criado por Deus para liderar os querubins, mas que se rebelou contra o Criador e acabou expulso do Paraíso. O primeiro revolucionário de todos os tempos. A partir daí, chegou à história do rei Salomão, governante de Israel cerca de mil anos antes de Cristo. "O rei Salomão virou mago, invocou e domou os 72 demônios bíblicos. Em seguida, os aprisionou dentro de um vaso de cobre, atirado dentro do rio da Babilônia. Porém, as pessoas viram o vaso ser jogado no rio e pensaram se tratar de um tesouro. Alguns homens mergulharam, acharam o recipiente e o quebraram em busca de joias, mas acabaram por libertar os demônios."

De acordo com a história, 71 demônios voltaram para seu lugar de origem. Só um deles permaneceu na Terra. "Justamente o mais poderoso, chamado rei Belial, criado logo depois de Lúcifer. Em vez de retornar, ele entrou numa estátua, que passou a ser cultuada por muita gente. As pessoas faziam oferendas e, assim, adoravam o demônio Belial", relata Casagrande.

No início, essas pesquisas transcorreram sem drama, apenas como uma atividade intelectual, e cada leitura o instigava a se aprofundar mais. Por isso, ao encontrar certo dia o amigo Ari Borges, jornalista com passagens por diversos veículos importantes da mídia impressa e televisiva, como

*Estadão*, *Folha*, Globo e ESPN Brasil (onde trabalharam juntos, inclusive), Casão se interessou por um livro alemão que o jornalista acabara de trazer de uma viagem a Nova York.

*Dämonen: zwischen uns* ("Demônios: entre nós") trata-se de um grosso livro de arte dedicado a revelar as diversas formas demoníacas retratadas em gravuras e pinturas ao longo dos tempos, desde desenhos feitos em cavernas até obras renascentistas, algumas delas encomendadas para compor o acervo do Vaticano, como era muito comum nesse período, entre os séculos XIV e XVII. Não havia nada especialmente maligno naquela publicação elegante, feita em cuchê – um tipo de papel brilhante, espesso e com textura lisa usado normalmente em encadernações de luxo por sua alta qualidade de reprodução. Existem inúmeros quadros com imagens como aquelas, expostos em igrejas e museus do mundo inteiro. Uma das cenas recorrentes em obras de arte sacra é a que mostra a luta de anjos e demônios pela alma de pessoas moribundas, prostradas na cama, à beira da morte.

O livro alemão continha a reprodução das gravuras com as mais variadas representações de demônios em quase toda a extensão das páginas, com apenas breves comentários em alemão – ou seja, Casagrande não entendia bulhufas. O problema é que, naquela ocasião, enquanto se entretinha com as figuras assustadoras e dava asas à imaginação, ele intensificou o uso de cocaína e heroína por via venosa. O efeito das drogas, somado à vigília, levou-o a um surto psicótico e alucinações. A princípio, adotou a tática de ignorá-las, evitar encará-las e esperar que sumissem. Mas o desespero de conviver diariamente com invasores horrendos zanzando dentro de casa, observando-o e mostrando suas garras de maneira cada vez mais explícita, finalmente fez com que Casão decidisse tomar providências.

"Comecei a pensar que aquele livro estava fazendo eu ter as visões, ou melhor, achei que os demônios saíam de dentro dele", explica Casagrande, sem disfarçar a aflição com a simples lembrança. Essa conclusão o levou a protagonizar uma cena digna de roteiro para filme de terror, uma passagem que ele nunca me revelara antes, por lhe provocar extremo desconforto, e que só veio à tona porque fomos juntos participar do programa de Mariana Godoy na RedeTV!, em 2016, dirigido por Ari Borges. Foi então que o jornalista perguntou sobre o livro que lhe dera de presente, o que fez com que Casão se esquivasse; preferia não tocar nesse assunto, que lhe causara muito sofrimento, e até já o havia enterrado no passado. Enterrado *literalmente*.

Depois do programa, como seu biógrafo, eu o cobrei por não ter me contado antes essa história. Dias depois, num encontro privado em sua casa, insisti para saber os detalhes, que são de arrepiar. Não bastassem a presença dos demônios na casa e a posse de um livro com uma maldição, pelo menos em sua ótica, naqueles instantes de delírio, tudo se desenrolou em uma noite chuvosa e com ventania, para completar o cenário de horror. Disposto a se livrar da publicação que supostamente seria responsável pelas aparições, ele decidiu encarar o mundo externo, depois de vários dias trancado no apartamento. Transtornado, com os olhos arregalados, as pupilas tão dilatadas que deixavam a íris completamente preta, o suor escorrendo pelo rosto e a camiseta ensopada, magérrimo, apanhou a grossa encadernação, foi até o elevador e desceu para a garagem. Entrou em seu Jeep e partiu para a missão mais tenebrosa que jamais imaginara cumprir.

"Saí na madrugada para enterrar o livro. Meu estado era de total confusão, então não me lembro do local exato, mas parei em um terreno baldio. Claro que eu não tinha uma pá, então enterrei com as mãos mesmo. Como chovia pra cacete, cavei a terra molhada. Eu estava muito doido, mergulhado em uma crise fodida", relata.

Essa medida, como se pode imaginar, não surtiu efeito. A hipótese de que o portal de passagem dessas criaturas do inferno para o planeta Terra se localizasse justamente naquele presente comprado por Ari Borges em uma livraria nova-iorquina, por uma considerável quantia em dólares, e que terminaria destinado a apodrecer na lama, logo cairia por terra. Os demônios, insistentes, continuariam a atormentá-lo.

Casagrande pretendia somente estudar esses mitos; jamais imaginou que pudessem se materializar em seu apartamento. "Eu tinha livros, lia sobre eles, mas, ao mesmo tempo, me drogava muito. São coisas incompatíveis, algo arriscado demais, porque havia um desequilíbrio mental e emocional provocado pela droga. Eu ali, pesquisando coisas pesadas, sem ter o preparo necessário. Acabei em surto psicótico e passei a criar aquelas terríveis alucinações."

Tudo explicado à luz da razão, então? Não exatamente... Havia um detalhe que deixava Casagrande ainda mais atormentado e que até hoje lhe provoca uma incômoda interrogação. Outra pessoa, com quem havia se enfurnado naquele apartamento, compartilhava as alucinações. Embora também estivesse sob efeito de drogas, é intrigante que ela relatasse as mesmas visões demoníacas. "O lance é o seguinte: eu ainda tenho uma ponta de dúvida, tá? Acho que 90% daquilo tudo, talvez até mais, tenha sido provocado pelo surto psicótico. Mas não descarto a possibilidade de que, naquele momento, espiritualmente péssimo, eu tenha aberto uma porta que não deveria, para as energias ruins baixarem em casa."

Porém não eram somente os demônios que infernizavam a vida de Casagrande. Lembram-se daquela mulher que apareceu na porta da geladeira? Pois é, ele começou a cismar que fosse uma espécie de alma penada. Uma jovem morta naquele apartamento, antes de sua mudança para lá, que agora buscava algum tipo de redenção. "Vi uma imagem muito nítida dessa mulher e fiquei gelado dos pés à cabeça. Era uma garota de 20, 22 anos, por aí, e eu não sabia se era real ou alucinação. A impressão foi de que ela estava atrás de mim, às minhas costas, com o reflexo na geladeira."

Enquanto vivia esse pesadelo interminável, não parava de se drogar. A porção de heroína já havia acabado fazia algum tempo. Mas ele aplicava cocaína nas veias, cheirava pó, bebia tequila, tomava remédio para dormir, tudo junto. Com esse nível de alteração de consciência, a paranoia atingiu níveis cada vez mais alarmantes. Assim, convenceu-se de que o corpo daquela mulher se encontrava escondido em algum lugar dentro do apartamento. E entregava-se à procura insana pelo suposto cadáver. Sempre na companhia indesejável dos demônios.

Em alguns momentos, pensou em pedir socorro. Mas não sabia a quem recorrer naquela situação tão vulnerável. Evidentemente, deixara de trabalhar como comentarista de futebol da TV Globo durante esse período. Não reunia a menor condição de sair de casa, quanto mais botar a cara no ar em rede nacional. Fugia dos amigos, porque tinha certeza de que não seria compreendido. O mundo externo lhe parecia ameaçador, embora ali estivesse mergulhado nas profundezas do inferno. Se bobeasse, poderia ser internado como doido varrido, na concepção preconceituosa de muita gente. Fechado naquele universo sombrio, estava às raias da loucura mesmo.

Como qualquer um de nós, quando a coisa apertava pra valer, Casagrande tinha ímpetos de recorrer à proteção dos pais, sobretudo da mãe, dona Zilda. Mas, matutava, como pedir colo à velha senhora num estado tão desesperador? Certamente, ele a faria sofrer. Depois de ter passado a vida toda, desde a adolescência, escondendo dela que usava drogas, seria justo pedir água quando não conseguia mais segurar a onda sozinho?

Por várias vezes pegou o telefone e discou o número da casa dos pais, quase sempre de madrugada. Dona Zilda e seu Walter acordavam, sobressaltados, e corriam aflitos para atender a ligação. "Alô! Alô? Aloooô???", mas não ouviam qualquer resposta. Essa rotina se repetiu por diversas noites. Do outro lado da linha, com o coração aos pulos e a respiração acelerada, Casagrande não conseguia pronunciar palavra.

Até que um dia ele não aguentou mais. Precisava mesmo de colo, do aconchego materno, quem sabe até de um padre, de qualquer coisa que lhe trouxesse um pouco de paz. E foi então que, finalmente, chamou seus pais. Em meio à confusão mental, ele se esforçou para explicar seu martírio e assentiu que levassem um padre a sua casa. Embora não fosse católico e até cultivasse certa aversão aos dogmas conservadores da Igreja – sem falar na história de conivência da instituição com os poderosos de plantão, na cumplicidade com a escravização de africanos, nos tribunais da Inquisição durante a Idade Média e o escambau –, aquela não era hora para pensar em ideologias. Era urgente expulsar os demônios. Quem sabe um sacerdote versado em ensinamentos bíblicos e no Evangelho não poderia lhe dar alguma orientação para se livrar do mal?

Fazer o quê? Que venha o padre!

## 2. ÁGUA BENTA

O telefone tocou naquela manhã de sábado, 22 de setembro de 2007, na casa dos pais de Casagrande. Dona Zilda foi atender com o coração apertado. A sua intuição de mãe havia disparado o alarme de que alguma coisa não andava bem com o filho. Já suspeitava, intimamente, de que aquelas ligações misteriosas à noite, no meio da madrugada ou pela manhã, bem cedinho, nas quais ninguém falava nada do outro lado da linha, partiam de Waltinho – como a família chama o seu integrante mais famoso. Ela vinha tentando, sem sucesso, estabelecer contato com seu eterno menino. Por isso deu um longo suspiro, entre aliviada – por finalmente ouvir sua voz – e aflita – por perceber o pânico em cada palavra dele. Com o tom alterado, ofegante, Casagrande relatou seu calvário, de forma abreviada, e aceitou que ela levasse um padre a seu apartamento.

Tomada pelo instinto de proteção materno, dona Zilda convocou o marido para buscar o padre Arlindo, na igreja da Pompeia, a fim de seguir em comitiva para o apartamento da rua Passos da Pátria, na Vila Leopoldina. Com ar preocupado, o pároco ouviu o relato nervoso dos pais e pediu um instante para pegar o kit básico para ocasiões dessa natureza: crucifixo, água benta e uma imagem de Jesus Cristo.

Quando o trio chegou ao prédio de Casagrande, nem foi preciso interfonar para o apartamento. Ele já havia descido e aguardava, ansioso, por seus salvadores na recepção. Não suportava mais ficar dentro de casa com os demônios. "Encontrei meu filho transtornado. Ele andava de um lado para o outro, encurvado, com as mãos para trás, segurando um grande crucifixo", lembra-se dona Zilda, emocionando-se com a recordação.

Até hoje Casagrande não sabe explicar de onde surgiu aquela cruz. "Não costumava ter crucifixo em casa. Não faço a menor ideia de como aquele apareceu. Acho que comprei, talvez, mas não me lembro."

Dona Zilda procurou lhe dar carinho, e seu Walter assegurou que a presença do padre lhe traria paz e tranquilizaria o ambiente. Eles subiram, então, a fim de rezar e benzer o apartamento. Quando a porta foi aberta, os visitantes tomaram um susto: encontraram a casa devastada. Parecia que um tufão havia passado por lá – objetos jogados pelo chão, estantes caídas, uma bagunça só.

"Ah, eu quebrei muita coisa. Desmontei o quarto todinho em busca do corpo da mulher que eu tinha visto na geladeira. Botei na cabeça que aquela garota havia participado de alguma festa lá dentro, antes de eu alugar o apartamento, e sido morta e enterrada em algum lugar por ali. Pirei com essa ideia e comecei a tirar as prateleiras e as peças dos armários embutidos, dos guarda-roupas, tudo para achá-la. Uma viagem tenebrosa", conta Casagrande.

Depois de um instante de inércia pelo impacto inicial daquela visão de destruição, todos procuraram se recompor, e o padre Arlindo iniciou o ritual religioso. O sacerdote andou por todos os cômodos, borrifando água benta pelo local. Concluído o trabalho, não havia muito mais a ser feito. Àquela altura, Casagrande já dava sinais de impaciência e assegurou que se sentia melhor, com o único propósito de voltar à sua privacidade.

Ao analisar os acontecimentos agora, ele não vê sentido nesse auxílio pastoral. "Eu tenho uma religiosidade grande, mas não sigo uma religião. Nem entendo o motivo de ter chamado um padre. Estava muito confuso naquele dia e acho que precisava me apegar a alguma coisa."

Dona Zilda e seu Walter foram embora bastante preocupados com o estado em que encontraram o filho. A sua agitação, confusão mental e magreza extrema os deixaram impressionados. Mas, ao mesmo tempo, eles se encheram de esperança. Afinal, ele havia procurado ajuda pela primeira vez, sinal de que estava disposto a modificar o cenário caótico e seu modo de vida. A visita do padre e a purificação da casa também haveriam de lhe trazer alguma paz. O padre Arlindo voltou à paróquia, confiante de que desempenhara bem o seu papel e com a sensação de dever cumprido. O restante ficaria por conta da graça de Deus.

Mas os demônios não pareciam decididos a jogar a toalha. Casagrande olhava ao redor e não sentia alívio. Pelo contrário, ficara mais apavorado. Além de não haver mágica capaz de anular o efeito da cocaína, presente havia tantos dias em seu organismo, uma ideia começava a martelar em sua cabeça: as criaturas do inferno não deviam ter gostado nem um pouco daquela invasão cristã em seu território. "Aquilo não ia servir pra nada mesmo. Não curto a Igreja católica, e acho até que a situação piorou naquele dia. Entrei numa de que a presença do padre havia irritado os demônios. Eu pensava: agora tô fodido! O padre jogou água benta na casa, o caralho... Agora, sim, eles vão me trucidar."

Ainda mais ameaçado, ele não suportou permanecer em casa por muito tempo. Chegou à conclusão de que o melhor seria tirar o time de campo. Os demônios que ficassem lá; ok, vocês venceram. O jeito era procurar refúgio em outro lugar qualquer. Decidiu ir para um hotel o mais rapidamente possível.

A estratégia de retirada, no entanto, não teve o efeito esperado. Ele se hospedou com a noiva [que prefere não ser identificada neste livro, após o fim do relacionamento] no Hyatt, no Brooklin, perto do prédio da TV Globo em São Paulo, crente de que ficaria exclusivamente com ela... enfim sós, longe daquelas criaturas dos infernos. Mas logo descobriu que os demônios o haviam seguido até lá. "O problema estava em mim. Percebi que não adiantava fugir para lugar algum."

Diante da presença de seus acompanhantes indesejáveis no hotel, não tinha sentido permanecer ali. Casagrande, então, convenceu a noiva a ir embora com ele. Quando passavam pela altura do número 809 da rua Tito, na Lapa, o Jeep Cherokee capotou. Não, a culpa não foi dos demônios, justiça seja feita. Eles não apareceram no carro, tampouco tiraram sua atenção do trânsito. Casão simplesmente dormiu em meio à maratona da vigília. "Eu apaguei no carro, perdi os sentidos. Estava debilitado, sem comer havia muito tempo, sem beber água havia muito tempo, me drogando havia muito tempo."

O Cherokee desgovernado, depois de capotar, bateu em seis carros estacionados na rua. Mas esse prejuízo saiu até barato; afinal, ele e a noiva escaparam vivos, sem sequelas, e não houve vítimas. "Havia um casamento no outro lado da rua, poderia ter pegado todo mundo na calçada. Dei sorte de não ter provocado uma tragédia", admite.

O tranco do carro o fez voltar à consciência. Ele ainda teve forças para sair do veículo e ajudar a socorrer a noiva, que fraturara a quinta vértebra da coluna. "Acompanhei tudo, fomos levados para o Hospital das Clínicas, onde ela ficou largada numa maca no corredor. Estava muito preocupado, então liguei para o doutor Claudio Lottenberg, presidente [do Conselho Deliberativo] do Hospital Albert Einstein. Eu tinha o celular dele porque a gente passava férias em Comandatuba (Bahia) e jogava tênis juntos. Ele mandou uma ambulância para nos buscar na mesma hora. Assim que entrei no veículo, desmaiei."

A notícia do acidente logo se espalhou. A poucos quilômetros dali, em seu apartamento no bairro de Perdizes, dona Zilda levantou-se no domingo, ligou o rádio e sintonizou a CBN, como sempre costumava fazer. Foi assim que ela ficou sabendo do ocorrido com o filho, àquela altura em coma no hospital.

Durante os três dias de tratamento no Einstein, Casagrande permaneceu sedado. No breve momento em que recuperou a consciência, ainda conseguiu fazer brincadeira: "Não falei pra você que sou o Highlander?", disse para o filho Leonardo, referindo-se ao guerreiro imortal interpretado por Christopher Lambert no filme produzido em 1986. Tão logo apresentou melhora, foi levado a uma clínica especializada em dependência química. O filho mais velho, Victor Hugo, assinou o documento que garantia a internação involuntária, à revelia do paciente, e convenceu dona Zilda a fazer o mesmo. A família concluíra que não havia outra alternativa diante de um quadro tão dramático. Começava ali um longo período de isolamento, diferente de tudo que Casão já havia experimentado – e que mudaria radicalmente a sua vida.

## 3. OVERDOSES

Aquela não era a primeira vez que as drogas haviam deixado Casagrande na lona. Antes de ver demônios, ele já havia enfrentado problemas que quase custaram sua vida. Passara por quatro overdoses em períodos recentes, num curto espaço de tempo. Duas foram especialmente marcantes – a primeira por ter acontecido na presença do filho do meio, Leonardo, e provocado sua separação conjugal. A outra causou uma pane cardíaca que quase o levaria à morte, como veremos no capítulo seguinte. O preço da dependência química ficava cada dia mais alto, mas, mesmo assim, ele não conseguia parar.

O caldo começou a entornar no início de 2006, quando ele ganhou um papelote com cerca de dois gramas de heroína e passou a aplicá-la nas veias, sempre em casa, escondido da família. "A sensação da heroína, quero deixar isso claro, é totalmente falsa. Dá a impressão de que você está tendo o maior prazer do mundo, uma leveza, um tipo de orgasmo, mas é a mais mentirosa das drogas. Por isso as pessoas morrem", adverte.

Quando a porção minguou, resolveu combiná-la com cocaína, para fazer a pequena quantidade render. É o chamado speed. O processo era complexo e demandava certo tempo. Por isso, esperava sua mulher, Mônica Feliciano, sair de casa com os filhos. Ao ficar sozinho, punha mãos à obra. Fervia e destilava água para dissolver a cocaína. Já a heroína exigia mais trabalho. Era preciso antes "fritá-la" numa colher, exposta à chama. Em seguida, jogava água até dissolver a droga. "Algo meio complicado, nunca soube fazer direito. Mas fazia do meu jeito."

Em geral, juntava dois "tiros" de cocaína e um de heroína para preparar uma dose. Um ritual que se tornou frequente. Até que a heroína chegou ao fim. O último speed era de 1 ml e foi colocado na seringa para facilitar a aplicação no momento oportuno. Porém, envolvido pelo vício, Casagrande escolheu se aplicar na pior situação possível. Leonardo estava em casa e o convidou para jantar fora. Antes de saírem, o pai disse que iria tomar banho e, por incrível que pareça, se trancou no banheiro para se drogar.

"Pensei: caraca, vou sair com meu filho e levar essa seringa na bolsa?", relembra. A preocupação fazia sentido. Não bastaria deixar a droga em casa, então? "Pensei nisso, mas fiquei com medo de que alguém chegasse e achasse aquela porra." Outra coisa: seria possível comer naquele estado? "É claro que não", reconhece. "Sei lá, decidi tomar e pronto." A sua capacidade de discernimento já estava comprometida.

Furtivamente e com pressa, Casão injetou 1 ml de speed na veia. Só se esqueceu de um detalhe importante: aquela quantidade equivalia a duas doses e havia sido preparada a fim de ser usada com um intervalo entre as aplicações. "Botei tudo de uma vez, rapidamente, porque o Leonardo estava em casa e podia aparecer a qualquer momento. Estranhamente, apesar da dose excessiva, não aconteceu nada na hora. Aí eu me levantei, fui até a pia, lavei a seringa e guardei dentro da bolsa. Quando fechei o zíper, em frente ao espelho, houve uma explosão no meu peito. Explodiu mesmo: bummmm... e eu voei. Saí cerca de um metro do solo, bati contra a parede e caí no chão."

Havia entrado em convulsão. O seu corpo se debatia e fazia uma tremenda barulheira ao se chocar com os ladrilhos e o vaso sanitário. Entretido com o computador, Leonardo ouviu o som da queda e tomou um susto. Correu para o banheiro e bateu à porta: "Pai, pai, o que está acontecendo? O que está acontecendo?", repetia, aflito. Casagrande ainda conseguiu responder: "Calma, não é nada." Mas também falava palavras desconexas. Só uma coisa passava pela sua cabeça naquele instante: "Eu não posso morrer aqui, com meu filho do lado de fora do banheiro. Não posso morrer!"

Do outro lado, Leonardo se desesperava. Percebia que algo muito sério acontecia com o pai e não sabia como agir. Apesar do estado crítico,

Casagrande se mantinha consciente. "Não deve ter chegado a um minuto, mas a minha impressão é de que durou horas. Eu babava, me debatia e não tinha mais controle sobre meu corpo. Pipocava no chão, fazia muito barulho, bam, bam, bam, uma coisa louca. Sentia que não ia suportar mais e, puta merda, comecei a pedir: para, para, para, eu não vou aguentar!"

Leonardo já planejava arrombar a porta. "O que foi, pai? O que foi?", perguntava ele, extremamente nervoso. Mas a convulsão começou a amenizar. Aos poucos, Casagrande recuperou o domínio sobre o corpo, conseguiu se levantar e destrancar a porta. Disse que havia escorregado e batido a cabeça. "Poxa, eu conheço o cara. Nunca o tinha visto escorregar em nenhum lugar antes, e ele me manda uma dessas? Nem o chuveiro estava ligado. Lógico que não acreditei", comenta Leonardo. Sem expressar sua desconfiança naquele instante dramático, limitou-se a amparar o pai e levá-lo até a cama. "Já estou melhor", assegurou Casa, ao se deitar, para acalmar o garoto. "Só o jantar é que vai ter de ficar pra outro dia."

Mônica chegou em casa em seguida e encontrou o marido se recuperando na cama. "Não estou muito bem, não tô legal", reclamou ele. Sem imaginar o que havia acontecido, a mulher o tranquilizou: "Você está impressionado, logo vai ficar bem." Pensava ser apenas um trivial tombo no banheiro. Pouco depois, ela saiu com Leonardo para jantar. Sozinho, Casão percebeu que o problema ainda não havia passado.

Durante a hora em que Mônica e Leonardo ficaram ausentes, ele alternava picos de crise e sintomas mais amenos. "Às vezes, entrava de novo em convulsão, depois passava... altos e baixos, sucessivamente. Eu estava muito louco, foi uma dose cavalar. Então, comecei a conversar com meu coração. Falava pra ele assim: meu, caralho, você está comigo desde que eu nasci. Porra, não vai me deixar na mão agora! Não bate mais do jeito que você está batendo, porque eu não vou aguentar. Você tem de ficar quieto."

Chegava a fazer carinho no próprio peito, tentando acalmar o coração. "Não faz isso, cara, sossega, não faz isso", repetia, assustado. O coração foi fiel e resistiu bravamente à descarga colossal do speed. Mas Casagrande percebeu que seria necessário buscar ajuda médica. Assim que Mônica e Leonardo regressaram, ele pediu socorro. "Preciso ir para o hospital", avisou. Não podia fazer gesto algum. Qualquer movimento provocava a aceleração excessiva dos batimentos cardíacos.

A mulher e o filho o levaram para o hospital mais próximo, onde foi colocado numa cadeira de rodas e encaminhado para o quarto. No primeiro atendimento, ao lado de Mônica, manteve a versão do tombo no banheiro e o trauma na cabeça e nas costas. Assim, o tratamento inicial seguiu nesse sentido. Mas ele sabia que teria de falar a verdade cedo ou tarde. Encontrou um subterfúgio para afastar a mulher dali. "Vai ver se o Symon já chegou", sugeriu, referindo-se ao filho caçula. "Você já está melhor?", quis saber Mônica. Ele assentiu, e ela partiu para encontrar o filho.

Ao ficar sozinho com o médico, Casagrande abriu o jogo. "Eu não bati a cabeça", revelou. Por conta de sua experiência, o médico já estava mesmo desconfiado. "Poxa, eu sabia... tinha certeza de que o problema não era uma batida de cabeça. Cara, você não vai ficar aqui, não. Vai ter de ir para o Einstein agora. E outra: você precisa de ajuda, fala pra pessoa mais próxima, conta pra sua mulher o que está acontecendo. Você está muito mal, cara", disse o médico.

Ele gelou ao ouvir o conselho. No fundo, tinha consciência de que não havia alternativa, mas relutava em revelar o uso de drogas para a mulher. Sabia que ela era radicalmente contra. Mônica jamais poderia imaginar que o marido fizesse uso de substâncias pesadas, no convívio com a família, às escondidas. Por ser um sujeito tão forte, um touro mesmo – apesar de ter se aposentado como jogador já havia dez anos –, conseguia dissimular o que talvez fosse impossível para a maioria das pessoas. "Porra, se eu falar para a minha mulher, ela vai me largar, doutor", lamentou-se, com receio de encarar a situação. "Não, ela vai te ajudar", rebateu o médico.

Ao ser transferido para o Einstein a fim de receber tratamento mais adequado para seu estado, ele se viu praticamente obrigado a contar para Mônica que era dependente químico havia tempos. Sua companheira de décadas perdeu o chão com a revelação. Segurou a onda no primeiro momento, pela condição crítica do marido internado; mas o relacionamento, a partir dali, nunca mais seria o mesmo.

"Aí começou a crise no casamento. Mônica ficou muito puta, porque ela se sentiu enganada, e realmente estava sendo mesmo", reconhece

Casagrande. Depois de receber alta, ele voltou para casa, mas o susto não foi suficiente para fazê-lo mudar de vida. A dependência química não é algo que se escolhe, foge do âmbito de uma decisão racional. Quando se está envolvido, torna-se difícil superar. Requer muito esforço e, quase sempre, tratamento especializado, algo de que ele ainda não havia se convencido de que precisava.

"Continuei fazendo as mesmas coisas, do mesmo jeito, só com mais cuidado, mais atento em relação às doses. Eu estava fodido mesmo, a minha cabeça estava torta, muito *down*", analisa. Mônica bem que tentou perdoá-lo, mas, talvez por não sentir no marido arrependimento sincero e disposição para se livrar do vício, ora se mostrava compreensiva, até carinhosa, ora irritadiça e pensando em separação.

Naquela semana em que deixou o hospital, Casão se segurou para tentar limpar a barra. "Fiquei uma semana sem usar nada. Fiz o jogo bonitinho na quarta-feira à noite [participou da transmissão como comentarista da TV Globo] e voltei pra casa. Mas, na quinta de manhã, a Mônica pediu uma carona para o trabalho e durante todo o caminho foi me agredindo dentro do carro, com palavras ásperas, falando em separação. Eu estava meio desnorteado... Depois que a deixei, parei num restaurante lá em Alphaville e pensei: se eu uso droga e estou mal, ela fica puta; se eu faço a coisa certa, ela também fica puta. Então que se foda! Agora vou fazer tudo do jeito que eu quero."

Esse pensamento é típico de dependentes químicos, que procuram justificativa para usar a droga e atribuem a responsabilidade a terceiros, normalmente uma pessoa próxima, como a mulher.

O cenário estava pronto para ele se afundar ainda mais e jogar no lixo um casamento de vinte anos. Voltou à carga, com cocaína e heroína. "Comecei a me injetar naquele dia mesmo: quinta o dia inteiro, inclusive à noite; sexta o dia todo, virei a noite de novo; e, no sábado de manhã, eu estava morrendo."

Fui testemunha de seu descontrole. Como editor do *Diário de S. Paulo*, no qual Casagrande publicava uma coluna aos sábados, tive contato com ele na sexta-feira, 24 de fevereiro de 2006. Na época, eu o ajudava a escrever o texto. Em geral, quando não nos encontrávamos pessoalmente durante a semana, conversávamos por telefone. Eu anotava suas ideias e depois as colocava no papel, mas, naquele dia, por motivos óbvios, não conseguia localizá-lo. O celular caía na caixa postal e, apesar das mensagens gravadas, cada vez mais incisivas, não obtinha retorno. As ligações para o telefone de sua casa também não eram atendidas. O horário do fechamento do jornal se aproximava, e nada de ele dar sinal de vida. Um sufoco.

Quando eu já pensava numa alternativa para preencher o espaço reservado para a coluna, resolvi fazer uma última tentativa. Dessa vez, para minha surpresa e alívio, ele atendeu, porém num estado deplorável. Falou que estava deprimido, na cama, e não tinha forças para nada. Nem sabia como conseguira correr ao telefone naquele momento. Emocionalmente dilacerado, queria desabafar. Expliquei que precisava escrever "voando" a coluna porque já estava quase na hora de a edição fechar. Propus que escolhêssemos um tema e que ele me desse sua opinião em linhas gerais, o mínimo para eu desenvolver o texto. Mas o cara não tinha a menor condição. Então, me pediu para escrever o que eu quisesse, só daquela vez, um favor de amigo. Afinal, eu conhecia sua forma de pensar, seus valores e suas ideias, pela convivência ao longo dos anos. Tampouco ele queria deixar de publicar a coluna, para não chamar atenção – afinal, até ali, seu drama ainda não se tornara público.

Percebi que essa era a única maneira e não insisti mais. Como a coluna já saía normalmente com o meu nome no rodapé, indicando a minha colaboração, não haveria problema ético em relação ao crédito do texto. Só ponderei que, por mais que conhecesse seus pensamentos, eventualmente poderia escrever algo com o qual ele não concordasse. "Se isso acontecer, eu banco. Uma mão lava a outra", disse. Prometi que voltaria a ligar tão logo concluísse a edição. Estava realmente preocupado com ele. Nunca o havia encontrado em estado tão abatido.

O tema escolhido para a coluna foi Vanderlei Luxemburgo. Mais especificamente o fato de o atacante Edmundo estar cobrando uma dívida antiga do técnico na Justiça, com a agravante de o treinador ter pegado dinheiro emprestado na época em que comandava a Seleção Brasileira –

o que, evidentemente, misturava a questão pessoal com a profissional. E se Edmundo se recusasse a participar da transação? Em tese, poderia ter sofrido retaliação e deixado de ser convocado. Por outra ótica, a grana poderia também ter ajudado o jogador a ser "lembrado".

Tratava-se de uma relação promíscua, e Casão não haveria de aprová-la. Esse era o fato novo, que acabara de vir à tona, e se juntava a uma série de enroscos já conhecidos de Luxemburgo, como falsidade ideológica e sonegação fiscal. A coluna, em tom ácido, desancava o técnico, apesar de reconhecer seu talento e lamentar que seus trambiques o afastassem da Seleção.

Embora contundente, tomei todo o cuidado para não dar margem a qualquer ação judicial. Seria constrangedor fazer Casagrande ter de se defender por algo que eu havia escrito, ainda que eu também respondesse pela assinatura conjunta. E mais um problema, naquela situação, era tudo o que eu não queria arranjar para ele.

Assim que terminei o texto, liguei novamente, como havia prometido. Não tocamos no assunto da coluna, nem havia clima para isso. Servi como confidente, um ouvido amigo. Ele não se conformava com a ideia de separação, proposta por Mônica. Contou-me o que havia se passado nos últimos dias, a overdose e tudo mais. Transtornado, levantava a hipótese de a mulher ter um amante e tentava encontrar um motivo para ela querer largá-lo, como se o uso de drogas pesadas e suas mentiras não fossem suficientes. Descartei, prontamente, essa bobagem; claro que ela não estava apaixonada por outro. Argumentei que ele havia traído a confiança da mulher, e a melhor forma de reconquistá-la seria respeitando seus sentimentos e dando provas de que iria mudar de vida. Com o tempo, as cicatrizes se fechariam.

Aquela foi a conversa telefônica mais longa que já tivemos. Durou cerca de uma hora, mas não adiantou nada. Ele se encontrava em queda livre e parecia sentir atração irresistível pelo abismo.

# 4. A PRIMEIRA INTERNAÇÃO

Um dia depois de nossa conversa, numa manhã de sábado, 25 de fevereiro de 2006, Casagrande sentiu que ia morrer. Num sopro de sobrevivência, ligou para o psiquiatra, que o acompanhava desde a então recente overdose, e explicou tudo o que havia feito nos últimos dias e como seu estado era desesperador. O médico não teve dúvida: passou-lhe o endereço de uma clínica especializada em dependência química e determinou que ele seguisse direto para a instituição, no bairro da Pompeia. Essa primeira internação foi por um período relativamente curto: quarenta dias, o mínimo para superar a fase crítica. "Achei legal, comecei a treinar bastante e a fazer exercícios, além de ir todos os dias correr no parque Villa-Lobos com um enfermeiro. Mas o buraco ficava mais embaixo. No nível em que eu estava, era insuficiente."

Solidária a seu parceiro desde a juventude, Mônica participou do processo terapêutico, submetendo-se a entrevistas com profissionais da clínica. No fundo, mesmo magoada e disposta a se separar, ainda cultivava a esperança de que Casagrande se recuperasse e a família pudesse se reestruturar. Porém, uma surpresa lhe fora reservada, algo surpreendente e insólito: Casagrande se envolveu afetivamente com uma psiquiatra que conhecera na clínica.

Quando acabou o período de internação, o paciente e a médica mantiveram contato. E não demorou para que os dois assumissem o relacionamento amoroso, o que provocou a demissão dela da clínica. Fragilizado pela decisão da esposa de terminar o casamento, Casagrande se sentiu acolhido por essa outra mulher e resolveu se jogar de cabeça em uma nova aventura, sem cumprir o período de "quarentena".

A dor e a indignação de Mônica foram, principalmente, por se sentir invadida e manipulada. Ela reclamava do fato de ter sido entrevistada e respondido a perguntas até sobre a intimidade do casal. Alheio a qualquer julgamento moral, o par recém-formado se mostrava apaixonado e determinado a pagar o preço desse amor proibido. O argumento deles era de que a paixão é algo incontrolável e, por vezes, brota involuntariamente, em situações impróprias e inadequadas. Como diz a música "Paula e Bebeto", de Milton Nascimento, "toda maneira de amor vale a pena", sustentavam na época.

O novo relacionamento progredia rapidamente. Houve até festa de noivado no bar A Marcenaria, na Vila Madalena, embalada pela banda Expulsos da Gravadora, formada por Luiz Carlini (guitarra), Mr. Ruffino (baixo), Franklin Paolillo (bateria) e Nando Fernandes (vocal). Vários roqueiros amigos de Casão também se revezavam no palco, em canjas sucessivas para animar a noite. Assim, os convidados tiveram o prazer de ver apresentações de Marcelo Nova (Camisa de Vênus), Nasi (Ira!) e Simbas (ex-Casa das Máquinas). Até o repórter Abel Neto, então na TV Globo, ex-vocalista de um grupo de reggae, soltou a voz na casa noturna, assim como o apresentador Benjamin Back, o Benja, colunista do jornal *Lance!* na época, também mostrou seu talento como baterista amador. Compareceram outros músicos profissionais pesos-pesados, como os integrantes do Sepultura, que chegaram mais tarde e só se sentaram à mesa para beber e conversar, sem qualquer exibição.

Adriane Galisteu também marcou presença, juntamente com o ex-jogador Roger Flores, atualmente comentarista da Globo/SporTV, então namorado da apresentadora. Encontravam-se lá, ainda, diversos jornalistas amigos do noivo, como José Trajano e Juca Kfouri (então na ESPN Brasil), Ari Borges (então na Band) e Mauro Naves (ainda na Globo), além do comentarista de arbitragem Arnaldo Cezar Coelho, colega de Casagrande por décadas na mesma emissora.

O romance ia tão bem que os noivos deixaram a festa relativamente cedo, ainda com a presença de muitos convidados, para se recolher à intimidade. O casamento parecia questão de tempo. Aparentemente recuperado da dependência de drogas, Casagrande retomou seu lugar como comentarista da TV Globo e cobriu a Copa do Mundo da Alemanha, em meados daquele ano. A noiva o acompanhou na viagem, reforçando a imagem de casal em lua de mel.

"Depois dessa primeira internação, fiquei legal por um tempo. Fiz a Copa da Alemanha bonzinho pra caralho, só bebi cerveja e vinho", assegura ele. "Mas, quando voltei, começou tudo de novo."

* * *

Há muitas armadilhas no caminho do dependente químico, que precisa de preparo e muita determinação para não recair. Qualquer cena que remeta ao uso de cocaína ou heroína pode desencadear o processo cerebral relacionado ao prazer e instigar o adicto a voltar à ativa. Isso aconteceu com Casagrande quando assistiu ao filme sobre a vida de Ray Charles, interpretado por Jamie Foxx, papel que lhe valeu o Oscar em 2005. Ao ver o DVD com a história do músico viciado em heroína, apesar de todos os problemas ali relatados, o "vírus" da dependência se manifestou novamente. "Passei mal em casa e comecei a arrumar desculpa pra sair. Assisti num sábado à noite e fiquei dois dias com fissura. Na segunda-feira, voltei a usar cocaína. E voltei pesado."

Em dezembro, o descontrole se tornou evidente: não morreu por um triz. Com viagem marcada para Natal, no Rio Grande do Norte, a fim de passar as festas de fim de ano, ele nem chegou a embarcar com a noiva. Passara a se injetar cocaína novamente e, no dia 21, teve outra overdose. "Dessa vez não havia heroína. O problema foi a potência da aplicação da dose. A coronária começou a fechar e eu passei muito mal mesmo, estava morrendo."

A noiva ligou para o médico, relatou a emergência e o levou às pressas para o consultório localizado na avenida Angélica. "Ele sabia dos meus problemas, claro. Houve uma tentativa de resolver o caso sem me expor publicamente." Mau negócio. Ao chegar em frente ao consultório, Casagrande desmaiou por insuficiência cardíaca e respiratória. "Os batimentos estavam caindo a galope e aí tive de ser levado imediatamente para o Einstein, correndo sério risco."

No hospital, por onde já havia passado no início do ano, seu problema também era conhecido. Assim, montou-se previamente um esquema para recebê-lo. "Cheguei, fui direto para a UTI e os médicos me salvaram. Dessa vez, sobrevivi por pouco mesmo."

A constatação, entretanto, não provocou nenhuma mudança de rumo. "Continuou tudo normal", diz. Como assim, tudo normal? "Não me assustou de novo... Eu era impetuoso, né, cara?" Nada o detinha. Ao longo de sua trajetória, Casão enfrentara diversos problemas de saúde, capazes de derrubar qualquer simples mortal, mas o velho guerrilheiro da bola, com alma de roqueiro rebelde, não parava jamais. Àquela altura, experimentara todos os tipos de hepatite, sífilis, o escambau – já não tinha parte do intestino grosso, tirada por conta de uma diverticulite. Oito anos e meio depois, ainda teria um infarto. Ele sempre se tratava, controlava as moléstias e seguia em frente.

Não seriam a insuficiência cardíaca e a quase morte que o fariam escolher outra direção naquele momento; ainda voltaria a incluir a heroína em seu cardápio. A situação ficou tão crítica novamente que vários amigos tentaram interceder para conter sua queda livre em direção ao fundo do poço, invariavelmente sem sucesso.

Um deles foi o cantor, compositor e guitarrista Kiko Zambianchi, que ao chegar ao apartamento de Casagrande, no auge de sua derrocada, exatamente no período que antecedeu o surto psicótico e as aparições demoníacas, se deparou com um quadro dramático, do qual jamais se esquecerá. A fim de criar um ambiente familiar, e quem sabe assim conter o ímpeto autodestrutivo do ex-jogador pelo menos durante a conversa séria que pretendia propor, Kiko levou a esposa e a ex-mulher para juntas ajudarem na missão de convencimento.

"Na época, eu estava morando com as duas, porque elas se dão bem e a separação foi amigável, então fomos juntos. Nós tentamos falar, imagina só... a gente lá... mas ele se aplicando na frente de todo mundo. Ainda por cima, pediu para eu segurar o garrote [cordão elástico para apertar o braço, diminuir o fluxo sanguíneo e deixar as veias mais visíveis]", conta Kiko. Sem esperar por aquela atitude, titubeou e cumpriu, em choque, o pedido inusitado. "O que eu ia falar numa situação dessas? Dizer que não iria fazer aquilo? Era até o que eu deveria ter feito... Mas na hora fiquei sem ação. Ele já foi pegando a seringa, explicando que iria aplicar numa veia porque a outra não sei o quê... Como se fosse normal e eu também estivesse acostumado a ver aquilo. Na verdade, apesar de viver no rock'n'roll e tudo, eu nunca tinha visto alguém fazer isso na minha frente", enfatiza.

A ruína física e orgânica de Casão, já em pele e osso, também assustava o cantor e suas duas acompanhantes. "Ele já estava todo estourado, as veias, tudo... E o tempo inteiro de camisa de manga comprida, um puta calor de 40ºC, e ele lá, com aquela roupa pra esconder as picadas." Apesar da aparência lastimável, nem se dava conta da condição degradante. "Eu lembro que minha ex-mulher ficou lá, tentando mostrar pra ele que não podia ser assim. 'Você não é infalível, tem que se cuidar', ela dizia. Mas ele falava: 'Eu sou um leão, eu aguento tudo!' Ele realmente acreditava nisso, que nada poderia derrubá-lo. Foi muito ruim mesmo ver o cara naquela situação", lamenta Kiko.

* * *

Talvez fosse preciso, mesmo, contar com os préstimos dos demônios e o acidente de carro para sair daquele buraco infernal. Após dar de ombros para tantos avisos de que necessitava tomar uma atitude drástica, não lhe restou escolha. Em setembro de 2007, depois de ser socorrido do acidente no Hospital Albert Einstein, acabou sendo levado sob sedação para a clínica Greenwood, em Itapecerica da Serra, a 33 quilômetros de São Paulo.

Essa clínica é conhecida por ser fechada e impor regras rígidas ao tratamento de dependentes químicos em grau avançado. Casagrande ficaria ali por um longo ano, a maior parte desse período sem contato com a família e os amigos, completamente afastado do mundo externo. O seu convívio social seria limitado aos profissionais especializados e aos outros pacientes. Sofreria para se adaptar à nova realidade, tão distinta de seu estilo de vida.

## 5. MEMÓRIAS DO EXÍLIO

Casagrande despertou sem noção de nada. Olhou para o teto, para as paredes do quarto, para as coisas ao seu redor. Não reconheceu o ambiente. "Onde estou?" Ainda sob efeito da medicação, que só agora começava a se dissipar, experimentava certa confusão mental. Aos poucos, procurou organizar os pensamentos e reconstituir os últimos acontecimentos de que se lembrava para tentar entender o que fazia ali. Tinha vaga ideia de que sofrera um acidente, fora levado ao Hospital das Clínicas e pedira transferência para o Albert Einstein. Porém, decididamente, não estava lá – um local que conhecia tão bem. Esperava ver alguém da família a seu lado, mas se encontrava sozinho.

"Acordei num lugar estranho, não sabia se era São Paulo, se estava no Brasil, eu não sabia nada", recorda-se. Os terapeutas lhe davam poucas explicações nesse primeiro momento, e ele só conseguiu entender melhor o que se passava bem mais tarde. "Eu estava muito frágil, não tinha nem forças para me revoltar. Depois de algum tempo, quando comecei a melhorar fisicamente e a recuperar a sanidade, passei a entrar em conflito, porque achava que não tinha de ficar lá."

Após dois, três meses, tornara-se extremamente impaciente. Em sua avaliação, já que permanecera todo aquele tempo sem usar drogas, estava "limpo" e pronto para regressar à vida normal. Não compreendia que seu grau de dependência exigia tratamento prolongado. Manifestava preocupação com seu trabalho, alegava que perderia o emprego, precisava cuidar da família, dos filhos. "Isso martelava na minha cabeça, e eu insistia nesses pontos com os médicos. Mas se eu não havia pensado em tudo isso antes, por que iria ficar preocupado a essa altura, internado na clínica? Era pretexto pra sair de lá."

A resistência ao tratamento durou quatro meses. Um tempo interminável, no qual se sentia preso e se desesperava por não poder se encontrar ou falar com nenhum integrante da família. Completamente isolado do mundo externo, nem sequer tinha meios de pedir ao filho mais velho, Victor Hugo, e à sua mãe para tirá-lo da clínica. Um dos motivos da privação de contato é justamente esse. Se pudesse conversar com eles, as chances seriam grandes de convencê-los de que já superara o problema. Lançaria mão de todos os argumentos e artifícios: chantagens emocionais, mecanismos para despertar o sentimento de culpa dos parentes, promessas enfáticas de que nunca mais voltaria a usar drogas, o alto custo mensal da internação, enfim, tudo isso, aliado ao seu inegável poder de sedução. Ele faria qualquer pessoa querida fraquejar.

Em dado momento, resolveu jogar pesado. "Parei de pagar a mensalidade na tentativa de ser mandado embora." Recusando-se a assinar o cheque, completou dois meses de inadimplência. E foi assim que um dos psicólogos que cuidavam dele o chamou para uma reunião: "Você vai sair daqui, continuar naquele ciclo vicioso e, em breve, regressar para cá? Ou vai se tratar até receber alta e ter uma vida normal lá fora?", colocou-o contra a parede. O ultimato deu resultado. Ele resolveu acertar as contas e prosseguir com a internação. Além de ouvir os argumentos do terapeuta, tinha consciência de que sua família não permitiria passivamente aquela ruptura unilateral.

Cansado de dar murro em ponta de faca, por fim capitulou. Percebeu que a única maneira de sair de lá seria aceitar o tratamento. Mas não mudou de postura meramente como uma estratégia em busca da liberdade. Além da conclusão lógica de que sua resistência só iria estender o período de internação, convenceu-se da necessidade de isolamento e da terapia em período integral, longe das armadilhas da vida cotidiana.

"Foram as duas coisas. De fato, eu entrei no tratamento, fiz tudo direitinho, comecei a acreditar nos psicólogos e naquilo que eles falavam pra mim. Se eu tivesse feito um jogo apenas pra sair da clínica, me fingindo de bonzinho para ter alta, hoje estaria com o mesmo comportamento de antes. Percebi, ali, uma oportunidade para me transformar como ser humano", explica.

Permaneceria mais oito meses internado, totalizando um ano na clínica, com rotina extremamente rígida. Suas obrigações diárias deviam ser cumpridas à risca, sob pena de sofrer punições e descer alguns degraus na, digamos, escala evolutiva – o que só acarretaria privações adicionais e deixaria a meta mais distante. A programação de deveres seguia padrão quase militar, tamanho o rigor da disciplina imposta aos internos.

Assim, acordava todos os dias, impreterivelmente, às 7 horas e já estendia o lençol da cama para atender à vistoria que seria feita mais tarde por funcionários. Quinze minutos depois, tinha de regar a horta, uma das funções atribuídas a ele no início do tratamento, juntamente com outro paciente. Em seguida, das 7h45 às 8h25, praticava educação física. O café da manhã era servido pontualmente às 8h30. Nessa primeira fase, cabia a ele a tarefa de tirar a mesa do café. Às 9 horas, formava um grupo de cinco internos e voltava para a horta a fim de limpar os canteiros. "Era um saco, eu via aquilo como punição. Quando chegava o momento de ir pra horta, eu ficava revoltado: 'Tô pagando e tenho que trabalhar com enxada?' Era isso que eu pensava", confessa. "Mas fazia parte do processo de tratamento para desenvolver a humildade. O dependente químico se torna um tanto prepotente, porque a droga o leva a não cumprir obrigações."

Durante meses, precisou se dedicar a esses serviços. Também arrumava a sala de reuniões de grupo, à tarde. Tirava todas as cadeiras, passava pano no chão, organizava as prateleiras de livros, assim como os jogos e materiais de terapia. Tudo isso tinha de ser realizado em quinze minutos. Se não concluísse dentro do tempo estipulado, perdia pontos, necessários para obter recompensas.

O sistema de pontuação semanal ia de zero a dez. Quem não atingisse seis, por exemplo, ficaria sem refrigerante no fim de semana, quando os internos tinham direito a duas latinhas. Para receber visita, regalia restrita àqueles que estavam em fase avançada do tratamento, era necessário somar pelo menos sete pontos. Cada passo do paciente era avaliado e levado em consideração. Existiam regras em todas as atividades: no fumódromo, não se permitia a comunicação com os colegas, nem por gestos. Qualquer desvio provocava perda de pontos. De acordo com a gravidade do erro, havia punições mais severas, como o confinamento no quarto. Casagrande experimentou tal castigo, durante 24 horas, por ter tentado passar o número do telefone de sua mãe ao irmão de um paciente. "Queria que ele ligasse para ela e pedisse para me tirar de lá, dissesse que eu estava desesperado pra sair." Conforme o caso, o isolamento podia durar mais, meses até.

Essa linha de tratamento é bastante contestada por psiquiatras e psicólogos adeptos de outras correntes terapêuticas. Embora tenha discordado de algumas punições desse tipo ao longo de sua permanência na clínica, Casagrande acabou entendendo a necessidade de ações mais duras em determinadas situações. "Há pessoas que não têm condições de conviver com outras durante um período de crise. O método da clínica inclui atividades em conjunto; então não pode ter ninguém remando contra a corrente."

Os casos de dependentes que ficam confinados por longos períodos provocam mais contestação. A impressão é de que se trata mais de uma prisão do que de uma clínica destinada à recuperação. "É cruel, tem gente que fica seis, sete meses isolada do convívio com os demais. Ao mesmo tempo, vejo que a clínica precisa tomar alguma atitude para a pessoa cair na realidade. Quem apresenta um quadro de agressividade fica separado até se enquadrar."

Esse não era o caso de Casão. Ele nunca apresentou comportamento agressivo ou reagiu com violência, nem quando estava sob efeito de drogas, muito menos durante a internação. Aliás, cabe aqui uma correção. Casagrande – o comentarista popular e ex-jogador de futebol – jamais foi paciente da clínica. Quem estava lá era o Walter. Todos os internos e funcionários só o chamavam assim, pelo primeiro nome, uma forma de humanizar o personagem e tirar a aura criada pela fama.

"O fato de ter começado a manter contato com o Walter me mostrou o quanto ele estava doente, tinha problemas emocionais e se escondia atrás do Casagrande. Hoje, eu sou o Walter na maior parte do tempo, e de uma forma legal. Um cara que cuida das pessoas queridas e dele próprio, com consciência da doença e do tamanho do problema que pode causar a si mesmo", assegura.

Decorreram cerca de sete meses para que Walter ganhasse sinal verde para receber visitas. Durante esse período, ele passava por tratamento e os familiares também. Precisaram ser preparados para lidar com aquela situação complexa. Dona Zilda sofria profundamente. Afinal, ela e Victor Hugo foram os avalistas daquela internação involuntária.

"A minha maior angústia era não ter ideia de como ele reagiria quando se encontrasse na clínica e soubesse que eu havia assinado o documento para a internação", afirma dona Zilda. "Ficamos sete meses sem poder falar com ele. Nós só o observávamos por um vidro, pela janela de uma sala, mas ele não nos via, nem sabia que estávamos lá. Era uma aflição."

Todos precisaram de muita paciência. Além da distância da família, Walter sofria com a privação de contato feminino. "Fiquei um ano sem sexo e, pior, sem carinho ou qualquer tipo de amor. Não se pode nem encostar em uma mulher." A clínica comportava 32 pacientes, homens em sua maioria. "Havia poucas mulheres lá dentro e, ainda assim, eu as olhava só como outras pessoas doentes, como eu."

Não havia espaço sequer para amizades. Os internos são monitorados o tempo todo, para evitar a formação de grupos ou panelinhas. Por isso, veio um alívio quando as visitas começaram a ser permitidas. Ainda que os encontros fossem breves, sempre com a mediação de um terapeuta, já eram uma referência afetiva e traziam, com a simples presença, um pouco da sua história. "Foi muito emocionante meu primeiro contato com o Victor, o Leonardo e o Symon. Eu já havia entendido que meus filhos tinham feito o que era melhor para mim. A minha relação com eles, hoje, é ótima."

Mesmo na condição de ex-mulher, Mônica também participou do processo terapêutico. "Ela demonstrou preocupação, interesse, carinho e afeto por mim", reconhece Casagrande. Os dois mantêm uma relação relativamente amigável, embora distante, como é comum em separações conjugais.

Eu mesmo tive a oportunidade de encontrá-lo na clínica, em sua primeira visita depois das dos familiares. Ele havia engordado 20 quilos e voltara a se parecer com a imagem consagrada do personagem Casagrande. Sempre sob a supervisão de um terapeuta, fiz uma longa entrevista com ele, publicada no *Diário de S. Paulo* em 27 de julho de 2008. Naquela ocasião, também conversamos, pela primeira vez, sobre a possibilidade de publicarmos a história de sua vida. Ele ficou animado com o projeto e pediu ao psicólogo que o acompanhava para buscar um livro no quarto.

Quando voltou, me presenteou com a autobiografia de Eric Clapton. Estava empolgado com o que lera sobre o ídolo do rock e do blues, a quem sempre admirou. Havia ganhado o volume de quatrocentas páginas na festa de amigo secreto da clínica, no fim do ano anterior. Ele próprio escolhera aquele presente, escrevendo seu desejo num papelzinho, colocado junto com os outros pedidos dos demais participantes. O paciente que o tirou como amigo precisou primeiro submeter a sugestão ao corpo clínico. Depois da aprovação, pediu a um familiar para comprar o livro – era assim que funcionava a troca de presentes no Natal.

Casagrande se inspirava na biografia de Eric Clapton por se tratar de um dos monstros sagrados do rock que haviam sobrevivido ao uso pesado de drogas. A maioria de seus ídolos morrera jovem, de overdose: Jim Morrison, Janis Joplin, Jimi Hendrix... os três faleceram com apenas 27 anos. Durante muito tempo, cultivara certa atração por aquele fim fatal, como se fosse seu destino cumprir a sina de viver intensamente e morrer até os 30 anos – uma ideia juvenil lançada nos anos 1960 por Mick Jagger, que, ironicamente, envelheceu nos palcos sem perder a energia. A trajetória revelada por Clapton, que superara a dependência de heroína, cocaína e álcool, abria agora uma nova janela. Muito mais ensolarada.

Diante de seu entusiasmo com a oportunidade de também revelar ao mundo sua saga, combinamos que faríamos juntos o projeto do livro tão logo ele saísse da internação. Mas seria preciso controlar a ansiedade. Walter só receberia alta em outubro daquele ano. Além disso, descobriria, ao ser posto na rua, que existia muita coisa a reparar em sua vida, antes de mais nada.

A TV Globo havia mantido seu contrato em vigor durante o longo período de afastamento, pagando normalmente seu salário e dando todo o apoio para o tratamento. No momento em que Walter voltasse a ser Casagrande, teria a obrigação moral de honrar a confiança depositada nele e seguir o roteiro estabelecido pela emissora para o retorno gradativo às transmissões. Também precisaria filtrar, pelo menos por algum tempo, o círculo de amizades – para minimizar o risco de sofrer recaídas. E o mais importante de tudo: precisava se reaproximar dos filhos e saldar a dívida afetiva com a família.

# 6. A VIDA LÁ FORA

Finalmente, a liberdade tão sonhada: em outubro de 2008, Walter deixou a clínica em Itapecerica da Serra. Porém, antes de voltar a ser dono de seu nariz, ainda precisou cumprir uma fase intermediária, durante um mês, quando cada passo dado tinha de ser comunicado aos terapeutas. Havia avaliações na unidade da clínica Greenwood localizada na avenida Brigadeiro Luís Antônio, em São Paulo, destinada a pacientes logo depois da alta. Além de se submeter a sessões de terapia, era observado de perto pelos profissionais para averiguar se continuava sem usar qualquer droga.

Na prática, saíra do regime fechado e entrara em uma espécie de "condicional" a fim de provar que estava pronto para voltar plenamente ao convívio social. Durante esse período, morou em um flat na praça Roquete Pinto, na confluência das avenidas Pedroso de Morais e Faria Lima, no Alto de Pinheiros. Radiante, ele me ligou contando a boa-nova e marcamos de almoçar no sábado. Naturalmente, os profissionais da clínica foram avisados sobre o compromisso: iria se encontrar com o jornalista Gilvan Ribeiro no restaurante Fidel, em tal lugar, em tal horário, tintim por tintim.

Porém, na sexta-feira, ele telefonou desmarcando o encontro, porque a ex-mulher de Marcelo Fromer, o guitarrista dos Titãs morto por atropelamento em 2001, ligara propondo um almoço naquele mesmo sábado. Ana Cristina Martinelli, a Tina, estava de partida para Portugal e queria se despedir de Casagrande, que tivera estreita amizade com o músico – um dos projetos interrompidos de Fromer era escrever a biografia de Casão. Combinamos, então, que eu iria ao flat mais tarde, por volta das 16 horas. A alteração de planos teve de ser avisada à clínica, em todos os seus detalhes.

Assim, cheguei ao flat e o encontrei agitado, assistindo a um DVD de metal, AC/DC. Fumava um cigarro atrás do outro, como eu nunca tinha visto. Fiquei preocupado, já que esperava vê-lo mais tranquilo. Ele assegurou que estava bem, apenas ansioso por estar de volta. Conversamos um pouco sobre o projeto do livro e assuntos variados, até que seu celular tocou. Era um ex-interno da Greenwood, disposto a visitá-lo com sua namorada, também ex-paciente da clínica. Ele concordou, apesar de todos os riscos que envolviam a decisão.

Não gostei nada daquilo. Uma das regras impostas pela clínica é justamente a proibição de ex-internos se encontrarem, por razões óbvias. O que todos eles têm em comum? O uso desmedido de drogas, claro. Nada mais natural, portanto, que as conversas versassem sobre experiências do passado, algumas com sabor de aventura – o que potencialmente é capaz de atiçar o desejo tão combatido. E Casa ainda estava sob observação. Qualquer pisada na bola poderia lhe custar o regresso a Itapecerica da Serra.

Eu não queria desempenhar mais uma vez o papel de Grilo Falante. Afinal, o sujeito já era bem grandinho. Só o adverti, de leve, sobre as possíveis consequências. Mesmo assim, ele autorizou a subida do jovem casal, aparentemente quase adolescente, e ainda permitiu que estacionasse o carro em sua garagem. Ao alugar o flat, ele tinha direito a uma vaga no estacionamento, mas não a usava, porque parara de dirigir desde o acidente. Dessa forma, deixou mais uma pista dessa visita inesperada, além do número no celular: a placa do veículo visitante ficaria registrada no sistema de computadores do flat, o que poderia ser facilmente verificado.

Os namorados só estavam juntos, ressalte-se, porque suas famílias lhes deram respaldo para romper com a Greenwood, julgando que ambos já tinham superado o problema das drogas e que nada resultaria de mau daquele relacionamento. Permaneceram no flat pouco mais de uma hora. Fiquei um tanto mais e logo me despedi. Começava a anoitecer, e Casa precisava tomar os remédios prescritos pelos psiquiatras para relaxar e dormir. O bom senso mandava tratá-lo como convalescente.

Ao me acompanhar até a porta, preocupado com a possibilidade de que houvesse alguma checagem dos funcionários da clínica, que o monitoravam, ele me fez um incômodo pedido: "Você pode conversar na recepção e colocar a chapa do seu carro como ocupante da minha vaga no estacionamento?" Não aceitei. Logo eu que discordava daquilo tudo! Expliquei que não poderia cometer uma fraude, algo contra os meus princípios, e ainda abriria o flanco para ser acusado de acobertar atitudes perigosas para um dependente químico em fase crucial do tratamento. Ele me olhou como se eu fosse um traidor, mas não insistiu. "Beleza, até mais, então...", limitou-se a dizer.

Por mais que ele não admita ter me retaliado, não há dúvida de que sentia mágoa. Simplesmente não me telefonou mais e parou de atender minhas ligações. Ainda deixei recados em sua caixa postal, mas não recebi nenhum retorno. Interrompemos, assim, a nossa convivência por mais de um ano. Desisti de procurá-lo e toquei a minha vida. O projeto do livro estava engavetado.

\*\*\*

Voltamos a nos encontrar tempos mais tarde. Casão atribuiria o sumiço repentino a uma orientação dos profissionais de saúde mental que o atendiam. Ele ainda não estaria pronto para contar a própria história e reviver passagens capitais – para o bem e para o mal – que lhe deixaram marcas ao longo dos anos. Algo bastante compreensível, sem dúvida. Porém, por que não falar disso abertamente, tanto para mim como para a editora? "Eu não sabia como dizer não, ainda mais pelo nível de envolvimento a que já tínhamos chegado com a ideia do livro. Precisava de mais tempo para trabalhar uma série de aspectos na terapia", justificou-se quando nos reaproximamos, ao retomar sua coluna no *Diário de S. Paulo*.

Só então fiquei sabendo que a rebeldia de encontrar ex-internos da clínica, ainda em processo de reabilitação, havia resultado, de fato, em retrocesso. Uma turminha se formara a partir daquele momento: pacientes se reuniram outras vezes e saíram juntos, apesar da proibição expressa. E não deu outra: eles voltaram a usar drogas, e Casagrande foi flagrado num exame antidoping de rotina.

Somente ao constatar, por experiência própria, o perigo daquelas companhias em plena tentativa de virada em sua vida, Casão entendeu por que precisava cair fora. Sem alternativa, teve que admitir o delito aos terapeutas, esperando apenas uma advertência. Mas as regras da Greenwood são inflexíveis. Os profissionais recomendaram à família um novo período de internação em Itapecerica da Serra. Ele só não voltou a ser confinado graças à firmeza de Victor Hugo, que acreditou na capacidade de o pai seguir seu próprio caminho e fazer suas escolhas. Os dois, inclusive, passaram a morar juntos.

Claro que ele não ficou sem apoio terapêutico. Depois de dispensar os serviços da clínica, uma psiquiatra e três psicólogas foram contratadas para ajudá-lo a reorganizar a vida e a lidar com as emoções e os sentimentos guardados por tanto tempo, durante o uso mais intenso das drogas. Chegara a hora de mergulhar em si mesmo, se conhecer melhor e resgatar as relações familiares, relegadas a segundo plano até então.

Como seriam a volta ao trabalho, a convivência com os amigos e os parentes, o julgamento das pessoas em geral? Afinal, seu drama se tornara público a partir do acidente de carro e da consequente internação. Era necessário medir cada passo para atenuar possíveis preconceitos que poderiam desestabilizá-lo e provocar nova queda no precipício. Um desafio colossal o esperava.

# 7. OS FILHOS

Cada filho sofreu à sua maneira o drama paterno. São três personalidades bem diferentes. O mais velho, Victor Hugo, então com 21 anos, demonstrou maturidade. Depois da difícil decisão de determinar a internação à revelia, houve um episódio lembrado por Casagrande até hoje com indisfarçável orgulho. Tão logo mantiveram contato na clínica, depois de sete meses sem trocar olhar ou palavra, o pai, sempre envolvente e com alto poder de persuasão, lhe disse que se sentia ótimo e já preparado para retomar a vida normal. Sugeria ao primogênito, sutilmente, que o tirasse o quanto antes dali. Sem iniciar qualquer discussão ou sermão, bem ao seu estilo, Victor lhe respondeu: "Ótimo, pai; então os terapeutas da clínica vão chegar a essa conclusão logo, logo, e lhe darão alta. Parabéns", limitou-se a comentar. Hábil, não se intimidou à frente da figura paterna, tampouco entrou em conflito.

Victor nasceu durante o período em que Casagrande estava concentrado com a Seleção Brasileira para a Copa do Mundo de 1986, disputada no México. "Por isso, nunca vi foto dele com minha mãe grávida. Os primeiros registros me mostram no colo dele, depois que ele retornou do Mundial e nos encontrou aqui em São Paulo." Por ter pego o auge do pai como jogador, Victor não contou com sua presença constante em casa. As concentrações, jogos e viagens o afastavam. Mesmo assim, guarda boas recordações dos dois juntos. Quando havia oportunidade, recebia atenção e carinho. "Na minha infância, embora ele fosse meio ausente, nos momentos em que podia estar comigo comparecia ao máximo como pai. A gente fazia tudo junto: via televisão, desenho animado, ouvia música, dormia na mesma hora e tudo mais. Ficava grudado mesmo."

Tanto havia essa sintonia que Victor herdou vários gostos de Casagrande. É amante do rock e chegou até a fazer parte de uma banda de heavy metal: Lethal Eyes, mesmo nome de uma música cuja primeira versão da letra fora escrita por ele mesmo. Mais tarde, os parceiros de banda deram sugestões e houve algumas adaptações, num processo de criação coletiva. Ele cantava e tocava baixo. No dia em que decidiu comprar o instrumento e aprender música, recebeu um estímulo e tanto. "Meu pai ligou na hora para o Nando Reis me passar umas dicas pelo celular. Fiquei realmente emocionado, pois sou grande fã dos Titãs."

Além da veia roqueira, Victor compartilha o interesse por desenhos animados e gibis. Ajudou o pai a escrever o argumento de uma fábula, produzida pela Fábrica de Quadrinhos e publicada pela Editora Abril na revista *Linha de ataque – futebol arte*, em 1998, pouco antes da Copa na França. Intitulada "O primeiro confronto", mostrava um jogo disputado por animais, caracterizados para lembrar os jogadores da Seleção Brasileira daquele Mundial, e compunha uma coleção com outras três, de autoria de José Trajano, Armando Nogueira e Marcelo Fromer.

"Herdei dele esse prazer de criar", diz Victor. "Desde criança fazíamos histórias de super-heróis, essas coisas. Isso influenciou na escolha da minha profissão. Cogitei parar de estudar e seguir com a banda de heavy metal, estilo musical de que aprendi a gostar com ele, mas acabei decidindo fazer faculdade de rádio e TV, outra influência do meu pai na minha formação."

A ligação afetiva é tamanha que Victor carrega uma tatuagem do rosto de Casão, com a assinatura dele, no bíceps direito. Até seu nome se deve a inspirações paternas. "Inicialmente, eu iria me chamar Fidel, em homenagem a Fidel Castro, mas minha mãe não deixou. Então, ficou Victor Hugo, por causa do escritor francês", conta, referindo-se ao autor de *Os miseráveis*.

Enquanto estudava, e logo depois de se formar, Victor começou a "ralar" para ingressar no mercado de trabalho. Ficou por algum tempo na O2 Filmes, produtora de Fernando Meirelles, como acompanhante de *casting*, ajudando a organizar o processo de seleção dos candidatos que iam fazer testes para comerciais. Esse trabalho era voluntário; não propriamente um emprego, apenas uma forma de ter alguma experiência na área e se aproximar do mundo das câmeras. Em seguida, foi para a Rede TV como estagiário de produção. Trabalhou por um mês no programa *Ritmo Brasil* e outros dez no *Pânico na TV*.

Na sequência, Victor se transferiu para a TV Record como estagiário de edição. Por um ano, colaborou com o *Terceiro tempo*, apresentado por Milton Neves, e outros programas esportivos exibidos durante a semana. De lá, passou pela ESPN Brasil como produtor da parceria com a Rádio Eldorado. Depois de um ano, recebeu convite para ser roteirista de um programa em outra emissora, mas o projeto acabou abortado. Desempregado por seis meses, trabalhou em telemarketing, fez curso de locução e se aventurou a narrar corridas de autorama em shoppings. "Quase comecei a viajar pelo Brasil narrando campeonatos de autorama", diverte-se. "Mas resolvi não me afastar da minha área, e houve a proposta para ser assistente de produção do programa *Brothers*, dos irmãos Supla e João Suplicy, na RedeTV!."

Em março de 2011 surgiu a chance de ser roteirista, função que sempre desejou, no *Hoje em dia*, da Record. "Fiquei muito contente, porque o que mais me dá prazer é escrever. Nas minhas horas de lazer, desenvolvo ideias de programas de rádio e televisão. Peguei também meu trabalho de conclusão de curso da faculdade, um roteiro de desenho animado, adaptando-o para virar um livro. Um dia, espero publicá-lo." Victor Hugo conseguiu desenvolver, ao longo de anos, uma carreira sólida como redator em telejornalismo.

\*\*\*

Até Casagrande chegar ao nível agudo da dependência, o sinal de alerta não havia acendido para Victor. "Talvez seja até um defeito, mas tenho uma espécie de memória seletiva e procuro pensar positivo o tempo todo. Não prestava muita atenção. Cursava faculdade e trabalhava ao mesmo tempo... Só a partir da primeira internação do meu pai passei a acompanhar melhor essa questão e visitá-lo sempre que possível. Na clínica, ele criava bastante, escrevia poemas, desenhava e até fez um quadro pra mim, meu retrato, que está no meu quarto lá na casa dele."

Salvo um ou outro comentário que lhe fizeram mal, Victor não enfrentou grandes constrangimentos pelo fato de o problema do pai ter se tornado público. Certa vez, houve uma saia justa em seu ambiente de trabalho, na Record. Um funcionário, sem saber do parentesco, o achou parecido com Casagrande e começou a brincar sobre o uso de drogas. "Percebi que a coisa estava tomando um rumo nada bom e saí de perto. Virei no corredor seguinte e ainda deu tempo de ouvir os colegas advertindo o sujeito: 'Meu, esse cara é filho do Casão mesmo!' Foi chato, mas não guardei rancor."

Fora isso, chateou-se com críticas mais ácidas feitas por Ronaldo e Romário, que já tiveram rusgas com seu pai, e ao ver gozações em programas humorísticos. "O Rafinha Bastos, por exemplo, já fez uma piada no *CQC* a esse respeito. Até o admiro como humorista, mas na hora fervi. Depois assimilei e não levei tão a sério. Os ataques do Romário e do Ronaldo me machucaram mais, porque achei um lance gratuito."

Quando Casagrande saiu da internação, os dois passaram a morar juntos. Dividiram o apartamento de dezembro de 2008 a outubro de 2011, quando Victor se casou. Embora tenha grande admiração pelo pai, como homem e como jogador, ele não é torcedor do Corinthians, clube do coração de Casão desde criança e onde o atacante despontou para a fama. Victor optou pelo maior rival, o Palmeiras, empolgado com a equipe campeã paulista de 1996, formada por Velloso, Cafu, Rivaldo, Luizão, Muller, Djalminha e companhia, sob o comando do técnico Vanderlei Luxemburgo.

Aliás, cada filho escolheu um clube diferente. Leonardo, o segundo, nascido em outubro de 1989, é são-paulino por influência do craque Raí, embora tenha contido a sua paixão de torcedor durante os anos em que tentou a sorte como jogador, tendo passado pelas categorias de base do Palmeiras. Já o caçula, Symon, tornou-se santista, na esteira de Diego e Robinho. Mais democrático, impossível. Curiosamente, não há nenhum corintiano, para decepção do avô Walter, nascido numa família alvinegra de carteirinha. Mas Casão nunca se incomodou com isso e até, deliberadamente, tomou cuidado para não os induzir. Jamais gostou de imposições.

Se Victor herdou do pai o interesse criativo e a faceta intelectual, os outros dois filhos deram preferência ao lado boleiro. Não que o mais velho não tenha praticado esporte. Estimulado pela mãe, ex-jogadora de vôlei e professora de educação física, experimentou várias modalidades na infância e adolescência: kung fu, boxe, judô, caratê, jiu-jítsu, basquete, vôlei... Claro, também jogava futebol, de preferência como goleiro, mas jamais teve a meta de se tornar jogador profissional. Esse objetivo deixou para os irmãos mais novos.

Na época em que Casagrande sofreu o acidente de carro, Leonardo – então conhecido como Ugo, seu primeiro nome, seguido do sobrenome famoso – atuava como centroavante na base do Palmeiras. Ficou sabendo da notícia, num domingo de manhã, logo após acordar. Tinha jogo naquele dia, mas, abalado emocionalmente, não pôde comparecer. Ligou para o técnico, Jorginho Cantinflas, ex-ponta-direita da Portuguesa e do Palmeiras, e explicou a situação. Nem precisava. "Já estou sabendo, você está liberado do jogo, não tem problema", o treinador procurou tranquilizá-lo.

Quem ligou dando a notícia a Leonardo foi tia Zenaide, irmã de Casagrande. Toda a família entrou em polvorosa e correu para o Albert Einstein. No hospital, o que mais o impressionava era a magreza extrema do pai, além das manchas roxas pelo corpo. Mas essa debilidade não chegava a ser surpresa. Além de ter presenciado a primeira overdose no banheiro de casa, quase um ano e meio antes, ele via seu ídolo definhar já havia algum tempo. Em certa ocasião, depois de uma briga com a mãe, passara três dias na casa do pai e conferira a decadência de perto. "Ele já estava feio, mal, muito magro. E usava o dia todo pijama de mangas compridas e calças longas, meias, inteirinho coberto." Era preciso esconder as marcas de agulha nas veias.

Com toda a repercussão em torno do caso, Leonardo se tornou alvo de brincadeiras de mau gosto feitas por colegas de equipe. "Os caras simulavam que estavam cheirando alguma coisa, o pessoal achava graça e ria", lamenta. Forte e impetuoso, não foram poucas as vezes que o jovem centroavante enfrentou os próprios companheiros. "Todo dia tinha conflito, discussão. Nessa época, briguei com quase metade do time. Isso aí foi bem desagradável..."

Em 2008, já no Juventude, do Rio Grande do Sul, ouviu uma ou outra provocação, mas por parte dos adversários. "Em uma partida do Juventude B contra o Grêmio B, entrei no segundo tempo e botei fogo no jogo. Quase fiz um gol... o zagueiro tirou com a mão e o juiz apitou pênalti. No final, um cara do Grêmio falou assim: 'Dá um remedinho aí que o menino gosta, e o pai dele também!' Quando terminou o jogo, faltou pouco para ter confusão em campo. Respirei fundo umas quinze vezes para não fazer uma merda gigante."

Era duro ver seu maior ídolo caído. Leonardo sempre se espelhou nele; admirava sua força, rebeldia e qualidade de artilheiro. Vira e mexe, acessa o YouTube para assistir aos gols de Casagrande. "Gosto muito da imagem do meu pai como jogador. Cabeludo, forte, de estatura elevada, ótimo cabeceador... ele me inspirou a seguir no futebol. Toda vez que comprava um jogo novo de videogame, a gente o criava. A imagem dele como jogador era uma imagem que eu queria para mim." Ugo ainda passou por Osasco, Luverdense, Botafogo de Ribeirão Preto e Mirassol, mas uma série de lesões nos dois joelhos o obrigou a abandonar o futebol. "Foi a decisão mais difícil da minha vida, porque eu tinha plena certeza de que iria ser um grande jogador. As pessoas falavam, e eu sentia também, pois me dedicava muito e amava o que eu fazia."

Em 2015, quando se convenceu de que não teria condições de insistir na carreira de atacante, Leonardo teve a ideia de propor sociedade ao pai na empresa que iria estruturar para explorar sua imagem, além de organizar as finanças, aspecto ao qual Casão nunca dera muita atenção. "Vi que ele precisava de um cuidado especial. Ele encarou de maneira positiva, mas, como nunca teve nada assim, ele pensou que seria só uma ajuda, algo temporário. Eu tinha convicção da necessidade de ser definitivo. E sabia que, com o tempo, ele ia entender que escolhi esse caminho para a minha vida. O meu trabalho é este: cuidar dele em todos os aspectos possíveis. Eu e minha mulher, Vanessa, nos encarregamos da parte administrativa e financeira inteira, além do marketing digital. Agora a gente tem assessoria de imprensa e jurídica. E tudo isso eu que montei."

Leonardo conseguiu ressignificar a imagem paterna após o drama de ter presenciado uma overdose – uma passagem bem aflitiva. No entanto, quem sofreu o maior abalo foi o caçula, Symon, nascido em 1993. Ainda adolescente à época em que a dependência química de Casagrande veio à tona, ele se sentiu abandonado numa fase importante de sua vida e acumulou muita dor em silêncio. O pai não imaginava o quanto. Mas iria descobrir, de forma inesquecível. O garoto abriria o coração, em rede nacional de TV, e levaria Casão às lágrimas na frente de todo o Brasil.

# 8. DOMINGÃO DO FAUSTÃO

A Rede Globo traçou um roteiro cuidadoso para reintroduzir Casagrande no universo da TV. A direção da emissora tomou todas as precauções para não queimar etapas, nem religar o seu principal comentarista na tomada de alta voltagem das transmissões sem o aquecimento adequado. Dessa forma, ele voltou primeiramente ao *Arena SporTV*, programa de debates em canal fechado. Ao mesmo tempo, era necessário preparar os telespectadores, com os mais diversos perfis, dos liberais aos conservadores, para recebê-lo sem preconceitos. As drogas ainda são tabu em vários lares brasileiros, e o envolvimento com elas poderia ter desgastado a imagem do ex-jogador. Nada melhor, portanto, que fazê-lo contar em detalhes a queda e mostrar toda a família para iluminar um pouco aquele terreno de trevas.

O caminho escolhido para alcançar o público de todo o Brasil foi o *Domingão do Faustão*. No dia 10 de julho de 2011, Casagrande tomou conta do programa e passou seu recado com muita eficiência aos telespectadores. Antes de entrar em cena, foram mostrados gols de sua carreira, pelos diversos clubes em que atuou, com a trilha sonora "Fazendo música, jogando bola", de Pepeu Gomes. Enquanto isso, o apresentador dizia tratar-se de um dos maiores astros do futebol brasileiro, que estreara como profissional aos 18 anos, com quatro gols no Pacaembu. No final do clip, o craque surgiu no palco.

Ao recepcioná-lo, Faustão ressaltou conhecer Casagrande havia muito tempo, dando aval a seu caráter. "Conheço essa fera desde os 16 anos de idade", testemunhou. Afinal, Fausto Silva iniciara a carreira como repórter de campo e transitava no ambiente do futebol. Em seguida, iniciou uma longa entrevista na qual o ex-atacante pôde falar do vazio após ter encerrado a carreira no futebol, com a diminuição drástica das emoções após os jogos, o consumo mais intenso de drogas, a dependência química, o acidente de carro, a internação e o impacto de tudo isso sobre seus três filhos e sobre os pais. A bola estava com ele.

"A vida de jogador de futebol é muito intensa. Treina todo dia, tem muita visibilidade... o tempo passa rápido e você não percebe. Quando vê, já está com 30 anos, tendo de parar de jogar, sem nada armado para depois. Então, quando o cara para, a primeira impressão é de sossego, de paz. Pô, agora vou estar na minha casa, vou fazer o que eu quiser, vou poder me divertir com meus filhos e tudo o mais. Mas aí ele começa a sentir falta de alguma coisa", explicou Casagrande. Ele citou até o Fenômeno, embora ele tenha atividade profissional bem-sucedida fora dos campos. "Você tem muitos prazeres naquela vida. Veja o exemplo do Ronaldo: não existe nada, daqui pra frente, que possa substituir a intensidade da emoção e do prazer por ter feito dois gols numa final de Copa do Mundo contra a Alemanha. Mesmo que faça sucesso em outra profissão. Porque o maior defeito do ser humano é tentar substituir ou preencher o vazio deixado por outra coisa que lhe deu prazer", completou.

O próprio Casagrande conseguiu uma trajetória vitoriosa depois de pendurar as chuteiras. Articulado, carismático, com bom nível cultural e identificado com a Democracia Corinthiana, movimento libertário que conquistou corações e mentes pelo Brasil afora em plena ditadura militar, não demorou a ser convidado para trabalhar na TV como comentarista. Iniciou na ESPN Brasil, pelas mãos de José Trajano, e mais tarde chegou à maior emissora do país.

"Estou na Globo há catorze, quase quinze anos", calculou, referindo-se ao período até aquele momento. "O tempo foi passando e eu entrava nesse conflito. As pessoas até perguntavam: 'Por que você não tá legal? Você foi um jogador bem-sucedido, trabalha numa grande empresa, com toda segurança, num trabalho fantástico...' Mas faltava alguma coisa, eu não conseguia preencher o prazer que buscava." Indagado por Faustão se as drogas entraram em sua vida somente a partir daí, ou se já fazia uso na época de jogador, explicou: "O meu relacionamento com as drogas foi quase de curiosidade inicial na adolescência. Mas, quando parei de jogar, encontrei erroneamente um falso prazer que a droga dá. Naquele momento, conseguia anular o vazio que eu sentia, mas é uma coisa muito falsa, porque o vazio era deste tamanho [fez um gesto com as mãos]. Eu usava droga e me sentia aparentemente melhor; quando passava o efeito, o vazio estava ainda maior."

Casagrande relatou que um dos efeitos da cocaína é o congelamento emocional: "Ela te deixa frio; nem feliz, nem triste." Pela obsessão em buscar droga e conseguir consumi-la sem ser notado, inventava mentiras e criava situações para se afastar do convívio social e familiar. Dessa maneira, acabou se distanciando das pessoas amadas e demorou a perceber os danos que causava a elas. Isso só aconteceu durante a internação prolongada. "Eu estava sendo muito egoísta, uma característica do dependente químico. Assim, fui descendo a ladeira e tive um acidente muito feio de carro."

A internação involuntária e o tratamento na clínica foram relatados por Casagrande. Na sequência, entraram no ar depoimentos da família, previamente gravados. O primeiro a falar foi Leonardo, contando o episódio da overdose presenciada em casa. Constrangido, o pai revelou sua dor por ter exposto o garoto a um acontecimento tão pesado: "Lamento pela situação em que coloquei o Leonardo. Isso deve ter acarretado problemas psicológicos a ele. Eu o ajudo ainda hoje... ele tem uma psicóloga e vai ao psiquiatra para aprender a lidar com essa situação."

Na sequência, Victor apareceu para explicar como optou pela internação forçada, depois de ouvir a sugestão de um médico. E concluiu de forma carinhosa: "Tudo o que meu pai fez a ele mesmo trouxe uma tristeza particular a cada membro da família, mas eu só cresci com essas experiências. Aprendi com os erros dele, com os meus erros, e hoje acho que sou uma pessoa muito melhor do que era antes. E ele é uma pessoa muito melhor, também, depois do que aconteceu."

A plateia, emocionada, aplaudiu com entusiasmo. Àquela altura, já ficara claro que o público reagia com solidariedade. O objetivo de evitar a rejeição ao comentarista estava sendo alcançado. Para arrebatar de vez os sentimentos, nada melhor do que os pais idosos, anunciados por Faustão como seus velhos conhecidos. Dona Zilda surgiu na tela falando sobre o peso de ter assinado a ordem de internação e o receio de que o filho se sentisse traído e acabasse por se revoltar contra ela.

Seu Walter emendou uma declaração de incondicional amor paterno: "A gente pensa que essas coisas nunca acontecem na vida da gente; eu não notava nada diferente nele quando o via, é difícil perceber. Mas agora só quero lhe mandar um abraço bem apertado, agradecer por todas as alegrias que você deu para mim e para sua mãe. Aquela fase já passou e nunca mais vai acontecer. Fica com Deus, meu filho."

Faustão aproveitou a deixa para enfatizar que Casagrande proporcionara uma vida melhor e mais confortável aos pais, a partir da ascensão como jogador. O apresentador lembrou ainda que seu Walter e dona Zilda já haviam passado por outro sofrimento, no passado, com a perda de uma filha de apenas 22 anos, Zildinha, vítima de ataque cardíaco.

A morte de Zildinha, em 1979, foi um acontecimento marcante para o então adolescente Casagrande. Ele era muito apegado à irmã mais velha, que ajudara a cuidar dele desde o nascimento. A jovem estava em casa, com os dois filhos pequenos, quando sofreu um infarto do miocárdio. Foi fulminante. "Isso mexeu muito com a cabeça dele. Um duro golpe para todos nós", atesta seu Walter.

O próprio Casa não consegue dimensionar o impacto dessa tragédia em sua personalidade. Acostumou-se a não expressar muito as emoções e só passou a demonstrá-las a partir da maturidade, após diversas sessões de terapia. Mas não resta dúvida de que o episódio lhe deixou sequelas. Começou a zombar mais da vida, quase a desafiá-la, por ter aprendido a lição de que ela é traiçoeira. Por mais que se respeite a danada, constatou logo cedo, a aventura neste mundo pode acabar sem mais nem menos, estupidamente.

Zildinha brincava com as crianças quando caiu sem vida no sofá. Ela não estava doente, nem houve sinal anterior de alerta. O caráter inesperado da morte, aliado ao drama dos meninos que perderam a mãe tão precocemente, potencializou a dor da família.

Assim que soube do ocorrido, Casagrande dirigiu-se à residência de Wagner de Castro, o Magrão, seu amigo desde a infância, para procurar apoio naquele momento difícil. Até hoje Magrão não se esquece da cena. Depois de ser chamado pelo parceiro, abriu a porta e o viu lá embaixo, no pé da escada que dava acesso ao sobrado, completamente encharcado. "Era hora do almoço e chovia forte. Estranhei ao vê-lo todo molhado, com a roupa colada ao corpo e a água escorrendo pelos cabelos. Percebi, no ato, que havia algo errado", relata Magrão. "Você vem comigo ao Hospital da Penha?", propôs Casão. Ao perguntar o que havia acontecido, Magrão recebeu a notícia como um choque elétrico de alta voltagem: "Pô, meu... a minha irmã morreu!"

Os dois foram juntos ver o corpo e se encontrar com o marido dela, Zé Carlos, ainda em choque. Todo mundo estava atordoado, quase sem acreditar que aquilo pudesse ser verdade. "O Casa nunca foi de demonstrar muito seus sentimentos... Mas uma das poucas vezes que o vi chorar foi no enterro da Zildinha", diz Magrão.

A temperatura do programa aumentou ainda mais com essas lembranças. Tudo colaborava para criar um clima de intimidade, com revelações autênticas, sentimentais e, sobretudo, corajosas diante de um público tão grande. Praticamente impossível não se identificar com uma família como aquela, tipicamente brasileira. Era gente como a gente, com suas alegrias e tristezas, sucessos, tropeços, derrotas e superações.

Ficava cada vez mais claro que ninguém iria dar as costas para Casagrande e impedi-lo de renascer na TV Globo. Faustão, então, passou o recado: "Nós estamos mostrando essa história aqui, e o Casagrande obteve autorização do Carlos Henrique Schroder, diretor de jornalismo da Globo, do Ali Kamel, do Luiz Fernando Lima, do Marco Mora [outros diretores da emissora na ocasião], a meu pedido pessoal, por ter muitas e muitas famílias espalhadas pelo mundo vivendo esse problema. Gente envolvida com droga, veja o que aconteceu com o Casagrande – ele mais do que passou do fundo do poço – e isso serve de alerta."

Para o telespectador tomar fôlego, depois de tantas emoções com os familiares, houve um bloco com colegas de trabalho para atestar seu caráter e mostrar que se tratava de pessoa querida no ambiente profissional. Cleber Machado, na época apresentador do *Arena SporTV*, disse se sentir honrado por seu programa ter servido de plataforma inicial para o retorno do comentarista. Caio Ribeiro destacou a admiração pela figura humana do parceiro, enquanto Galvão Bueno descreveu a conversa de Casagrande com o próprio coração, durante uma das overdoses (relatada no capítulo 3), para demonstrar seu jeito especial de ser.

A essa altura, a maioria absoluta dos espectadores, seguramente, já vestia a camisa de Casão na eterna luta contra as drogas. Humildemente, ele reconhecia que o jogo não estava ganho. Numa comparação com os desafios vividos como jogador, admitia enfrentar uma batalha bem mais complicada. "É uma coisa muito mais difícil, muito mais pesada. Como jogador, tive de matar um leão por dia para vencer adversários, mas agora tenho de matar um leão por dia para combater um inimigo muito mais forte do que eu. É a luta pela vida", definiu, arrancando mais aplausos da plateia. Em seguida, concluiu: "Um dos passos principais do tratamento é você se olhar no espelho e admitir que é um fracassado perante a droga. Mostro minha fragilidade tranquilamente. O melhor, para mim, é ter consciência de que preciso de ajuda mesmo, e só assim consigo virar o jogo. Tenho três psicólogas e uma psiquiatra. Se me sentir desconfortável em alguma situação, não penso duas vezes em ligar para uma delas."

Se o programa terminasse ali, já teria sido um golaço. Mas faltava o grande final, a cereja do bolo, para o público se debulhar em lágrimas, juntamente com o personagem principal. O desabafo cortante de Symon, o filho caçula, foi uma revelação até mesmo para o próprio pai. Faustão ofereceu um copo d'água a Casagrande, prevenindo-o de que viria algo contundente pela frente. Como diria Galvão Bueno, haja coração, amigo!

Com jeito de menino desamparado, então com 18 anos, Symon levou o pai a nocaute ao descrever a proximidade deles em sua infância, quando o atacante acabara de encerrar a carreira, e o doloroso distanciamento à medida que o garoto se tornava adolescente. "Eu gostava quando ele ia me pegar na escola, era algo que não via os pais dos meus colegas fazerem. Gostava porque passava mais tempo com ele. Quando comecei a crescer e cheguei mais ou menos aos 12, 13 anos, ainda tinha proximidade grande com meu pai, mas sentia que começava a haver um declínio. Quando sentia saudade, pensava que ele estava resolvendo coisas de trabalho, então eu não interferia, porque acreditava no que ele me falava. Era meu melhor amigo e não tinha por que não acreditar", disse, colocando seguidamente a mão no rosto, entre emotivo e envergonhado diante da câmera.

O depoimento de Symon prosseguiu: "Quando houve o acidente, fui visitá-lo no hospital, vi como estava mal e não entendi por quê. E aí teve a reunião com o médico... Até então eu não queria participar, porque não queria ouvir coisa ruim sobre ele, eu não acreditava no que falavam. A família inteira já sabia e, por eu ser o mais novo e ter contato maior com ele, as pessoas resolveram me blindar dos problemas que aconteciam. Senti raiva... A coisa que eu mais senti foi raiva. E tristeza. Porque ele fez uma coisa que fala para a gente não fazer. E aí senti raiva dele, senti raiva de todo mundo."

Enquanto passava a gravação com Symon, Casagrande era mostrado no palco, visivelmente abalado. "Chegou um momento em que eu não sabia o que ia fazer da vida. Hoje, não tenho 'melhor amigo'. Se tenho, é a minha mãe, que me ajudou muito. Esse problema me aproximou dela e hoje ela é a minha melhor amiga", ressaltou. As lágrimas já escorriam pelo rosto do pai, num clímax familiar sem precedentes, mostrado ao vivo para todo o Brasil. No final, o garoto deixou uma porta aberta: "Ele pode me reconquistar do jeito que era antes. Quero que ele seja meu melhor amigo, como sempre foi, como é dentro de mim, mas quero que ele prove pessoalmente isso pra mim", enfatizou.

Diante do que sobrou de Casagrande, completamente desmontado, o público aplaudia de pé ao ver o pai decidido a reconquistar o filho. Ele se recompôs e descreveu sua sensação diante de revelações tão profundas. "A princípio, vendo o depoimento dele, foi me dando uma tristeza... Fiquei pensando: era isso mesmo! Quando o Victor e o Leonardo nasceram, eu ainda jogava e não tínhamos muito contato. Já o Symon nasceu no meu último ano no Torino, vim para o Flamengo e logo parei de jogar. Estava com o Symon todo dia mesmo, eu o levava ao clube, ia buscá-lo na escola...

Era pequenininho e, quando eu chegava na porta da escola, ele abria um sorriso tão gostoso, tão natural, tão verdadeiro, né? Com o decorrer do depoimento dele, fui tendo outra visão. Foi muito legal eu ter visto isso. Se tenho vários objetivos na vida, agora tenho um mais importante ainda: reconquistar a amizade do meu filho."

E a opinião pública já estava conquistada ao final do programa. Faltava agora conseguir fazer o mesmo com Symon. Mas isso era questão de tempo. Casagrande saiu de lá mais disposto do que nunca a se reinventar.

De imediato, o pai tomou atitudes para demonstrar com clareza seu afeto. Levou o filho a shows, como do AC/DC, já que toda a família é fã de rock, assim como arrumou ingressos para jogos do time dele, o Santos, que havia sido campeão da Libertadores naquele ano. E o mais importante: convidou-o para passar um período em sua casa.

Para Symon, porém, não foi fácil se reaproximar. "Eu queria demonstrar carinho, e que ele também demonstrasse, mas a gente não conseguia. Estava perto, mas ficava afastado. Se é que dá pra entender isso... Ficávamos juntos, mas quietos. Quando tinha alguma conversa, era rápida. Com o passar do tempo, isso foi melhorando, a relação se tornando menos fria, às vezes até rolava uma brincadeira ou outra, como antigamente. Mas, quando começávamos a progredir, ele tinha uma recaída. Passava o tempo, aí de novo ele estava conquistando a confiança... e sofria mais um baque. Eu ficava sem saber o que esperar dele. Houve uns altos e baixos, mas assim: nunca teve um alto lá em cima mesmo, como era antes de tudo acontecer, e, quando tinha o baixo, caía lá para a estaca zero", lamenta.

O jovem voltou a morar com a mãe, Mônica, sem compreender que as recaídas faziam parte da enfermidade – retrocessos comuns à maioria dos dependentes químicos. "Eu era mais novo, então na minha cabeça funcionava assim: 'Tá bom, ele teve alta e, como em qualquer outra doença, se recebeu alta, é porque estava curado. Então, se voltou a usar droga, é porque ele quis.' Aí eu parava de falar, estabelecer diálogo. Eu até me lembro de minha mãe questionar por que eu passava tanto tempo sem ver meu pai, às vezes dava dois, três meses. Como eu estava meio frio, respondia assim: 'Ah, mãe, acho que ele não quer, porque ele também não liga. Quando a gente se vê, tem só um almoço de uma hora e meia, duas, e vai cada um para o seu canto.' Dava a impressão de que ele não se importava, né?"

Casagrande não é dado a abraços e beijos com os filhos, que percebem uma certa "travação" do pai em manifestar amor. "Não sei se isso tem relação com a droga. Talvez pela própria personalidade ou por algumas coisas que aconteceram na vida dele. Minha tia morreu quando meu pai era muito jovem, provocando muita dor, que ele teve de bloquear. Aí entrou no Corinthians também muito novo, com toda aquela pressão de jogador de futebol. Ainda havia a responsabilidade dele com os meus avós, depois de sustentar meus irmãos, minha mãe e, mais pra frente, eu mesmo. Acho que isso foi ficando meio que um peso. Nunca conversamos sobre isso, mas não sei se ele havia se preparado para se aposentar como jogador também. Essa dificuldade de demonstrar afeto é por tudo o que já passou antes", analisa Symon.

Por maior que seja a dedicação para se aproximar da família, Casagrande enfrenta dificuldade para superar a ansiedade, que lhe provoca certa impaciência de permanecer em um mesmo local ou situação ao longo de horas, por vezes prejudicando o convívio almejado. Isso se reflete, inclusive, com os netos – Henrique, nascido em 26 de junho de 2014, e Davi, de 3 de agosto de 2017, filhos do primogênito Victor Hugo.

"Atualmente, meu pai tem dois netos e não é presente na vida deles. Não acho que meus filhos sintam falta disso porque eu sou muito presente, justamente por ter experimentado essa situação na minha infância e querer fazer de forma diferente. Talvez tenha sido assim por uma questão de trabalho, mas talvez um pouco pelo jeito dele também. Mesmo agora, não jogando futebol, meu pai está sempre ocupado com projetos, então acho difícil exigir. Se fizesse um esforço para ser mais presente no dia a dia dos filhos e netos, poderia ser ruim para ele mesmo. Imagino que esteja realmente muito atarefado e precise, quando tem um momento tranquilo, descansar, ficar um pouco na dele. Se exigíssemos o que não pode dar, haveria risco até mesmo de novas recaídas", conclui Victor.

Com o passar dos anos, gradativamente, Symon desenvolveu essa mesma percepção e serenou o coração. Após praticamente ter jogado a toalha, com a impressão de que o pai jamais fosse conseguir largar a cocaína, ele recuperou a fé a partir de 2016, quando de fato Casagrande alcançou a estabilidade e a sobriedade plena, que persiste até hoje. "Comecei a sentir mais firmeza quando ele tomou a iniciativa de intensificar o tratamento e passou a ocupar mais o tempo ocioso. Foi aí que ele voltou para a 89FM com o programa de segunda-feira à noite [*Rock Bola*, inicialmente ao lado do escritor Marcelo Rubens Paiva, do baixista dos Titãs Branco Mello e do apresentador Zé Luiz], passou a fazer o "Fala, Casão" às terças-feiras [quadro que ele protagonizava no *Globo Esporte*] e também a participar direto dos programas do SporTV. O buraco que ele tinha, em vez de usar droga, foi preenchido com trabalho", comemora.

Durante esse percurso, Symon também seguiu seu caminho rumo à vida adulta. Além de cursar administração no Mackenzie, experimentou a carreira de goleiro. Ele havia iniciado no Grêmio Barueri entre 2011 e 2012, mas depois ficou quatro anos sem jogar para se dedicar aos estudos. Decidiu retornar em 2016 para disputar a Copa Paulista pelo Flamengo de Guarulhos. No final do ano, transferiu-se para a Caldense – clube mineiro em que seu pai estreou como profissional e onde é ídolo até hoje –, tendo ficado até meados de 2017. Em março do ano seguinte, tentou a sorte no Boston City, mas não acertou a permanência nos Estados Unidos. Ao regressar, chegou a treinar no Audax, com o objetivo de arrumar um time para disputar a Copa Paulista ou algum estadual em 2019, porém lesionou o joelho e desistiu da bola.

Na sequência, interessou-se por um curso de jornalismo esportivo, ministrado pelo jornalista e historiador Celso Unzelte, e já emendou outro de apresentador de TV no Senac. Ele cogita a possibilidade de ingressar nessa área.

Para facilitar o acesso às aulas, Symon voltou a morar com Casagrande em março de 2019, já que a distância de Alphaville, onde residia com a mãe, o obrigava a madrugar para chegar a tempo. Durante essa fase, embora os horários diferentes e os compromissos de cada um restringissem a convivência, pôde estreitar os laços com o pai. "Entendi que a nossa relação não iria ser mais do mesmo jeito de quando eu era criança, porque aquele ciclo já terminou. Mas o filho adulto ele reconquistou, e pudemos estabelecer outro tipo de vínculo", avalia Symon, que também passou a assessorar o pai e levá-lo de carro para os compromissos, fazendo às vezes papel de motorista, já que Casagrande deixou de dirigir desde o acidente de 2007.

Até que se atingisse esse estágio de equilíbrio, no entanto, houve muitos percalços a serem vencidos pela família, sobretudo com as recaídas de Casagrande – com maior ou menor intensidade. A queda mais significativa ocorreu durante um período de depressão severa, causada pela morte da mãe, com a consequente volta da companhia mais indesejada e temida: a dos demônios, que aproveitaram sua debilidade emocional para dar as caras novamente e atormentá-lo de uma forma que quase o levaria à morte.

## 9. DEMÔNIOS, O CONFRONTO FINAL

Desde abril de 2013, quando foi lançada originalmente a biografia *Casagrande e seus demônios*, muita água rolou no oceano revolto da vida do ex-jogador, com ondas gigantescas, complicadas de se navegar. A recuperação de um dependente químico quase sempre é feita de idas e vindas, tropeços e reabilitações, até que se atinja um ponto de conscientização e maturidade no tratamento que lhe permita manter a estabilidade e se livrar definitivamente do vício. Antes de a sobriedade ser alcançada, é como estar em uma constante montanha-russa, sujeito a baques emocionais e fases de depressão. Essas oscilações são desencadeadas especialmente por acontecimentos traumáticos, como o fim de um relacionamento, a perda de um emprego ou a morte de um ente querido. Ao se fragilizar, torna-se mais complicado lidar com a nova rotina e resistir ao apelo da droga como válvula de escape – com o desejo agudo de consumi-la. Assim surgem as recaídas, acarretando sentimento de culpa e de impotência diante da dificuldade de obter êxito.

Casagrande passou por tudo isso, e também pelo ressurgimento dos demônios. Um assunto que ele não gosta de abordar por lhe trazer lembranças assustadoras e por recear que pessoas sem empatia, com a perversidade que aflora ostensivamente hoje em dia nas redes sociais, aproveitem sua desventura para fazer chacota. Foi preciso insistência para que ele se dispusesse a mergulhar, mais uma vez, nessa zona sombria da alma para compartilhar suas vivências.

É algo que mexe com medos ancestrais, com imagens aterradoras que povoam o imaginário coletivo desde os primeiros registros feitos pela humanidade. O que nos faz temer o escuro e nos leva a ver vultos na penumbra. Se pavores desse tipo nos provocam sofrimento quando estamos sozinhos à noite num lugar isolado e ocorre uma queda de luz, por exemplo, ou mesmo no cinema, ao assistir a um simples filme de terror, imagine então para quem conviveu com essas aparições dentro de casa a partir de um "portal" aberto pelo uso de drogas. Um fenômeno que está no limite entre as explicações científicas, de que esses demônios são produtos de um surto psicótico, e a sensação mística de que uma energia ruim realmente pode ter atraído entidades do mal.

Que cada um tire as suas próprias conclusões, escolha uma das opções ou mesmo fique com ambas, se entender que uma coisa não exclui a outra. O importante é tratar com respeito a experiência dilacerante de Casagrande nesse terreno e os traumas com que ele precisa lidar, embora finalmente tenha superado essas visões e leve uma vida serena.

Nesse campo obscuro, houve episódios que parecem ter saído de um roteiro cinematográfico. Cenas carregadas de tensão, com fugas, confrontos arrepiantes e muita angústia para o personagem central da história, que viveu situações extremas até a redenção final.

Depois da primeira escorregada, quando contrariou as ordens da clínica e começou a sair com outros dependentes químicos em recuperação, o que resultou em um fracasso coletivo, Casão corrigiu a rota e contou com o apoio de acompanhantes terapêuticas e principalmente de Victor Hugo, que decidiu morar com o pai, para se manter "limpo" por vários meses. O então comentarista da TV Globo, no entanto, infringiu outra regra fundamental, a de também não ingerir bebidas alcoólicas, e mais recaídas vieram.

Por nunca ter feito uso abusivo de álcool, ele não compreendia o motivo de não poder tomar sequer um chope em um final de tarde. "Demorou pra cair a ficha porque eu tinha a crença de que o álcool não prejudicava minha recuperação; afinal, nunca tinha sido alcoólatra. Eu não bebia muito, mas fazia *happy hour* com os amigos e tomava uns chopinhos, de vez em quando uma tequila. Várias vezes eu fiz isso. E o álcool impede o cara que está se tratando de evoluir emocionalmente", reconhece agora.

Entre as recaídas esporádicas, houve uma mais grave, em consequência da morte de sua mãe, dona Zilda, em 18 de setembro de 2013. Casagrande se desequilibrou completamente e entrou numa depressão severa, regada a maiores quantidades de álcool e agravada pelo uso de cocaína. Apesar do retrocesso, a frequência com que utilizava o pó e a quantidade inalada ficaram bem abaixo do que se viu na época de sua crise mais profunda, seis anos antes. Também não voltou a injetar nas veias, o que sinalizava uma evolução importante. A proporção da queda só não foi maior graças ao zelo de suas psicólogas. Por mais que se esforçassem, no entanto, não conseguiram impedir que o paciente desse algumas "escapadas".

O que mais preocupava a família, porém, era o seu desabamento emocional, com o receio de que se afundasse cada vez mais e voltasse ao inferno do qual havia saído a tanto custo. "Fiquei bastante preocupada com o Waltinho logo após a morte da nossa mãe. Ele é muito vulnerável a perdas de pessoas amadas. A gente tenta ajudar, mas ele se fecha e diz que está tudo bem, embora visivelmente não esteja. Foi assim também quando a Zildinha partiu, ainda tão jovem, em 1979", compara sua outra irmã, Zenaide.

Sete meses após o enterro de dona Zilda, Casagrande teve o aniversário mais triste de toda a sua existência. Na comemoração dos seus 51 anos, na Grazie a Dio!, casa noturna da Vila Madalena, confesso que eu, seu velho amigo Gilvan Ribeiro, parceiro dele no jornalismo, nas biografias publicadas, nas dores e celebrações ao longo de mais de três décadas de convivência, pela primeira vez estive próximo de perder a esperança em sua salvação. Cheguei mesmo a pensar no pior: que a depressão iria arrastá-lo novamente para outra dimensão, desgovernada e aterradora, sem passagem de volta, colocando um ponto final em sua atribulada existência.

Casão já chegou à celebração bastante alterado, pois havia bebido antes de sair de casa, continuou a entornar doses duplas de Campari com soda, uma atrás da outra, e me confessou que também cheirara cocaína. Em respeito à presença de seus três filhos, da mulher de Victor Hugo, Daiana, que estava grávida na ocasião, da acompanhante terapêutica Daniela Gallias e do marido dela, ele procurava disfarçar a angústia e, claro, o uso da droga. Mas exalava desespero. Em dado momento, debruçou-se ao meu lado e cochichou em meu ouvido: "Isso não podia ter acontecido agora, quando estou me recuperando da dependência química. Deus não foi justo comigo! Poderia ter me tirado qualquer pessoa, menos a minha mãe, com quem eu podia contar em todas as situações. Só ela me amava incondicionalmente, sem esperar nada em troca." As lágrimas rolaram pelo rosto, mas ele aproveitou o ambiente escuro e a posição cabisbaixa para esconder o pranto dos demais convidados sentados à mesa.

"Eu me lembro, agora, direitinho daquela noite. No momento em que eu estava melhorando, me aproximando de Deus, foi a hora em que perdi minha mãe. Eu só pensava assim: 'Caralho, meu! Fiquei internado um ano, tô batalhando pra ficar sóbrio, recuperando o relacionamento com os meus filhos... e aí, porra, morre a minha mãe?!' Era muita coisa pra segurar, né?", recorda Casão. A fase depressiva durou cerca de dois anos.

Até voltar à tona, ele atravessou tempestades internas que muitas vezes viraram o barco da lucidez. Não havia terra à vista. "É legal explicar que uma recaída não ocorre necessariamente pela vontade de usar droga ou álcool. Na morte da minha mãe, eu tive uma recaída emocional. Demorou pra passar porque um dependente químico em recuperação ainda está se reestruturando. Um cara que fez um tratamento enorme, que teve um problema muito forte com a droga, ainda está com a estrutura frágil demais. A segurança dele tem que ser construída aos poucos. E nesse período aconteceram diversas coisas difíceis pra mim, principalmente as perdas de pessoas amadas. Primeiro o Magrão [Sócrates] em 2011... e depois a minha mãe."

Casagrande tem convicção de que agora seria capaz de lidar melhor com o luto. Mas, àquela altura, ainda na metade da travessia, as ondas pareciam imensas demais para serem navegadas, e o redemoinho o tragava para o fundo. "Sentia uma tristeza exacerbada, acima do que seria normal. Lógico que a morte da mãe é uma coisa que deixa qualquer pessoa abalada, e muita gente faz terapia pra suportar a dor, toma antidepressivos, recorre a tudo pra ajudar. Quem não possui um histórico tão caótico como o meu com as drogas tem mais condições de superar, porque a droga destrói, descontrola totalmente a parte emocional. Naquele momento, eu ainda não tinha adquirido mecanismos para dar limites reais aos meus sentimentos. Caí num precipício, fiquei de cama, depressivo. Se minha mãe morresse hoje, eu sentiria muita tristeza, mas não ia me jogar lá embaixo."

Por ter passado por tantas tormentas, Casagrande adverte para o perigo da simplificação de se pensar que o tratamento de um dependente químico se restringe a deixá-lo longe das drogas até que ocorra a desintoxicação e cesse a síndrome de abstinência. Esse é um erro bastante comum. Quando o paciente sai da clínica, limpo, espera-se que ele naturalmente siga o caminho da sobriedade, sem tropeços. Qualquer recaída é vista como delito, como se houvesse uma escolha deliberada do vício, porque, pelo senso comum, já estaria livre da dependência. Assim, ao voltar a consumir a droga, é como se fizesse novamente a mesma opção condenável de antes e iniciasse outra vez uma caminhada que sabidamente terminará em ruína. "Ele não tem jeito mesmo!", costuma-se dizer do indivíduo nessas ocasiões, e muitos familiares até o abandonam, quando, na realidade, o dependente não recomeçou. Só estava ainda no meio do percurso e lhe faltou fôlego para ir em frente. Mais do que nunca, necessita de ajuda, compreensão e apoio. Os naufrágios fazem parte do processo.

"A recuperação de um dependente químico é muito mais complexa do que parar de usar droga. Para isso, basta o cara ficar internado e pronto. No meu caso, eu fiquei um ano sem usar porque estava isolado na clínica e não tinha acesso. Mas todos os problemas emocionais continuavam lá", explica Casão. "Essa primeira parte, inclusive, é a mais fácil porque acontece forçosamente. A difícil vem com o tempo... Aí, mais do que nunca, é preciso contar com a ajuda de profissionais, fazer terapia, para ir adquirindo equilíbrio e capacidade de lidar com as perdas e as frustrações. Para encarar as coisas que não dão certo, que na vida são muitas."

Para Casagrande, um chope com os amigos já tem potencial de dano porque pode despertar, se não os demônios, pelo menos aqueles "diabinhos" que falam na orelha dos personagens de desenhos animados, sugerindo que façam algo errado: "Pode cheirar... uma carreirinha só não vai fazer mal", coisas desse tipo, no seu caso. Imagine, então, o álcool ingerido em maior quantidade para afogar as mágoas. "A melhora estava sendo rápida até a minha mãe morrer, depois disso começou a ficar lenta, e até regredi. Eu não entendia qual era o papel do álcool nessa época. Hoje vejo que tinha a função de lavar a alma, ou melhor, uma tentativa nesse sentido, pois vinha com lágrimas e mexia com coisas pesadas. Não era um encontro feliz de bater papo com os amigos. Eu bebia sozinho e lembrava da minha mãe. Ficava depressivo. Isso foi indo, foi indo, até eu perceber que o álcool estava atrapalhando minha vida."

Durante a fase depressiva de luto, Casão andava cada vez mais na quina da ribanceira, e as ameaças passaram a ser bem maiores do que a dos "diabinhos" que só dão maus conselhos. Esses apenas atuavam sorrateiramente para engrossar um caldo muito mais espesso e virulento, que misturava dor, solidão, embriaguez, inconformismo com a perda materna e revolta contra os desígnios de Deus, que lhe tirara um apoio crucial na fase em que mais precisava. Nesse turbilhão de ressentimentos em que se afogava, o terreno voltava a ficar fértil para o reaparecimento de demônios piores. E eles não desperdiçariam a chance de dar as caras de novo.

\*\*\*

Desde que saíra da internação, livre desses visitantes indesejados, Casagrande tomava todas as precauções a fim de evitar qualquer contato com tal universo. Abriu mão, inclusive, de assistir a filmes do gênero, algo de que sempre gostou. Uma cautela que mantém até hoje. "O que eu não vejo, mesmo, são filmes de possessão demoníaca. Não vejo de jeito nenhum! Eu gostava e gosto muito ainda, o assunto me interessa, mas eu não tenho segurança emocional pra saber qual o meu envolvimento com aquilo", justifica.

Antigamente, se estivesse zapeando pelos canais de TV e se deparasse com a exibição de *O exorcismo de Emily Rose*, produção do diretor Scott Derrickson de 2005, certamente Casão pararia para ver, como fez em incontáveis ocasiões. Agora apressa-se a mudar de canal. "É o filme mais aterrorizante que eu vi na minha vida. Se qualquer pessoa assiste, vai achar forte, ficar até meio cismada com as coisas por um tempo, todo mundo fica. Mas, pra mim, há o risco de absorver aquilo. Ou então puxar aquelas imagens de demônio pra minha cabeça, e elas demorarem pra sair. E aí eu fico atormentado, não gosto, não me sinto bem. Eu quero manter distância desses pensamentos."

Amparado pela sobriedade e pela terapia, essa estratégia deu certo durante muito tempo. Até que o abalo com a morte da mãe e a consequente recaída, com consumo de álcool e cocaína, enfraqueceram as suas defesas e criaram a situação propícia para que as visões retornassem. Ele não chegou a fazer uso intenso da droga, nem a ficar em estado tão alterado como em 2007. Porém, depois de sofrer um primeiro surto psicótico, é preciso tomar cuidados redobrados para que a experiência não se repita. É como se uma trilha indevida tivesse sido aberta no cérebro, e qualquer vacilada possa conduzir até lá outra vez.

Curiosamente, no ressurgimento dos demônios, a primeira aparição ocorreu na Europa, em novembro de 2014, em uma situação que aparentemente não oferecia riscos. Casagrande tinha viajado com a equipe da Rede Globo para cobrir os amistosos da Seleção Brasileira contra a Turquia, em Istambul, e a Áustria, em Viena. Nessas circunstâncias, andava concentrado no trabalho e comedido, sem cometer qualquer tipo de excesso. Ainda dava sinais de abatimento pela morte da mãe, mas alternava entre dias em que se mostrava mais tranquilo e outros com um pouco mais de instabilidade. Porém, nada fora do normal.

Depois do fiasco do país na Copa do Mundo disputada em julho no Brasil, quando o time canarinho tomou a inesquecível surra de 7 a 1 da Alemanha, sob o comando de Luiz Felipe Scolari, a CBF tentava recomeçar o trabalho com a volta de Dunga. Casão via, portanto, "o futuro repetir o passado" nesse "museu de grandes novidades", como cantava Cazuza na canção "O tempo não para". Dunga também dirigira, sem sucesso, a Seleção na Copa de 2010, na África do Sul, e então recebera outra chance. Após a mudança da comissão técnica, apenas quatro amistosos anteriores haviam sido disputados, e o comentarista acompanhava com interesse os dois últimos jogos do ano.

Quando o caldo entornou, Casagrande já se encontrava em Viena, depois de ter presenciado a goleada do Brasil sobre a Turquia por 4 a 0, e vinha saindo com colegas jornalistas e funcionários da CBF para jantar. "A gente saía pra comer, tomar cerveja e bater papo, num clima sossegado.

Numa dessas vezes, eu voltei para o meu apartamento no hotel, dormi e lá por volta de oito horas da manhã, mais ou menos, comecei a sonhar com uma casa, uma escada, e então ouvi um riso aterrorizante. Acordei assustado e abri os olhos todo arrepiado. Caralho! Fiquei olhando o quarto até que foi baixando o susto, baixando, baixando, e voltei a dormir", relata.

Porém, o desassossego não cessou. "Aí aconteceu de novo e, quando acordei, tinha o rosto de uma mulher na cortina. Porra, aquilo me arrepiou dos pés à cabeça. Fiquei assustadíssimo, não era um formato apenas, apareceu claramente o rosto da mulher com um sorriso apavorante. Então eu falei: 'Caralho, meu, que porra é essa?' Mas, depois de um tempo, consegui cochilar outra vez. Até que veio aquele riso novamente, uma gargalhada alta e estridente. Quando despertei, olhei para o lado e vi o rosto da mulher ali, tinha aumentado de tamanho, e ela acenou pra mim. Quase morri de desespero."

A aparição não tinha as feições horrendas de um demônio tradicional. Era só uma mulher muito branca com cabelo preto. Diante das circunstâncias, dava tanto medo quanto um daqueles rostos horripilantes que o haviam assombrado sete anos antes. "Não vinha na forma demoníaca, pelo menos naquele momento, mas tinha algo estranho, um sorriso cínico que não era bom, transmitia uma energia ruim", descreve. "Acabou ali a minha viagem. Eu fiquei pra baixo, perdi a fome, não saí mais com os caras pra jantar. Sabe quando você murcha? Aí a excursão terminou, e voltei pra São Paulo preocupado."

De fato, como temia, a tal mulher o acompanhou até o Brasil. Não apareceu logo de cara, mas, mesmo assim, não houve trégua porque, antes dela, surgiram outras figuras estranhas, embora não tão nítidas. "Eu vim pra cá e comecei a ter visões de demônios de novo na minha casa. Naquela época, a minha cama ficava diretamente na direção do banheiro, então eu via uma sombra lá. Aí eu ia pra sala, e tinha cara de demônio no sofá. Isso acordado, sem uso de droga. Eu estava só bebendo. E aí o que aconteceu? Eu comecei a beber um pouco mais depois que isso começou."

Estranhamente, as visitas tinham hora certa para chegar. "Começavam às seis horas da tarde em ponto, antes de eu beber. Eu via uma imagem no sofá, aí me sentava e sentia algo me pegando, me arranhando as costas. Porra, sou muito louco mesmo nesses assuntos; como ninguém se mexia na minha frente, me adaptei. Mas estava com uma sensação muito ruim. Eu me sentia observado", conta Casão.

Sem tomar as providências necessárias e com o crescente consumo de álcool, a tendência era que os demônios passassem a botar cada vez mais as asinhas de fora. Que a presença deles se tornasse mais ostensiva, como havia acontecido da vez anterior. Dito e feito. "Um dia, eu estava dormindo, acordei de repente e vi um demônio mesmo, mas com cara de gente, cabelo amarelo, o sorriso sarcástico, de calça jeans e tudo. Ele passou andando na minha frente, próximo à cama. E aí comecei a ficar mais preocupado, porque até então eu só via sombras. A partir desse momento, quando comecei a vê-los de fato, as coisas foram se intensificando, e essas imagens passaram a ter vibrações. Eu estava muito assustado e, como não sabia orar, corri pra internet e coloquei a Bíblia falada pelo Cid Moreira numa noite. Com a fala dele, deu uma apaziguada no ambiente. Mas, no outro dia, quando eu fui fazer a mesma coisa, a internet caiu. Aí eu fui mandar mensagem de WhatsApp para a Daniela [Gallias, uma de suas acompanhantes terapêuticas] e não dava pra enviar, nem o 4G do celular funcionava. Estava sem nada, o roteador, tudo pifou na minha casa", relembra.

O pânico tomava conta de Casagrande, e os demônios, do apartamento dele. "A situação só piorava. Eu quase não dormia mais, porque voltei a ver a imagem daquela mulher de Viena na parede. Ela falava, mas eu não entendia nada. Ao mesmo tempo, em algumas noites, o de cabelo amarelo cruzava a minha frente várias vezes. Se eu já tivesse pegado no sono, acordava por causa da energia ruim. Depois ficou claro que esse era o chefe, e a mulher, a parceira dele."

Apesar de ter concluído que se tratava do líder, o de cabelo amarelo não era o que mais lhe provocava pavor. Deitado em sua cama, ele avistava o boxe do banheiro, onde se posicionava o maior demônio de todos. "Eu tinha mais medo dele por causa do tamanho, por parecer o mais forte, uma espécie de segurança do chefe, e porque a energia que batia em mim quando eu via aquela sombra lá dentro era muito grande. Ao mesmo tempo, ele não se mexia, ficava parado ali no boxe, então nesse sentido me dava certa tranquilidade. Os outros me causavam mais sustos porque se movimentavam."

Nem é preciso dizer o martírio pelo qual passava Casagrande quando ia tomar banho durante o dia, embora as imagens só aparecessem à noite. "Eu tomava banho, mas tinha um puta medo, porque mesmo sem enxergá-lo de dia sabia que o grandão se instalava sempre lá à noite."

Em meio àquele pesadelo desperto, ele começou a notar alguns sinais físicos na casa que, em sua concepção, haviam sido deixados pelos demônios e serviriam como prova da presença deles na residência. "Percebi uns pingos enfileirados como se formassem uma trilha do sofá até o boxe do banheiro, parecia uma cera que caía no chão, tum, tum, tum... Eu ficava sentado no sofá até três, quatro horas da manhã, sem conseguir dormir. Pode ser que aquela figura grandona saísse do banheiro e deixasse essas marcas na sala, sem que eu visse a sua imagem, ou então tudo isso rolava depois que eu ia me deitar, não sei..."

Outro detalhe que chamava sua atenção eram as manchas que apareciam nas paredes, sobretudo no andar superior do duplex, onde ficam os quartos, os banheiros e a saleta em que varava as madrugadas. "Os demônios deixavam marcas lá em cima, as paredes ficavam todas sujas de preto e arranhadas."

Aflito, ele resolveu pedir socorro à família e às profissionais terapêuticas que o assistiam na época. "Eu chamava meus filhos aqui, psicólogas, psiquiatra, para verem essas marcas, mas eles chegavam e não viam nada. Não sei se era pra me tranquilizar, mas meus filhos diziam assim: 'Pai, tá tudo normal, tudo normal.' Um dia eu falei para o Symon: 'Sobe aqui, olha isso, segue e me diz até onde vai... Até o banheiro, né?' Eu queria mostrar que a trilha ia exatamente para o boxe onde eu via aquele demônio grandão. Mas aí saquei que tinha envolvido todos os meus filhos nesse lance pesado e parei por aí."

Como todos viam sujeira na parede, mas lhe diziam que se tratava de algo normal, ele pedia à faxineira para caprichar na limpeza. "Ela vinha às terças e quintas, passava pano úmido com sabão e deixava tudo branquinho. Aí as coisas começavam a acontecer às seis horas da tarde e, quando eu acordava no outro dia, estava tudo com marcas pretas novamente. Essa história foi trezentas mil vezes pior do que aquela de 2007, porque ali eu estava tão drogado, mas tão drogado, que eu tinha muitas dúvidas. Foi mais um surto de tanta droga que eu havia tomado, então não posso dizer que aquilo lá era real. Eu estava tão louco... Mas, dessa vez, foi mais perigoso, mais forte, mais visível... mais foda mesmo."

Para os filhos, encontrar o pai naquele estado era um suplício. "Acho que essa foi a pior crise. Porque eu já tinha visto ele mal, mas nunca nessa condição. Foi quando achei que não tinha mais jeito", admite o caçula Symon, que na época estava com 21 anos. Ele só se lembra de Casagrande ter lhe mostrado algumas marcas próximas à escada que leva ao andar superior do apartamento. "Havia umas três manchas. Parecia mancha de quando você derruba café em alguma coisa branca, e o café seca, fica meio amarronzado. E ele falava que era baba."

Os filhos se revezavam para vigiar o pai nos finais de semana. Numa dessas ocasiões, Symon e Leonardo chegaram a levar água benta, dada pela mãe deles, Mônica. "O Leonardo é que ficava mais com ele, mas, como era a minha vez de dormir no fim de semana, meu irmão me falou pra ficar de olho e trouxe um vidro com água benta. Nós jogamos na sala, ao lado e atrás da TV, onde os demônios apareciam. Também dentro do boxe do banheiro, nas paredes, nas portas, em tudo lá no andar de cima."

Visitar, ou na verdade cuidar do pai, naquele período, provocava profundo desgaste. "A gente notava o cheiro forte de cigarro desde o hall de entrada. Eu já chegava sentindo uma barra-pesada. É que a casa, as paredes, os móveis, tudo era antigo, meio mórbido. E aí, sabendo do que meu pai falava para o Leonardo sobre as aparições, eu já ficava meio cabreiro. Sabe, esse lugar sugava a energia. Então até acredito que houvesse algo ruim que o afetasse. Mas eu atribuo uns 80% ao delírio por causa do uso de droga."

Presença mais constante, Leonardo procurava acalmar o pai, tentando convencê-lo de que não havia nenhum intruso no apartamento. "Pra mim, que não estava numa situação física e mental ruim como a dele, o que eram aquelas visões? Um piso com uma mancha e uma parede havia muito tempo sem ser pintada. Eu via que ele estava fora de si, porque não tinha marca demoníaca. Não tinha garra na parede, nada. Mas o papo dele era só esse."

Ao mesmo tempo, Leonardo também reconhece que pairava uma energia pesada no ambiente. Por isso, em 2015, ele resolveu dar uma blitz por lá. "Sentia um clima ruim. Então a gente foi no quarto dele e eliminou tudo que havia de negativo. Porque havia muitos livros com essas ideias demoníacas, talvez ele fosse muito curioso mesmo. Naquele dia, a gente mexia no apartamento e percebia que tinha alguma coisa... Sabe quando você perde um pouco de força? Eu não sei o que estava tentando nos impedir de fazer aquilo... E essa limpeza no quarto foi das dez e meia, onze horas da noite, até quase duas horas da manhã, porque a gente limpou armário, trocou guarda-roupa, trocou as roupas dele, trocou tudo! Tudo o que possa imaginar."

Uma das acompanhantes terapêuticas de Casagrande na época, Simone Villas Boas, presenciou várias crises. Por ser uma profissional de saúde mental, ela encara os fatos de maneira científica. "A psicologia trata de alucinação, inclusive as derivadas do uso de drogas alucinógenas ou de estimulantes. Isso desencadeava no Walter alucinações psicóticas. A religião pode ver de outro jeito, mas não sou uma pessoa religiosa, sou bem cética até. Quando ele me mostrava as tais marcas nas paredes, o que eu via eram paredes sujas, com sujeira de gordura da mão. Era uma sala pequena em que ele fumava muito, então ficavam manchas, a pintura amarelada pela nicotina. Aí ele me mostrava o lençol... Sabe quando a gente joga o lençol pra arrumar a cama e formam aquelas dobras, aquelas ranhuras? É igual quando a gente está olhando as nuvens e vê um cachorro, um dragão, um dinossauro... ou demônios! Cada um dá o tom do que está sentindo naquele momento. E eu acho que ele estava muito perseguido na ocasião. Era isso, não havia garras, nem imagens, o que tinha era um ambiente muito pesado. Acho que dá pra falar em energia."

Como Casagrande escondia das psicólogas as recaídas com cocaína, Simone desconfiava que o uso fosse mais frequente do que ele admitia, e que a combinação com o álcool tivesse desencadeado todo o processo. "A energia era pesada mesmo. Se havia almas ou espíritos ruins, enfim...

eu só posso dizer que o clima era muito denso. Se tinha vestígios de pó, cocaína pelo quarto inteiro dele, nos armários, nas roupas... Se ele estava num estado de uso de droga por muito tempo, misturado com medicação psiquiátrica e ansiolíticos, juntamente com bebida alcoólica... Isso dá apagão! Então ele estava num estado que não se pode desvincular uma coisa da outra", analisa.

Quanto aos tais pingos no assoalho, que formariam uma espécie de trilha do sofá ao boxe do banheiro, Simone também tem uma explicação racional. "Ele acendia velas, então pode ter sido até ele mesmo carregando a vela durante a noite." Ela compara a situação com outro episódio que deixou Casagrande impressionado. "Segundo ele, não estava cheirando nessa época, mas bebia e tomava Rivotril. Aí acordou um dia com a mesa de jantar posta e já imaginou coisas. Falou: 'Quem veio jantar aqui?' Ele não se lembrava de nada. Na certa, na piração, achou que iria receber gente e montou a mesa dentro da alucinação."

Apesar de interpretar os acontecimentos à luz da razão e da ciência, Simone usava a técnica de não desconsiderar nem desqualificar as percepções de Casão em relação aos demônios. "Na época, ele falava: 'Você tá vendo? Tá vendo?' Não adiantava eu dizer no momento da crise: 'Não tô vendo nada, é só fruto da sua imaginação.' Precisava trabalhar dentro daquele quadro da psicose", explica a psicóloga, que tentava entrar na mesma sintonia para poder ajudá-lo.

Ela acumulava experiências com outros pacientes que apresentavam problemas mais sérios, com diagnósticos de transtornos persistentes que os levavam a estados bem piores do que o de alucinações produzidas pela dependência química. Assim, utilizou esse conhecimento para se aproximar de Casagrande e, aos poucos, tranquilizá-lo. "Eu tinha um paciente muito grave, esquizofrênico, que ouvia vozes. E quando ele me perguntava se eu estava ouvindo, eu dizia: 'Tá meio sussurrado, conta pra mim o que ele está falando.' Com o Walter, era mais ou menos isso: 'Acalme-se, tem alguma coisa acontecendo, você não está bem e, se há demônios ou espíritos, eu não estou vendo nenhum agora. Mas, se estão aqui, é porque você ficou fragilizado, você abriu um canal.' Aí eu explicava que ele se encontrava desnorteado pelo uso de droga e, se houvesse demônios, era porque eles tinham aproveitado a chance por causa dessa condição. Então seria preciso voltar a se blindar, ficar sóbrio, para todos irem embora."

Por mais que Casagrande jurasse muitas vezes que não havia consumido cocaína, apenas álcool, ficava sempre a dúvida no ar. Essa suspeita foi confirmada pelo menos em uma ocasião, após as psicólogas Daniela e Simone perceberem que ele voltara a usar pó com certa regularidade. "A gente acabou criando uma rede de relacionamentos com o porteiro, com o faxineiro, com o zelador, com quem estava ao redor dele. Pedimos a ajuda dessas pessoas, que um dia nos alertaram sobre um movimento estranho, principalmente às quartas e domingos à noite, quando ele voltava da transmissão dos jogos. Desconfiaram que houvesse um delivery de droga que vinha junto com a entrega de DVDs. De fato, o Walter era a única pessoa que ainda alugava DVD em 2015 [risos]. Com essa informação, eu cheguei ao prédio num domingo à noite antes dele, peguei os DVDs, vi que estavam com cocaína e fiquei esperando ele voltar de um jogo", relata Simone.

Alguns minutos depois, Casagrande entrou pelo portão com a ansiedade incontrolável que só os dependentes de cocaína já experimentaram. E tomou um choque ao dar de cara com a acompanhante terapêutica. "Ele chegou em plena abstinência, na fissura total mesmo. Certamente, no caminho, já mal podia esperar pra pegar o pó. Na hora em que me viu com os DVDs na mão, ele me olhou de um jeito... Acho que a vontade dele era voar no meu pescoço de tanto ódio! Eu falei: 'O que é isso, Walter?' A resposta veio em tom de raiva: 'Ué, não tô sabendo! O que é isso, me diz você, porque está na sua mão!' Aí eu abri a capa, tirei o saquinho de dentro e mostrei. 'Não é meu', ele disse. Aí achei melhor subirmos para o apartamento", conta Simone.

Dentro do elevador, o clima era tenso. Com a respiração ofegante, Casão evitava os olhos da terapeuta, enquanto pensava o que iria fazer. Após abrir a porta e entrar na sala, Simone indagou: "O que você quer que eu faça com isso?" Ele foi evasivo, com uma mistura de ironia e indignação: "Sei lá, me diz você!", resmungou Casagrande. "Só que eu estava brava também, né? Porque eram muitos anos juntos nessa relação de confiança que a gente estabelece e, de repente, há uma quebra. Então eu lhe disse: 'Porra, cara, eu tô aqui de tonta três vezes por semana, com você falando sempre que tá tudo bem, e agora chego à noite e encontro um coquetel aqui feito...'" Dominado pela fissura, Casão deu de ombros e mandou às favas qualquer escrúpulo. "Então tá bom, eu vou te mostrar o que eu vou fazer com isso", disse, enquanto pegava o saquinho. Ele despejou um pouco do pó em um prato, botou para aquecer no micro-ondas, esticou a carreira e cheirou na frente da psicóloga. "Pronto, tá feliz?", perguntou para ela, que respondeu com tristeza: "Não, não tô feliz."

Na sequência, aplacada a sensação lancinante da abstinência, Casão se dispôs a abrir mão do restante do conteúdo do saquinho plástico. "Agora você pode jogar na privada", consentiu. Foi o que Simone fez, mas ciente de que provavelmente um novo delivery chegaria, assim que ela fosse embora. "A partir desse momento, a gente chamou a família e revelou que havia prova concreta; até então, era a minha palavra contra a dele. Nós tínhamos preocupação com o risco de ataque cardíaco, de sofrer uma overdose e estar sozinho em casa, porque antes ele tinha a Mônica e os filhos pra tirá-lo do banheiro e levá-lo para o hospital. Depois da separação, poderia amanhecer sem socorro."

Após esse flagra, Casão adotou a estratégia de tentar convencer as psicólogas de que fazia uso controlado da droga, apenas depois das transmissões de jogos, para não se exceder nem atrapalhar o trabalho. "Quando a equipe da qual eu fazia parte parou de atendê-lo, no segundo semestre de 2015, ele já estava usando muito sem nos revelar. A gente percebia, mas ele negava, podia colocar uma arma na cabeça dele que continuaria negando. E aí ele começou a misturar com medicação, com Rivotril e outras coisas. Por isso, perdia a memória, acordava e tinha todas aquelas alucinações com demônios", lamenta Simone.

A preocupação das acompanhantes terapêuticas e da família de que Casagrande viesse a colocar a vida em risco se mostrou procedente. Menos pela possibilidade de sofrer algum colapso fisiológico, provocado por uma nova overdose, do que pelo suplício espiritual. Depois de muitas noites de martírio, incomodado com a presença doméstica daqueles enigmáticos seres do mal, mas sem que fosse ameaçado, finalmente se viu vítima de um ataque direto. Os demônios se perfilaram e o encurralaram junto à janela da sala, num episódio perigoso, que poderia tê-lo levado à morte. Houve o risco real de uma queda do prédio, na tentativa desesperada de fugir da investida deles, em conjunto, na sua direção.

"Aquilo me deixava cada vez mais exausto. Até que um dia, às seis horas da tarde, fui pra sala de televisão e, quando olhei pra escada, vi todas aquelas sombras que eu enxergava dentro da minha casa vindo lentamente na minha direção. Então fui me afastando, me afastando, encostei na parede junto à janela e comecei a rezar o pai-nosso, a única oração que eu sabia. Mas, nesse instante, ouvi a voz de Lúcifer na minha mente dizer assim: 'Não adianta, você não tem fé no seu Deus!' Aí eu me desesperei de vez." A agonia atingiu o ponto máximo. Casão temeu que fosse o seu fim, parecia não haver mais saída.

"Eu pensei: a casa caiu, agora fodeu! E eles vindo, eles vindo, eles vindo... De repente, ao meu lado ficou tudo branco, tudo branco, tudo branco. E eu comecei a falar orações que eu nunca tinha ouvido na vida! Entrei em transe, continuei a orar sem parar, dizia que Jesus vive no meu coração, que o sangue de Cristo corre nas minhas veias e iria cair sobre todos eles. Concluí com convicção: 'Jesus está na minha casa, vocês vão sair, vocês não podem me atacar porque Cristo está aqui!' E os demônios começaram a se afastar, foram se afastando, se afastando... até sumirem."

Quando as imagens desvaneceram, como se tivessem se desintegrado no ar, Casagrande experimentou uma grande sensação de alívio. Estava extenuado, todo suado, mas não tinha forças nem para tomar um banho. Desmontou na cama e adormeceu. "Nessa noite, eu dormi bem", conta.

Mas os demônios são seres tinhosos, que habitam as sombras da imaginação, e ainda não se tinham dado por vencidos. No dia seguinte, eles reapareceram, e a cena se repetiu. "Eu fiz a mesma coisa, e eles foram se afastando, se afastando... Quando sumiram da minha vista, meu, minha casa clareou! Eu tô falando sério! A casa clareou, o ambiente ficou outro, eu fiquei leve. Passei a aceitar Cristo. Eu Lhe agradeci por esse dia e pedi pra Ele morar comigo no coração. Daí em diante, nunca tive mais nada." Casão tem convicção absoluta de que foi salvo por uma intervenção divina, algo que mudou sua maneira de ver as coisas e o fez se reaproximar da fé cristã.

Esse é um tema sobre o qual ele se esquiva de falar. Algo muito particular e forte em sua vida. Evita comentar com as pessoas para não dar margem a zombarias dos mais céticos, tampouco tem o intuito de fazer pregações, muito menos a intenção de convencer os amigos. O máximo que se permitiu foi dar um testemunho, no final de 2016, na Assembleia de Deus Novo Tempo, na zona sul de São Paulo, embora não tenha se convertido à doutrina religiosa. "Eu fui duas vezes em uma igreja evangélica de uma comunidade negra lá perto do ABC, que é sensacional! É como aquelas igrejas americanas famosas pela qualidade da música que cantam e tocam. O louvor é maravilhoso, com baixo, guitarra, bateria, metal, fiquei apaixonado."

Chamado ao púlpito, Casão contou a sua história. "Eu era uma pessoa que contestava muito a vida de Cristo, desclassificava bastante a vida de Cristo, e valorizava e classificava a vida de Lúcifer. E por um bom tempo eu pensava dessa maneira", confessou, antes de relatar todos os acontecimentos em seu apartamento. Ressaltou que, ao ser cercado pelos demônios, que avançavam sobre ele, temeu por sua vida. "Senti que era o fim. Ali eles estavam vindo mesmo para o ataque final. Eu senti uma presença do lado, que era Lúcifer, e falei: 'Pô, você vai deixar eles me pegarem? Eu falei da sua vida até agora, e você vai deixar eles me pegarem? Ele não respondeu nada, e as imagens continuaram. Aí eu comecei a orar o pai-nosso", relembrou na ocasião.

Casagrande destacou sua gratidão a Jesus pela intervenção naquele momento crítico, apesar de O ter renegado anteriormente. "Rezo a Deus todas as noites por ter me salvado das mãos de Lúcifer. Naquele dia, seria o meu fim. Eu não sei como seria, mas seria naquele dia e não seria agradável, porque eu estava nas mãos deles. Não era só Lúcifer, estavam todos eles na minha frente. E eu senti que Cristo veio do meu lado, e eles se afastaram porque Cristo veio me defender. Ele me abraçou naquela noite, me colocou debaixo dos braços, e eu tenho uma consideração e um respeito, uma valorização muito grande por Cristo porque eu não estava ao lado d'Ele, mas Ele veio me defender mesmo assim. E desde aquela noite eu sempre agradeço por ter sido salvo das mãos dos demônios."

Mesmo acolhido pelos fiéis, que estimulavam sua adesão à igreja e gritavam que ele havia encontrado seu lugar, Casagrande fez questão de deixar claro que não pretendia seguir nenhuma corrente religiosa. Depois disso, também esteve em outra igreja evangélica de Porto Alegre, levado por um amigo dos tempos de jogador, o ex-lateral-direito Paulo Roberto, seu parceiro de Corinthians, São Paulo e Seleção Brasileira, que também teve passagens expressivas por Grêmio, Vasco, Botafogo, Cruzeiro e Atlético Mineiro. Os dois formavam uma dupla terrível e bem-humorada, que gostava de pregar peças e passar trotes nos desavisados (como veremos mais à frente, no capítulo 20). Como o antigo parceiro de farras virou evangélico, Casão aceitou o convite para repetir seu testemunho no templo gaúcho, ressaltando, novamente, que o gesto não significava uma conversão. "Não sou evangélico, não tenho religião alguma, mas tenho Cristo ao meu lado." Ele prescinde de intermediários para se conectar com Deus.

Essa aproximação com o mundo cristão permitiu que ele namorasse a cantora Baby do Brasil, uma de suas maiores musas desde a juventude, nos anos 1970, quando ela despontou para a fama com os Novos Baianos, ainda com o nome artístico de Baby Consuelo.

Também pastora evangélica, tendo inclusive o acompanhado na visita à Assembleia de Deus Novo Tempo, ela é fundadora do Ministério do Espírito Santo de Deus em Nome do Senhor Jesus Cristo e se autodenomina "popstora".

Os dois tiveram um romance que durou sete meses e aguçou a curiosidade do público, com uma série de notícias em jornais e sites de celebridades, além de entrevistas para a TV. Uma relação intensa, essencial para a recuperação definitiva de Casagrande.

## 10. O FURACÃO BABY

Casagrande tinha 9 anos quando um exótico grupo musical chamou sua atenção. Achou aqueles artistas cabeludos, com visual desleixado e um ritmo contagiante, diferentes de tudo o que havia visto até então. Waltinho ficava hipnotizado com as aparições deles na TV em 1972, quando os Novos Baianos lançaram seu segundo disco, *Acabou chorare*, eleito pela revista *Rolling Stone Brasil*, em 2007, o melhor álbum de música brasileira de todos os tempos. A riqueza do som – uma geleia geral tropicalista que mistura samba, rock, afoxé, frevo e choro, com um tempero muito particular – só seria compreendida mais tarde, quando ele se tornou adolescente. O surgimento daqueles jovens revolucionários significou o seu primeiro contato com a estética hippie, algo que iria fasciná-lo e que marcaria definitivamente sua personalidade.

À medida que Casão crescia, aumentava a sua percepção desse fenômeno cultural. Ele se identificava com a rebeldia dos músicos, compositores e artistas de vanguarda Luiz Galvão, Moraes Moreira, Paulinho Boca de Cantor, Pepeu Gomes, Dadi Carvalho, Jorginho Gomes e Gato Félix, que moravam juntos no Cantinho do Vovô, sítio na estrada para Jacarepaguá, no Rio, onde fundaram uma comunidade hippie. Ainda havia a mística de serem "malucos", rotulados de maconheiros, presos vez por outra pela polícia da ditadura militar. No livro *Novos Baianos, a história do grupo que mudou a MPB*, Luiz Galvão conta vários episódios de uso de drogas nessa época e viagens lisérgicas que de alguma maneira influenciaram a sua obra. Tudo isso aguçava a imaginação de um Casagrande ainda juvenil.

A sonoridade de faixas como "Tinindo trincando", em que Pepeu se destaca com um solo de guitarra genuinamente brasileiro, no limite entre samba e rock, também o encantava. Mas nada se comparava ao poder de sedução exercido por Baby Consuelo, a única mulher do grupo. Àquela altura, jamais Casão poderia imaginar que ela seria sua namorada no futuro.

"A Baby era a minha grande musa na juventude, junto com a Rita Lee. Sempre fui louco por ela, por sua voz e sensualidade", conta Casagrande. As performances dela em composições que Luiz Galvão e Moraes Moreira fizeram especialmente para que a então cantora em início de carreira interpretasse sozinha, como a própria "Tinindo trincando" e "A menina dança", estão gravadas em sua memória. Assim como a atitude transgressora da jovem, com personalidade forte e independente, que "empoderava" as mulheres numa época em que esse termo nem sequer fazia parte do vocabulário feminista.

A irreverência da artista se manifestava, inclusive, com a participação de Baby em jogos de futebol ao lado da legião masculina dos Novos Baianos, no Cantinho do Vovô, e ao entrar para a história como a primeira mulher a cantar num trio elétrico de Carnaval no final dos anos 1970. Anos depois, ainda se apresentaria grávida do sexto filho, com a barriga de fora, no Rock in Rio de 1985, o que chocou a conservadora sociedade da época.

Antes disso, em 1980, já causara rebuliço com o lançamento da música "O mal é o que sai da boca do homem" num festival de MPB da Rede Globo. Composta por Baby e Pepeu (então seu marido) em parceria com Luiz Galvão, a canção com a frase bíblica no título e o refrão "você pode fumar baseado" fez enorme sucesso e se tornou uma espécie de hino dos maconheiros. Para driblar o departamento de censura, que precisava aprovar previamente a letra de cada composição, eles usaram a estratégia de separar os versos "você pode fumar" e "baseado em que você pode fazer quase tudo", mas que eram emendados na hora de cantar, com a repetição da palavra "baseado". Quando o truque ficou claro, foram apreendidos discos e fitas com a música, e os compositores seriam acusados de apologia ao uso de drogas. Em retaliação, ainda viraram alvo de uma operação da Polícia Militar, que invadiu um show em Niterói, prendeu dezenas de espectadores e até o casal de artistas, acusado de consumo de drogas por causa de três pontas de cigarros de maconha encontradas no camarim do ginásio Caio Martins. Um ano depois, o Tribunal Criminal do Rio de Janeiro os absolveria no processo que correu em segredo de Justiça.

Baby sempre esteve nos holofotes, fosse por sua inegável qualidade vocal, fosse por seu comportamento rebelde. Chegou a ser impedida de visitar a Disneylândia, em meados da década de 1980, por causa dos cabelos tingidos – dela e de Pepeu – com todas as tonalidades do arco-íris e roupas igualmente coloridas. A administração do parque da Flórida alegou que eles iriam tirar a atenção dos brinquedos e concorrer com os personagens. O episódio rendeu a canção "Barrados na Disneylândia", de 1984.

Com tantas histórias e quebras de protocolo, Casagrande nunca tirou o olhar de Baby e continuou a acompanhá-la ao longo de sua longa trajetória. Viu, com admiração, sua ascensão nas paradas de sucesso com incontáveis canções, como "Menino do Rio" (Caetano Veloso, 1979), "Lá vem o Brasil descendo a ladeira" (Moraes Moreira e Pepeu, 1979), "Telúrica" (Baby e Jorginho Gomes, 1981), "Um auê com você" (Baby, 1981), "Todo dia era dia de índio" (Jorge Ben Jor, 1981), "Cósmica" (Baby, 1982), "Sem pecado e sem juízo" (Baby e Pepeu, 1985), entre dezenas de hits. Assim como se emocionou com o show *Baby Sucessos*, em 2013, com direção musical do filho dela, Pedro Baby, em homenagem a seus 60 anos, completados no ano anterior.

Apesar dessa fascinação, ele não aproveitou a primeira chance que teve para se aproximar dela. Culpa da cocaína, que o fez dar de ombros para a musa em um encontro numa festa em Nova York: "Eu fui chamada para cantar o Hino Nacional no Brazilian Day, e lá também estavam o Sócrates e o Casagrande. Nós ficamos no mesmo palco, todo mundo, mas não conseguimos nos ver, nem nos cumprimentar e falar, porque tinha tanta gente! Mais tarde, à noite, houve uma festa numa cobertura lá em Nova York, e eu estava sentada perto da varanda, com uma ou duas amigas, quando vi, à minha esquerda, lá no fundo, um movimento assim meio engraçado, e veio na minha cabeça: acho que a galera ali tá cheirando. As pessoas entravam no lugar, sentavam e já saíam. E vi que tinha um cara de costas, e era o Casagrande. De repente, dentro de mim, ouvi uma voz que disse: 'Vai lá e fala que só Cristo, só Jesus, pode resolver o problema que ele está passando.' Eu pensei: 'Tô pirando, né?'", relembra Baby.

Inicialmente, ela sentiu constrangimento em se intrometer em algo que não lhe dizia respeito, arriscar-se a tomar um passa-fora e até ser vista como uma fanática religiosa. "Pensei: 'Não vou de jeito nenhum! Imagina se for isso mesmo que está rolando ali... Eu tô apaixonada espiritualmente por Deus e por Cristo, pelos santos e por tudo o que eu estou aprendendo, mas agora já estou querendo evangelizar o mundo, o Casagrande, a torcida do Corinthians e a do Flamengo!'", brinca Baby. "Na verdade, eu só pensei: 'Não vou fazer isso' e fiquei na minha. Mas, dali a pouco, eu ouvi de novo: 'Vai lá e fala que pra tirar ele desse sofrimento só eu, Jesus!' Aí eu me assustei, pois já tinha tido muitas experiências espirituais durante a minha infância, inclusive com a parte ruim, que me deixavam apavorada. Eram visões e situações muito complicadas, nas quais eu poderia ter morrido, então sabia da gravidade disso."

Com receio de que Casagrande estivesse em perigo, e acreditando que Deus desejava usá-la como intermediária para salvá-lo do mal, Baby achou melhor seguir sua intuição. "Na hora, foi tão clara aquela voz que eu levantei e pensei assim: 'Na dúvida, eu prefiro pagar esse mico. Se não for Jesus que está falando comigo, caso seja só uma vontade do meu coração e não um comando divino, tudo bem, não tem problema. Mas, se isso for de Deus, eu preciso atender a esse pedido, porque então tem um plano para essa pessoa, um aviso, e eu estou sendo o atalaia'", explica Baby, referindo-se ao sentinela que alerta as pessoas de que precisam deixar o pecado e obedecer a Deus. "As Escrituras falam que, se o atalaia não ouvir, ele também será cobrado caso aconteça alguma coisa, porque foi conectado para ajudar", acrescenta.

Disposta a se expor a uma situação embaraçosa para não ser omissa diante de uma possível providência divina, ela finalmente interpelou o ex-jogador. "Eu toquei no ombro dele e falei: 'Oi, Casagrande'. Ele me olhou meio de lado, na tentativa de evitar que eu percebesse o que estava fazendo ali, assim... se protegendo um pouco. E eu completei: 'Casão, eu vim aqui te entregar a palavra de Jesus.' A reação foi de muita surpresa, claro", relata a cantora.

Assustado ao se ver flagrado cheirando cocaína, entre incrédulo com a abordagem e sem graça, Casagrande não se mostrou nada receptivo. "Pô, Baby, Jesus a essa hora? Como é que eu vou falar com Jesus agora?", rebateu o comentarista. Baby não se deu por vencida. "Mas essa que é a hora mesmo! Não importa o que está acontecendo, ele só quer que a gente fale com o nosso coração", insistiu ela. Sem sucesso. Casão não tinha a menor disposição para mensagens do além naquele instante: "Mas eu não posso falar com Jesus agora", manteve-se irredutível. A artista e futura "popstora", como se autodefine, fez o último esforço para cumprir os desígnios sagrados: "Essa é a hora, eu vim te entregar o que Jesus mandou dizer, que pra acabar com todo o teu sofrimento só Ele. Pra mudar toda essa história, você tem de chamar por Ele!", declarou, enfática. Apenas para cortar logo o papo, Casão assentiu: "Tá legal, Baby..."

Sem ter conseguido acolhimento – e, por ironia do destino, de um de seus mais fervorosos fãs, embora ela ainda não soubesse disso –, Baby voltou a seu lugar na festa. "Eu pensei: 'Nossa, esse cara deve estar achando que eu sou maluca!' Ao mesmo tempo, até me lembro da palavra 'sofrimento' brotar em meu coração, como se ele estivesse sofrendo, mas não tivesse nem condição de sacar isso. Estava cativo. A gente não se olhou nos olhos, ele continuou quase de costas, meio de lado, mas eu entreguei o que precisava. Cumpri a missão."

O reencontro só aconteceria dezoito anos mais tarde. O tempo, sempre tão inventivo, embora pareça contínuo, haveria de fazer seus caminhos se cruzarem em 2016, quando Baby produziu a turnê *Acabou chorare e os Novos Baianos se encontram*, com cinco exibições iniciais: duas em São Paulo, duas no Rio de Janeiro e uma em Belo Horizonte. Fã do grupo, Casagrande compareceu à noite de estreia na capital paulista, dia 12 de agosto, sexta-feira, convidado por seu amigo Paulinho Boca de Cantor. Ele foi com uma amiga e sentou-se na mesma mesa do compositor Chico César, próximo de outros dois parceiros queridos, o guitarrista Luiz Carlini e o titã Nando Reis, que levou os filhos para ver esse show histórico da música popular brasileira.

Ao final do espetáculo, Casão procurou Baby, como conta a cantora: "Foi uma noite maravilhosa porque fizemos um coquetel num espaço interno do Citibank Hall para a imprensa e os mais chegados. Quando eu desci para o salão, a minha assessora de imprensa, a Clarice Goldberg, avisou: 'Olha, tem uma pessoa aí muito querida minha, que também é teu amigo, mas não te vê há muito tempo, e disse que tem algo pra contar que vai te deixar muito feliz.' Perguntei quem era, e só então ela revelou ser o Casagrande. Eu comentei: 'Nossa, o Casão, depois de tantos anos!'"

Finalmente ocorreu a primeira troca de olhares, o que Casagrande havia evitado dezoito anos antes. "Eu olhei bem no olho dele e percebi que estava no meio de uma luta. Essa é uma das percepções que eu tenho, de olhar e dar uma radiografada, permitida lá por Deus. Ele me pareceu estar num momento de muitas interrogações e, ao mesmo tempo, dava para entender que queria muito falar alguma coisa. Tinha uma feição boa no rosto, mas uma maneira de olhar na qual eu percebia haver alguma coisa que estava resolvendo, como algum problema", intuiu Baby. "Eu não tinha conhecimento de nada sobre o Casagrande, nem da batida do carro, nem que havia ido para a clínica, nada! Porque eu tenho um lado muito conectado com umas coisas e com outras não. É desse jeito mesmo que eu prefiro ser para poder me concentrar nas coisas espirituais. Sem saber de nenhuma dessas notícias, eu perguntei: 'Casão, como vai, tudo bem?' Mas vi que ele precisava falar algo importante, por isso lhe pedi pra aguardar um minutinho, era tanta gente naquele lugar... Gente se esbarrando, todo mundo querendo falar, e a imprensa ansiosa."

Houve mais uma quebra na linha do tempo. Esse "minutinho" acabou se estendendo demais, o que adiaria outra vez a aproximação deles. Naquele instante, Baby foi convocada para posar ao lado dos demais integrantes dos Novos Baianos em uma sessão de fotos para os jornais e sites. "Virou aquela loucura, com uma quantidade enorme de gente. Aquilo acabou demorando e, de repente, quando olhei para o lado, o Casão não estava mais ali." A assessora percebeu seu olhar desorientado, à procura do amigo que a aguardava, e se aproximou para lhe informar: "O Casagrande viu que você estava muito requisitada e achou melhor ir embora, deixar a conversa para outra ocasião." As palavras caíram como um bloco de concreto. Ela pressentiu que não havia cumprido o que deveria, e saiu em disparada dali para organizar as ideias e fazer uma oração. Pediu a Deus que tivesse a oportunidade de encontrar o ex-jogador em breve novamente.

Após a segunda apresentação em São Paulo, no sábado, toda a trupe iria deixar o hotel e se dispersar no domingo, já que o próximo show, no Rio de Janeiro, seria somente em setembro. Na hora do check-out, no entanto, Baby resolveu estender sua estada para agendar com seu médico uma aplicação de ozônio na segunda-feira. Para sua surpresa, por uma incrível coincidência, Casagrande também estaria nessa clínica no mesmo horário. "Foi a mão de Deus", conclui Baby, considerando que sua prece fora atendida.

Ao se encontrarem, os dois solicitaram uma sala reservada para que pudessem conversar com privacidade. "Conta agora o que está acontecendo com você!", disse Baby, cheia de expectativa. "Lembra daquele dia em Nova York que você falou que só Jesus poderia acabar com o meu problema e me tirar do sofrimento? Então, eu preciso te falar que Jesus me salvou", confidenciou Casagrande, para emoção da cantora.

Em seguida, ele reconstituiu tudo o que havia passado em seu apartamento, com as visões demoníacas, até as criaturas o encurralarem junto à janela. Baby se lembra da expressão de angústia no rosto de Casão só de narrar aquela cena. "Ele falou: 'Nossa, vão me jogar janela abaixo, e as pessoas vão pensar que me suicidei!' E não havia intenção de se matar, isso acontece com muita gente. Eu fiquei ouvindo atentamente, entendendo não apenas como um surto, mas com a compreensão de que o cara estava vivendo uma situação do mundo espiritual que podia matá-lo. Não era só uma alucinação simples. Quando se abre uma brecha no mundo espiritual com drogas, e se entra nesse mundo Matrix, você fica suscetível a tudo, porque não tem cobertura. É como se fosse um campo eletromagnético que você perdeu."

Ao ouvir Casagrande lhe contar ter chamado por Jesus no último momento, sem entender como começou a falar frases sagradas que desconhecia, mas que tiveram o efeito de fazer os demônios retrocederem e sumirem, Baby pegou a sua Bíblia com capa de zebra da bolsa. "Eu abri a Escritura para mostrar a ele que há um versículo enviado por Deus, pelos profetas, que diz assim: 'Abra a tua boca que eu te encherei!' Até me arrepia isso, sabe? Ele disparou a falar, e é assim que acontece com as pessoas porque é o poder de Deus nelas, é o Espírito Santo nelas. Por isso, quando ele disse que o sangue de Jesus corria nas suas veias, todos os demônios começaram a andar lentamente para trás. Eles tiveram que sumir pela mesma dimensão que entraram. Foi o melhor *Fala, Casão* de todos os tempos", brinca Baby, referindo-se ao quadro que Casagrande protagonizava no programa *Globo Esporte*.

Para consolidar a comunhão dele com Jesus e expulsar de vez os demônios, a cantora decidiu fazer os rituais que conhece como pastora evangélica. "Eu dei um abraço nele e o ungi com óleo. Porque nas Escrituras há um óleo que Deus mandou Moisés fazer com canela, mirra... e esses óleos ungidos são importantíssimos para nós, cristãos. Eu ungi a laringe dele, a faringe, o nariz, todo lugar que tinha sido, vamos dizer assim, violentado com a cocaína. Ungi os ouvidos de tudo o que ele tinha ouvido, ungi as mãos de tudo o que ele tinha pego. Pedi pra ele tirar as meias, ungi os pés, a sola dos pés, onde ele tinha pisado. A perna dele, ali por baixo, no início da panturrilha, e pedi para ele repetir comigo uma coisa que a gente chama de quebra de maldição." Nesse ponto, porém, houve uma certa apreensão.

"Na hora em que eu estava fazendo a quebra de maldição, notei alguma coisa na pupila dele", conta Baby, que temeu até ser agredida, em uma possível reação dos demônios. "Pensei: 'Meu Deus, esse homem aqui é grande, mas eu estou em santidade, totalmente inteira contigo, o inimigo não pode me dar uma pernada aqui agora, ele não tem autoridade sobre mim. Então eu Lhe peço, Senhor, me cubra com o Teu sangue para que eu faça tudo até o final.'"

Dessa forma, Baby foi guiando Casagrande a proferir as palavras sagradas. "Ele repetia comigo: 'Eu renuncio a isso, renuncio àquilo, não aceito mais isso em minha vida, eu renuncio em nome de Jesus.' Assim renunciamos a toda obra que foi feita, a tudo aquilo de que participou, a todo ritual que possa ter entrado sem saber."

Para concluir o processo litúrgico, faltava Casagrande aceitar Jesus como seu verdadeiro mestre. Mais uma vez, Baby notou certa resistência. "Eu senti a presença do mundo espiritual do inimigo, senti a força chegar, então mantive as rédeas: 'Repita comigo!' E ele foi repetindo, mas eu percebi que o inimigo queria criar uma situação pra ele não conseguir dizer a frase: 'Eu recebo e aceito Jesus Cristo como meu único senhor salvador, tá ligado na Terra, tá ligado no Céu, tá na Cruz!' Assim foi indo, mas eu percebi uma luta, e pensei: ele vai falar porque Deus está aqui."

Ao final da cerimônia, eles trocaram impressões a respeito das sensações que surgiram ao longo daquela sessão. "Eu tenho só que te contar uma coisa", disse Casão. "Enquanto você estava orando, uma voz ressoou na minha mente: 'Não ouça porque ela é uma bruxa.' E de repente meus olhos começaram a ficar turvos", revelou. "Foi quando eu vi a sua pupila mudar", observou Baby. "Eu comecei a lutar dentro de mim: 'Ela não é uma bruxa, ela é a Baby, é a Baby...' E a voz insistia: 'Ela é uma bruxa, não acredita.' E aí o seu rosto começou a se transformar e a virar o rosto de uma bruxa, eu a vi quase como um monstro. Mas eu lutei, pensando sempre que ali estava a Baby, e eu consegui!", suspirou Casagrande.

Extenuados pela enorme energia despendida, e ao mesmo tempo com uma grande sensação de paz e alívio, eles se olharam profundamente nos olhos. Na sequência, os dois se abraçaram, despediram-se ternamente, e surgiu ali um vínculo de afeto e confiança.

No dia seguinte, Baby já estava em sua casa no Rio quando recebeu um telefonema de Casão. Ela havia levado consigo dois anéis dele com imagens de caveira, por julgar que podiam conter energias negativas. "Não é a caveira em si, porque nós temos essa ossatura por baixo, mas é o pacto da caveira. Existe toda uma linha que trabalha com isso e, por incrível que pareça, Gólgota [a colina na qual Cristo foi crucificado] quer dizer 'caveira'. Então Jesus foi crucificado no monte da Caveira, e há toda uma indústria satanista em cima disso. Essa imagem é usada em trabalhos de morte e de tudo que se possa imaginar de feitiçaria", afirma.

Por esse motivo, antes de receber o óleo ungido, Casão aceitara abrir mão dos anéis e os entregara à amiga, que também os ungiu, os embrulhou e os levou para lhes dar um fim. Casagrande, porém, se arrependeu mais tarde. Os anéis de prata eram só enfeites e jamais tinham tomado parte de qualquer pacto demoníaco, o que, aliás, nunca fizera. Ele passou a achar que aquilo era um exagero e ligou pedindo as peças de volta. Mas Baby não concordou em devolvê-las. "Olha, amigo, você não me entregou esses anéis com um revólver na cabeça, não é mesmo? E eu já os destruí, com muita dificuldade. Eu tive que chamar amigos muito fortes porque nem a marreta os quebrava. Para amassá-los, foi uma loucura, e eles foram jogados de cima da ponte Rio-Niterói, lá embaixo no mar, para ninguém os encontrar e querer pegar. Porque aquilo que não presta pra nós não presta pra ninguém."

Não restou alternativa para Casagrande a não ser se conformar. Seria impossível, claro, mergulhar sob a ponte Rio-Niterói para resgatá-los. Baby ainda o advertiu: "Cuidado, porque o inimigo pode tentá-lo mais algumas vezes. O que você pensa ser apenas um anel podia ser uma aliança. Você quebrou essa aliança, não a pegue de novo." Casão resignou-se naquele momento. Tempos depois, no entanto, ele voltou a comprar anéis praticamente idênticos. Em sua concepção, trata-se de adereços que remetem ao rock, como aquele que Keith Richards – compositor e mitológico guitarrista dos Rolling Stones – usa no anelar da mão direita. Assim, pediu a bênção de Jesus e passou a andar com anéis de caveira outra vez. Agora são quatro, dois em cada mão.

A discordância em relação aos anéis não impediu que Casão ligasse novamente para Baby. Desta vez, queria lhe informar que estava indo para o Rio como comentarista dos jogos da Seleção Brasileira, que ganharia a sua primeira medalha de ouro olímpica. Comandado pelo técnico Rogério Micale e liderado por Neymar dentro de campo, o time havia começado os Jogos sem entusiasmar ninguém, sob vaias da torcida e críticas da imprensa. Após dois empates sem gols com África do Sul e Iraque, em Brasília, o apagado camisa 10 estava sendo muito contestado. Porém, uma visita do treinador da equipe principal, Tite, na véspera do último confronto da primeira fase, parece ter funcionado como um toque de Midas. O Brasil desencantou e impôs uma goleada por 4 a 0 sobre a Dinamarca, em Salvador. Na sequência, pelas quartas de final, bateu a Colômbia por 2 a 0, na Arena Corinthians, em São Paulo. E naquela altura, já com mais ânimo, embarcava para o Rio a fim de disputar a semifinal contra Honduras, no Maracanã.

Casagrande viu a viagem como uma oportunidade para estreitar a relação com Baby. "Ele me ligou e disse assim: 'Eu tô indo para a Olimpíada e gostaria muito de entender um pouco mais sobre as Escrituras.' Minha mãe, nesses dias, estava já quase saindo da Terra. A gente percebia que realmente iria a qualquer momento, e eu dormia no hospital com ela, mais a cuidadora. Mas aí eu pensei: ele começou um novo caminho e está precisando de alimento." Dessa forma, os dois combinaram de jantar às dez horas da noite, depois que a mãe da cantora dormisse.

Após acompanhar a goleada do Brasil sobre Honduras, por 6 a 0, Casagrande correu ao encontro de Baby. "A gente foi comer numa cantina italiana em Copacabana, perto do hotel onde ele estava hospedado. Comecei a passar várias coisas das Escrituras, e o Casão me fazia perguntas, superinteressado."

Como o Brasil havia se classificado para a final contra a Alemanha, que seria disputada no Maracanã, Casagrande permaneceu no Rio, e os jantares com Baby se tornaram uma rotina no final de toda noite. Além do interesse por assuntos bíblicos, ele também queria encontrá-la para ficar longe da tentação das drogas, mais especificamente do álcool e da cocaína, as únicas que ainda representavam algum perigo.

Casão seguia completamente sóbrio desde outubro de 2015, quando decidira se internar na clínica por iniciativa própria, em regime semiaberto, digamos assim, saindo só para trabalhar ou passear, sempre acompanhado de um psicólogo. Havia permanecido nesse esquema até março daquele ano e agora tinha o desafio de se manter nos trilhos por si mesmo. Ainda fazia sessões semanais de terapia e mantinha duas psicólogas para lhe dar suporte em situações de risco no seu dia a dia em São Paulo. Porém, em terras cariocas, sentia receio de que o constante clima de festa, pela realização dos Jogos Olímpicos na cidade repleta de turistas, pudesse lhe trazer algum tipo de euforia que o levasse a uma recaída. As seguidas celebrações de despedida das delegações, à medida que as disputas de cada modalidade se encerravam, eram um convite a virar madrugadas.

"A Baby foi importantíssima pra mim naquele período da Olimpíada. O Rio estava fervilhando, muita coisa acontecendo ao mesmo tempo, com convites pra festas toda hora. Depois das transmissões dos jogos do Brasil, eu fazia os comentários para os jornais da Globo, participava dos programas e saía do estúdio no meio daquele movimento de um evento internacional desse porte. Encontrava um monte de gente, havia muitos estímulos. Encontrar a Baby era um porto seguro. Uma mulher interessante, inteligente, de quem eu sempre fui fã, e que também não quer saber de drogas. Uma excelente companhia, animada e sem precisar beber, nem nada, porque é assim naturalmente. E eu ficava satisfeito ao lado dela, sem ansiedade. A Baby me dava o apoio de que eu necessitava ali", reconhece Casagrande.

A conquista da inédita medalha de ouro contra a Alemanha, rival que deixara um trauma profundo na alma nacional com o massacre por 7 a 1 na Copa de 2014, lavou a alma dos brasileiros. Claro que o empate em 1 a 1 na final, com vitória nos pênaltis por 5 a 4, não significou ir à forra, mas serviu para recuperar um pouco a autoestima e proporcionar uma comemoração gigantesca no Rio. Enquanto as buzinas tocavam e o som de batucadas tomava as ruas naquele sábado, com torcedores bêbados nas esquinas, Casagrande jantava tranquilamente com Baby em um discreto restaurante.

Como ela não poderia acompanhá-lo na festa de encerramento dos Jogos, no domingo, ele achou prudente chamar a acompanhante terapêutica Graziela Maria. "Ele me avisou só na véspera, disse que estava inseguro de ir sozinho por causa de toda a agitação daquela festa gigantesca. Eu estava em São Paulo e tive que cancelar um almoço de família, mas fiz questão de estar com ele nesse momento. Foi um marco na vida do Walter e na minha: o primeiro grande evento em que ele não recaiu. Peguei um avião e lá fomos nós. Até me emociono assim de lembrar, a gente ali na arquibancada do Maracanã, e o Walter tão tocado: 'Grazi, eu consegui, a Olimpíada se fechou e eu não vacilei.' Nós dois nos sentimos vitoriosos naquele instante."

Terminada a cerimônia, os dois foram jantar com Baby na Barra da Tijuca. "Chovia muito, deu um supertemporal no Rio, e o Walter expressava a todo momento a sua satisfação, falava que em outros tempos ele estaria festejando, cheirando, bebendo, mas que continuava ali conosco jogando conversa fora em um restaurante, às 3h30, mesmo tendo recebido mil convites para baladas", ressalta Graziela. Casão ainda fez questão de manifestar toda a sua gratidão à cantora, até então apenas uma amiga, por ele ter alcançado êxito. "Eu quero te agradecer, Baby, aqui na frente da Grazi, por você ter ficado comigo todas as noites e me afastado do perigo. Também me fez muito bem ouvir as coisas que você disse", referindo-se às conversas a respeito dos ensinamentos de Cristo. Mais uma etapa da recuperação havia sido cumprida.

Casagrande e Graziela regressaram a São Paulo na segunda-feira. Baby também iria no dia seguinte e chegou a pensar em comentar isso na despedida, mas preferiu silenciar. "Eu achei melhor não falar, porque podia parecer que eu queria continuar dando as minhas aulas, entre aspas, e talvez ele precisasse de um tempo para absorver. Pensei: 'Daqui a pouco, o cara vai achar que eu sou aquela religiosa chata que fica com a Bíblia do lado o tempo inteiro.'"

Para Baby, até aqui, tratava-se de uma combinação de amizade com missão pastoral. Sem namorar havia quase duas décadas, essa era uma possibilidade que nem cogitava, mas Casagrande passou a se sentir a cada minuto mais carente de sua companhia. Pensava nela o tempo todo, numa mistura de sentimentos que o deixava confuso. Difícil saber até onde iam o afeto, o prazer da convivência com alguém que lhe proporcionava satisfação, a atração física, a gratidão pela mulher que o havia amparado espiritualmente em uma fase crítica e onde começavam a admiração pela artista e a reverência pela grande musa de sua juventude. Nesse estado de espírito indefinido, com uma saudade persistente e uma inquietação no peito, ele ligou novamente para a cantora. Ao descobrir que ela estava em São Paulo, nem titubeou para convidá-la para jantar.

Houve uma extensão do que acontecera no Rio, durante a Olimpíada. Eles passaram a jantar juntos todas as noites e a se encontrar para ir a programas culturais. Os dois já haviam se tornado uma dupla inseparável. "Foi a hora em que eu percebi que podia virar um namoro. Comecei a pensar muito nisso, porque o que eu mais queria era que o Casão se libertasse 100% de tudo, e a minha preocupação era até que ponto a pastora perderia para a mulher. Refleti: tenho de tomar muito cuidado com esse relacionamento para que ele não perca a palavra e, de repente, a mulher se torne tão grande e a relação feminina e masculina fique tão bacana, tão gostosa, que se sobreponham ao resto, que é o mais importante para uma pessoa que viveu 37 anos com drogas."

Apesar das ponderações, Baby estava cedendo ao impulso do coração e também já tomava a iniciativa de ligar para Casagrande. "Nossa, será que ele vai ser o cara com quem eu vou me relacionar?", batucava com os seus botões. Essa hipótese lhe provocou um conflito interno. Lá se iam dezoito anos sem que ela vivesse qualquer relação amorosa. Após o fim de seus dois casamentos, primeiro com Pepeu Gomes, depois com o compositor e guitarrista Nando Chagas, ela decidira se entregar totalmente a Jesus Cristo e abrir mão dos prazeres carnais.

Até que Casagrande abriu o jogo e foi para cima com a intensidade que lhe é característica: "Falei que eu queria namorar com ela, que estava apaixonado mesmo." A reação de Baby, que não disse nem sim nem não, o deixou desnorteado. "Pedi a Deus para confirmar se eu tinha encontrado o homem certo, mas ele ficou em silêncio", recorda a cantora. Casão reagia com impaciência: "Quando ela dizia que tinha de aguardar Deus avisar se aprovava o nosso namoro, eu falava que já tinha certeza disso. E sempre insistia: 'Ele já deixou, pô!' Não via sentido em esperar."

O casal acabou assumindo a nova condição e iniciou uma fase de paixão explícita. Em São Paulo, costumavam ir ao Akbar Lounge & Disco, casa noturna da Vila Madalena. No Rio, houve noites inesquecíveis graças ao estilo de vida descolado de Baby. Um dos programas de que ele mais gostou, por incrível que pareça, aconteceu dentro de um táxi. "Há um taxista amigo dela que tem uma boate no carro, com tudo: luz negra, lâmpada estroboscópica, aquelas luzinhas que ficam girando, muito louco! A gente ia pela avenida Niemeyer e parava no mirante do Leblon, que tem aquela vista linda de Ipanema e São Conrado. Aí o cara descia do carro e trazia até água de coco pra gente, porque tem uma barraquinha lá, onde as pessoas param pra namorar, e os turistas vão curtir a paisagem. Nós dois ficávamos até altas horas conversando, nos conhecendo, namorando, sem sair do carro porque não queríamos que nos vissem. A gente punha um puta som, porque aquilo lá era uma discoteca dos anos 1980, 1970... Um negócio genial!", empolga-se Casão.

Passaram-se mais de três meses assim só na base do papo. No máximo, de mãos dadas e uns beijinhos na bochecha. Até que certa madrugada, numa padaria 24 horas da Vila Madalena, em São Paulo, Casagrande resolveu adotar uma tática mais ousada, conforme descreve Baby: "Num determinado momento, não tinha mais ninguém ali além da gente. Foi engraçado porque eu sempre sentava de um lado da mesa, e ele do outro, pra não provocar, não dar química." Mas Casão não se conteve e pediu para que ela mudasse de lugar para ficarem lado a lado. "Não, obrigada", respondeu ela, com uma formalidade calculada. Ele insistiu, mais uma vez sem sucesso. "Não, não sento, não. Tá ótimo aqui", ela se manteve irredutível. "Você é um atacante do Corinthians, mas eu sou a melhor goleira do planeta Terra", brincou a cantora. Então ele se levantou e tomou o assento ao lado dela. "Aí eu já sabia que não tinha jeito, e foi aquele beijo de metro, um superbeijo bacana pra cacete, porque era o primeiro depois de dezoito anos! Então foi aquele beijo que não termina, dá pra tocar a valsa inteira, um rock'n'roll, uma canção bossa nova eterna."

Aquele avanço fez soar o alarme de que alguns pontos precisavam ser conversados com maior clareza. Embora não tivesse se casado virgem com Pepeu, numa união que resultou em seis filhos, ela estava resoluta em só voltar a fazer sexo caso sentisse que encontrara seu parceiro para toda a vida e, ainda assim, depois de um casamento formal sob as bênçãos de Deus. "Isso não é por caretice, não é por recato religioso, é um procedimento espiritual que eu tenho de ter como pastora, uma mulher de Deus. Eu não podia ter um relacionamento sexual sem uma aliança porque, pela minha condição, preciso estar muito coberta. Sempre há uma transferência espiritual na hora de uma relação sexual, então eu tenho que tomar muito cuidado. Ao mesmo tempo, como é difícil você falar isso para uma pessoa que não está vivendo nesse patamar! Dali em diante, eu fui tomando mais cuidado porque o beijo já é uma coisa que te leva a um outro nível, né? Um nível forte, e a gente foi chegando ao final do ano... e aí teve uma hora... um dia em que ele falou: 'Então eu vou ter que casar com você, não tem jeito, né?' Eu dei risada, até que a gente teve uma conversa assim nesse sentido de casamento mesmo."

Embora não tenha sido no plano concreto, e sim mais um devaneio de casal apaixonado, eles chegaram a imaginar como seria uma casa juntos. "Eu fiquei brincando, dizendo que seria uma casa em que haveria de um lado uma baita biblioteca, chiquérrima, cheia de obras gostosas, meio rock'n'roll, e do outro lado um estúdio, mas que ambos dariam para o nosso quarto [risos]. Era uma brincadeira e, ao mesmo tempo, se tivesse um caminho que levasse a um casamento, a planta já estava pronta", revela Baby.

A essa altura, já se tornara impossível impedir que o romance viesse a público. Eles circulavam juntos todas as semanas, de cá pra lá, de lá pra cá, na ponte aérea Rio-São Paulo. Os sites especializados em celebridades não demoraram a se ligar na fofoca que corria à boca pequena e a fechar o cerco. Após a publicação das primeiras notas na internet, Casagrande foi procurado pelo *Fantástico*: Renata Ceribelli queria entrevistar o novo casal em primeira mão e com exclusividade. Ele sentiu-se pressionado, quase na obrigação de concordar, pois, como profissional da Rede Globo, ficaria numa saia justa caso a notícia fosse explorada por outra emissora. Algo que podia acontecer a qualquer instante: bastaria uma equipe de TV abordá-los quando estivessem passeando juntos.

"Ele me ligou dizendo que o *Fantástico* o tinha procurado. Eu pensei assim: ele precisa saber que eu o assumo, não tem problema nenhum, imagina, vai que o cara acha que a Baby não queria assumir o namoro com ele, sei lá por quê. 'Eu assumo', eu lhe disse. 'Mas eu quero que decida se tem que haver essa entrevista, porque você sabe que na hora em que sai no *Fantástico* é realmente fantástico!'", advertiu a cantora.

A entrevista ocorreu na semana anterior ao fim do ano, com chamadas que adiantavam a notícia oficial do namoro deles, e foi ao ar no dia 1º de janeiro de 2017. Ali eles contaram como se deu a aproximação e falaram sobre a abstinência sexual de Baby e o respeito que Casagrande tinha por essa limitação no relacionamento. "Ela tem muito mais coisas interessantes do que a relação sexual. A Baby é muito mais do que isso. A relação sexual é o complemento de um contato com uma pessoa como ela, entendeu? Então não tá me preocupando isso, não tá me incomodando uma situação como essa", disse Casão.

Ao seu lado, Baby emendou: "Eu falei: nossa, esse cara não vai segurar essa, não vai aguentar amigos falando, todo mundo fazendo qualquer tipo de piada. Será que esse cara tem essa personalidade? Será que ele segura essa onda? E, para minha surpresa, ele é mais casca-grossa do que eu pensei. Ele é mais maravilhoso do que eu pensei que ele era. Aí os pneus todos arriaram."

Renata Ceribelli destacou que se tratava de um amor com considerável diferença de idades, referindo-se aos onze anos a mais de Baby, e com personalidades também muito distintas. Então, Casão se declarou em rede nacional. "O amor é um sentimento, ele não chega e começa a avaliar. Que tamanho você tem? Quanto você pesa? Qual é a sua religião? O amor não define nada, o amor já é definido, entendeu? Quando ele chega dentro da gente..." Baby aproveitou a deixa e completou a frase cantando "invade e fim!", fechando a matéria em grande estilo, com a música "Pétala", de Djavan.

Antes da exibição dessa entrevista no primeiro dia do ano, Casagrande e Baby tinham viajado para passar o Réveillon em Buenos Aires, com um casal de amigos: os apresentadores Mariana Godoy e Dalcides Biscalquin. Como o namoro já tinha se tornado público, a cantora postou uma foto dos quatro na mesa de um bar.

Ao retornar da Argentina, o casal se deparou com o efeito produzido pela entrevista ao *Fantástico*. O romance entre duas personalidades famosas e de perfis tão distintos, com a curiosidade adicional de que não rolava sexo entre elas, virou assunto nas rodinhas de conversa nos bares, restaurantes, festas, ambientes de trabalho. Todo mundo tinha um comentário a fazer, queria dar sua opinião ou até mesmo apostar se haveria futuro no relacionamento.

Além da entrevista do casal ao *Fantástico*, Renata Ceribelli também gravara em seguida uma outra, "uma conversa muito feminina", como definiu a jornalista, somente com Baby. Muito comentada também, porque a cantora falava sobre a mudança de paradigma que Casagrande podia inspirar nos homens. "Eu fiquei pensando: poxa, essa posição do Casa, diante das mulheres e diante dos homens, é algo influenciador, muito positivo porque é possível que a gente não tenha o compromisso de ter que ir pra cama, transar de cara, pra que duas pessoas se conheçam e se amem. Quer dizer, essa mudança de padrão é superimportante, gente, porque acaba essa cobrança. Vamos nos conhecer..."

A realidade, porém, iria se mostrar menos cor-de-rosa. Talvez Casagrande, incorrigivelmente impulsivo, tenha se precipitado ao assumir tamanho compromisso, uma responsabilidade da qual – via-se obrigado a reconhecer – não daria conta. Acostumado a ser discreto em seus relacionamentos anteriores, longe dos holofotes, incomodava-se com o assédio incessante com o qual passou a conviver. Era abordado por desconhecidos querendo se intrometer em sua intimidade. "Boa, Casão, gostei de ver você e a Baby no *Fantástico*! Muito corajosa a sua atitude de assumir o namoro sem sexo", diziam alguns fãs. "Duvido, Casão, que você vai aguentar por muito tempo; namoro sem sexo não rola, mano!", falavam outros.

A última coisa que Casagrande queria era o peso de servir de exemplo para outros casais. Já se esforçava para dar conta de suas questões no dia a dia, não podia arcar com aquela expectativa excessiva. Na realidade, ele percebeu que dera um passo maior do que as pernas logo depois de ter concedido a entrevista e exposto o romance publicamente. Como sempre ocorre quando se sente vulnerável, recorreu a suas psicólogas para se equilibrar.

Graziela Maria estava em Monte Alto com a família, no interior de São Paulo, onde passara as festas de fim de ano, quando seu celular começou a tocar insistentemente. Eram amigos e outros profissionais que cuidavam de Casão alarmados ao vê-lo assumir o namoro no *Fantástico*. Ela logo imaginou que isso traria problemas. "Como assim? Por que não foi trabalhado isso? Totalmente impulsivo e prematuro", refletiu a acompanhante terapêutica. Ela estava segura de que o paciente iria ter um Réveillon tranquilo, mas não contava com esse furacão que tiraria os pés dele do chão.

Ao voltar para São Paulo, Casagrande fez diversas sessões de terapia para compreender melhor seus sentimentos e reorganizar as ideias. Acabou chegando à conclusão de que não se sentia pronto para casar – uma mudança de vida que traria novos ingredientes sentimentais e emocionais capazes de comprometer o tratamento da dependência química. Além disso, embora respeitasse a abstinência sexual de Baby, jamais iria se sentir confortável de tomar uma decisão tão definitiva como o casamento sem nunca ter ido para a cama e tido uma intimidade maior com a mulher com a qual assumiria uma vida em comum.

"Olha só como foi diferente de todos os relacionamentos que a gente vê por aí, e significativo também! Cara, ela não fazia sexo, ela não faz sexo. Então eu namorei por sete meses sem sexo, mas com beijo na boca, um namoro normal, como todos os namoros são. Eu respeitei isso o tempo todo, até que um dia eu falei assim: está ficando difícil, não tá dando mais pra segurar. E, pô, eu não estava a fim de me casar!", explica Casão.

Outras questões também pesaram na balança, como os hábitos notívagos de Baby, que costuma varar madrugadas, mesmo sem usar drogas ou consumir bebidas alcoólicas. Portanto, para ela, isso não representa qualquer risco. Já para Casagrande... "Não posso dormir de madrugada porque eu tomo remédio, eu acordo mal no outro dia, não consigo fazer as coisas. Nossos encontros começavam às onze e meia da noite e atravessavam até quatro horas da manhã. Isso foi um dos principais motivos para terminarmos, esses horários estavam me atrapalhando, me prejudicando."

Ele rapidamente descobriu outro incômodo: o de ser seguido por *paparazzi* e sites especializados na vida íntima de celebridades. Em eventos sobre dependência química, que não tinham nada a ver com aquele assunto, era questionado por repórteres sobre o relacionamento com Baby. Um inferno. Isso aconteceu, por exemplo, no Teatro Eva Herz, na livraria Cultura, em São Paulo, durante um debate com a participação de Casagrande, a acompanhante terapêutica Graziela Maria, o psiquiatra Pablo Miguel Roig e comigo, Gilvan Ribeiro, com mediação de Mariana Godoy. "Naquele dia, apareceram o *TV Fama*, da RedeTV!, e o site Glamurama querendo saber da Baby, por que ela não estava presente, coisa e tal, e eu que precisei dar um limite porque o Walter começou a se sentir superperturbado pouco antes do início do debate", recorda Graziela.

Casão admite que esse fator também pesou para afastar o casal. "Eu sempre fui um cara discreto em relação à mídia. Nunca estive em colunas sociais, nunca saí em revistas de fofoca ou me vi perseguido por *paparazzi*, porque eu tenho outro estilo de vida. Não tenho estilo de vida de celebridade. E naquele momento, porra, era toda hora foto, toda hora entrevista sobre a Baby, toda hora saía alguma coisinha nas redes sociais. Isso começou a me incomodar demais. Aí eu e ela chegamos à conclusão de que era melhor pararmos antes que evoluísse mais, e também aumentasse nosso desejo, pois ela é pastora, mas tínhamos vontade de transar", acrescenta.

Da mesma forma, para Baby, havia outros empecilhos que a levaram a considerar o fim do relacionamento. "Nós temos profissões totalmente diferentes, com compromissos que nos deixariam afastados por longos períodos. Assim como eu tenho meus shows e minhas turnês nacionais e internacionais, o Casão também tem as transmissões dele e as viagens para as coberturas de jogos, seja aqui no Brasil, na Austrália, na Alemanha, seja onde for. São pessoas que vão estar correndo o mundo, que teriam de se distanciar, e eu sempre fui muito colada nos meus relacionamentos anteriores. Com o Pepeu, a gente colou dezoito anos, e, com o Nando, nós colamos oito. Eu não concebo um casal viver separado assim", justifica.

Os dois tiveram essa conversa em meados de fevereiro de 2017 e decidiram acabar o namoro. No entanto, combinaram de não anunciar o rompimento à imprensa para que a avalanche de notícias não atrapalhasse a programação de Baby durante o Carnaval. A cantora tinha uma série de apresentações em trios elétricos agendadas no Nordeste e, evidentemente, não queria ser bombardeada por perguntas. Mesmo após a Quarta-Feira de Cinzas, ela continuaria fazendo shows no prolongamento da festa popular, como é comum em várias capitais nordestinas

Um *paparazzo*, no entanto, estragaria o plano ao flagrar Casão beijando uma loura na praia do Sambaqui, a 17 quilômetros de Florianópolis, o que provocaria um mal-estar com Baby. "Foi uma merda, porque tínhamos combinado de não falar nada, nem aparecer com outra pessoa. Mas havia acabado o Carnaval, e eu fui para Florianópolis na quinta-feira encontrar uma amiga advogada. É uma gaúcha linda, mas nunca tinha acontecido nada entre a gente. Nós almoçamos num restaurante, passeamos na praia e na lagoa, tomamos chimarrão e fomos dormir. No dia seguinte, nós nos encontramos para ir à praia de manhã. Estávamos conversando, começamos a nos aproximar e, de repente, rolou um beijo, ali deitados na areia. Tinha pouca gente nessa hora, só umas cinco ou seis pessoas, mas um filho da puta tirou uma foto pelo celular. Quando eu voltei para o hotel, um cara do UOL já tinha me ligado, estava em um monte de sites", lamenta.

Baby ficou magoada, claro, tanto pela exposição como pela quebra do acordo, além da falsa suposição de que o ex-namorado tivesse engatado um novo relacionamento com tanta rapidez. Casagrande precisou dar várias entrevistas explicando que já não estava mais namorando Baby e que aquele beijo tinha sido um lance fortuito com uma amiga antiga. Também passou pelo constrangimento de se justificar para a ex-parceira, por quem sente enorme carinho e respeito, numa conversa tensa.

Para amenizar o desconforto, a cantora divulgou uma nota oficial em que confirmava o rompimento antes do Carnaval e desejava felicidades a Casão. Falou em tom elegante sobre a relação recém-terminada: "Foi intenso, apaixonante e comovente, deixou muitas pessoas felizes e mexeu com as bases do comportamento sexual de muitos homens e mulheres, tanto jovens como adultos, abrindo uma nova perspectiva para os casais que valorizam investir primeiro em conhecer o outro antes da relação sexual."

Mesmo assim, foi preciso algum tempo para que os dois voltassem a se falar como amigos. Nesse período de estremecimento, Casagrande ficou muito abatido e chateado. Enquanto ruminava a discussão com Baby, e se consumia pelo remorso, ele se aproximou de uma outra mulher que teria importância na sua vida. Primeiro como uma companhia feminina que o acolheu nesse momento difícil. Depois como sua nova namorada. Coincidentemente, também uma artista. Outra cantora, além de guitarrista de um grupo de rock.

## 11. AMIZADE COLORIDA

O fim atribulado da relação com Baby e a exposição da intimidade do casal em sites de fofoca mexeram demais com Casagrande. Ele achava injusto ser retratado como vilão, "denunciado" como se tivesse feito algo errado. Sentia-se invadido em sua privacidade e não se conformava com a "obrigação" de dar satisfação sobre um fato que não era de interesse público. A foto em que aparecia beijando uma amiga, debruçado sobre ela na praia, martelava em sua cabeça e lhe provocava angústia. A divulgação dessa imagem trazia constrangimento, inclusive para a própria moça. Ele ficou instável e pensou que precisava de amparo para desabafar com alguém de confiança e tirar aquilo da mente. De súbito, sentiu o impulso de procurar Isabela Johansen, uma roqueira de 30 anos, na época, que havia conhecido pouco tempo antes nas redes sociais e com quem mantivera até então apenas conversas virtuais. A intuição lhe dizia que ela iria acolhê-lo.

Os perfis são muito parecidos, o que sugeria um entrosamento entre os dois. Se alguém poderia entendê-lo, esse alguém seria ela – refletia Casão. "É incrível como a gente gosta das mesmas coisas. Somos corintianos, curtimos rock'n'roll, usamos muita roupa preta, nos ligamos em imagens de caveira, nos identificamos nas referências musicais, culturais, tudo", atesta Isabela. "Um dia, ele postou uma foto com uma camiseta da Janis Joplin. Como também sou superfã dela, comentei: 'Nossa, que camiseta linda!' E a gente começou a conversar sobre nossa musa em comum e música em geral."

Até então os papos não passavam disso. Nada sobre assuntos pessoais mais íntimos. "Mas aí houve aquela coisa ridícula de sair na mídia que ele deu um beijo numa mulher, e isso o deixou transtornado. Eu estava ensaiando com a minha banda quando recebi uma mensagem dele: 'Meu, eu não ando bem. Fizeram um escândalo com a minha vida pessoal, tô voltando pra São Paulo, vamos jantar?' Eu nunca o tinha visto pessoalmente, a gente só conversava coisas de rock'n'roll. Então eu falei: 'Walter, eu tô no meio de um ensaio, num lugar longe pra caramba.' Quer dizer, era distante em termos, porque a gente é vizinho no Alto de Pinheiros [zona oeste de São Paulo], mas eu estava lá na Saúde [bairro da zona sul]", explica. Mas Casão pelejava com a ansiedade, precisava com urgência de companhia para se distrair e driblar o sofrimento. "Tudo bem, eu vou aí te buscar", respondeu, decidido.

Vocalista, compositora e guitarrista do grupo Taberna Escandinava, Isabela entrou no carro de Casagrande com seu instrumento musical. Uma cena que, por si só, já lhe inspirava algum conforto. Parecia um bom presságio para quem é apaixonado por guitarras. "Ele me deu de presente seus dois livros (*Casagrande e seus demônios* e *Sócrates e Casagrande, uma história de amor*), e fomos jantar. Eu lembro que ele estava tão nervoso que até tremia um pouco. Bem tenso mesmo, e é difícil o Walter ficar daquele jeito, hoje eu sei, depois de conhecê-lo melhor. Eu o senti tão preocupado, e ao mesmo tempo talvez um pouco encantado comigo, por perceber que realmente éramos muito parecidos, que eu resolvi convidá-lo pra ir ao Cemitério de Automóveis. Ele ficou meio relutante, por não saber bem do que se tratava, mas logo aceitou."

Casão titubeou um pouco por sempre tomar cuidado com os locais que frequenta à noite. Por precaução, evita se expor em lugares em que há consumo de bebidas alcoólicas e, por extensão, possíveis usuários de drogas. Ele não conhecia esse teatro e bar que ficava na rua Frei Caneca, no bairro da Consolação – posteriormente, em 2022, mudou-se para a Bela Vista. Isabela já era frequentadora da casa, por ser amiga do dono, o ator, diretor e dramaturgo Mário Bortolotto. "Grandes artistas apresentam seus espetáculos no Cemitério de Automóveis. Levava até minha filha, desde os 5 anos de idade, para ver peças lá. Um lugar pequeno, aconchegante, supertranquilo", descreve Isabela.

Mas quem não se mostrava tranquilo era o próprio Casão. "Não parecia normal, continuava muito nervoso, triste, decepcionado. Ele detesta ser exposto, então o seu comportamento transmitia ansiedade. Assim que a gente entrou no salão, ele falou assim: 'Eu nunca vou ao banheiro sozinho. Não vou ao banheiro em nenhum lugar. Prefiro voltar pra casa a usar o banheiro de qualquer bar.' A gente havia conversado muito durante o jantar, e ele tinha contado as histórias sobre as drogas. Por isso, entendi por que ficou daquele jeito", explica Isabela. Afinal, no passado, cheirava cocaína nos banheiros dos bares e sabe que está sujeito a se deparar com essa cena. Por seu histórico, corria o risco até de lhe oferecerem uma carreira. Algo que seria um desastre, principalmente dada a sua instabilidade naquele dia. Apertado, ele foi ao toalete, mas, em pânico, voltou rapidamente e disparou: "Vamos embora?" Assim, a primeira saída com Isabela acabou de forma abrupta. Atualmente, não haveria tal problema, pois Casão evoluiu no tratamento.

Outros pontos em comum entre os dois propiciaram maior entendimento. Isabela passou por uma experiência traumática com cocaína na adolescência e também chegou a ter visões assustadoras, embora não seja uma dependente química. "Quando tinha 16 anos, meus pais se separaram. Era uma família que parecia perfeita e, de repente, meu pai saiu de casa. Além disso, a babá que havia cuidado de mim desde pequena morreu no mesmo ano. Fiquei meio sem chão. É até curioso, porque há mais uma coincidência aí com o Walter, que se abalou na juventude com à morte da irmã mais velha", compara.

Isabela traça outro paralelo entre a vida dela e a de Casagrande: "Assim como ele, eu também era esportista, fui vice-campeã brasileira de nado sincronizado. Mas aí veio aquele turbilhão, briguei com a treinadora, saí do clube, perdi de uma hora para a outra toda aquela disciplina que o esporte exigia." Sem a rotina de treinos e a presença do pai, que exercia autoridade e lhe impunha limites, ela passou a sair à noite com frequência. Daí para recorrer às drogas, em busca de fuga da realidade dolorosa, foi um passo. "Comecei a usar cocaína. Muita. Montei a minha primeira banda, porque eu já tocava, sempre toquei, e passei a usar cocaína pra caramba. Assim, com 17 pra 18 anos, eu tive uma overdose."

Para piorar a situação, ela estava longe da família, em Pirassununga, a 212 quilômetros de São Paulo, numa festa da MTV. Ao passar mal e ser levada para o atendimento de emergência, antes de perder os sentidos, pediu ao médico para não informar aos pais que havia usado cocaína – o que, é claro, não foi atendido. "Quando acordei no hospital, abri os olhos e dei de cara com o meu pai. Algo lindo, maravilhoso, porque me senti acolhida, depois que já havia ocorrido a separação. Mas ele ficou muito triste, chorou bastante, e depois me levou de volta pra casa."

Com o susto, ela parou de utilizar a droga. Mas não por muito tempo. A persistência do quadro emocional instável, assim como os ambientes que frequentava, fez com que retomasse o uso. E novamente se deu mal. "Depois que voltei a cheirar, com 20 anos, comecei a ter crises de pânico. Um lance muito forte, com sensação de morte iminente. Aí eu me determinei: quer saber? Acabou!"

Isabela conseguiu parar com uma simples resolução, sem necessitar de tratamento nem nada, por não ser uma dependente química. Também por esse motivo não sofreu oposição dos filhos de Casagrande ou da clínica quando iniciaram o relacionamento. "Não era um vício de cocaína. Acho que eu usei como uma espécie de medicação mesmo. Hoje eu tenho aversão."

Apesar de sua experiência com a droga ter sido breve, serviu como uma conexão com o universo de Casagrande, ajudando-a a compreendê-lo. Esse tema chegou a ser abordado em inúmeras conversas, assim como as visões demoníacas, que Isabela soube entender por já ter enfrentado situações parecidas. "Quando eu dormia na casa dele, o Walter ficava falando muito dos episódios dos demônios. Ele não tem medo, é autoconfiante, colocou na cabeça que agora nada mais chega perto dele. Mas foi algo muito marcante, então ficava falando dos demônios, falando dos demônios... Aí eu imaginava a situação toda na minha frente. Embora nunca tenha acontecido nada, lembro que eu subia a escada com um puta medo. Uma noite, depois de muito tempo, a gente estava dormindo com uma meia-luz acesa e havia um cabide vermelho ao lado da cama. Acordei, olhei para aquilo e já fiquei apavorada, imaginando coisas. Tive que levantar e ligar a luz do banheiro.

Só então, depois de ver que era o cabide, voltei pra cama e dormi de novo. E olha que eu tenho uma demônia tatuada no braço! [risos]."

A tatuagem de Isabela, porém, não é nada assustadora: uma demônia bem feminina, com sombra nos olhos, batom e até uma rosa. "Eu fiz quando tinha 16 anos. Cheguei num tatuador húngaro que tinha vindo pra cá e falei pra ele tatuar o que quisesse. E ele tatuou essa demônia." Aliás, quem a vê durante uma apresentação de seu grupo, cantando, tocando guitarra com agressividade e sacudindo os longos cabelos ruivos, não imagina que por trás daquela personagem encontra-se uma mulher suave. Até a caveira que ela também traz tatuada no corpo ostenta um lacinho. "Essa sou eu", brinca.

Na adolescência, as visões demoníacas a perturbaram de tal forma que Isabela chegou a ser levada por sua mãe à igreja Nossa Senhora do Rosário de Fátima, no Sumaré, para ser benzida. "Eu estava vendo tanta coisa que minha mãe teve de procurar o padre. Porque eu só via coisa horrível, essas criaturas... Ouvia a voz e via o vulto passando em casa. Não sei como definir... Nunca olhei e falei: 'Oh, um demônio!' Mas eram seres muito altos, escuros, com as cabeças pontudas. Isso aconteceu muito nessa época que eu cheirava cocaína e ouvia The Doors trancada no quarto."

Todas essas coincidências estabeleceram uma aproximação com Casagrande. A iniciação nas drogas, inclusive, deu-se com trilha musical idêntica. "O nosso começo com a cocaína aconteceu da mesma maneira. Eu tenho até escrito no meu braço esquerdo 'Crystal ship', que é uma música do The Doors, minha banda favorita desde pequena. Meu quarto era inteiro com imagens do Jim Morrison. A nossa introdução à merda foi muito parecida", constata. "Meus heróis morreram de overdose", verso escrito por Cazuza na música "Ideologia", serve para ambos.

Essa sintonia fina os levou a encontros praticamente diários. "Como a gente mora pertinho, três minutos um da casa do outro, passamos a tomar café da manhã juntos na padaria. E também a ir a shows, ao cinema, ao teatro... Fomos ao Rock in Rio ver o The Who, que concordamos ter sido o melhor show das nossas vidas!" Uma exaltação bem típica de Casão, quando sai entusiasmado de algum espetáculo. Anos mais tarde, após assistir à apresentação de Roger Waters no dia 11 de novembro de 2023, ele escreveu um texto para o UOL que começa assim: "Na noite de ontem, estive no Allianz Parque, que estava totalmente lotado, para presenciar de perto o melhor show a que já assisti em minha vida." Arriscaria dizer que outros ainda virão. Ainda bem. Isso motiva sua existência.

De qualquer forma, os dois não se largavam naquele período e chegaram a ser fotografados juntos em eventos, até se darem conta de que a amizade evoluíra para uma relação amorosa. "Nem sei como começamos a namorar, juro por Deus! Teve um dia que estávamos conversando e ele falou assim: 'Meu, do nada a gente começou a namorar, né?' Eu respondi que sim. 'Você falou comigo e eu falei com você?', ele perguntou. Eu respondi: 'Não.' Então tá, beleza! Simples assim."

Com tamanha afinidade, Isabela não viu problema na diferença de idade. Casão tem 23 anos a mais, nada que a assustasse, pois ela era 29 anos mais nova que seu ex-marido, Ciro Pessoa, morto em 2020 em decorrência da Covid-19, quando já se encontrava debilitado por um câncer. O músico, compositor, cantor e escritor – integrante dos Titãs nos dois primeiros anos e coautor de sucessos da banda como "Sonífera ilha", "Homem primata", "Toda cor" e "Babi índio" – é o pai de Antonia, única filha de Isabela. A possibilidade de um novo casamento chegou a ser cogitada. "Houve um momento em que a gente pensou em ficar junto de fato, mas o Walter tem todas as manias dele, e eu tenho toda a minha rebeldia. Ia ser complicado."

Uma das diferenças que provocavam divergência é o fato de Isabela ainda gostar de cerveja. Ela bebe só de vez em quando, e moderadamente, sem que isso seja um problema. Porém, como o álcool é um fator de risco para Casão, ele procura se manter o mais distante possível de qualquer contato. "Algumas vezes a gente brigou porque eu tomei duas cervejas, e ele não queria que eu bebesse. Não foram exatamente brigas, porque a gente sempre resolveu na conversa, mas ele falava: 'Não gosto disso.' Acho que nem é pelo hálito, porque eu masco chiclete, mas pelo gosto na boca mesmo. Ele sentia quando a gente se beijava."

No princípio, ela chegou a se dispor a abrir mão da cerveja em prol do relacionamento. "Eu pensava: ah, eu vou sair com ele e não vou tomar nada. Vou tomar uma água, um suco, uma coca zero, mesmo num show de rock'n'roll. Mas depois eu refleti melhor. Não podia fazer isso, nem com ele nem comigo, porque seria mentira. Ele sempre soube que eu bebia, e uma mudança forçada não seria algo honesto. Eu não tomo destilado, não tomo nem vinho, mas fumo cigarro e bebo cerveja. Tenho mais de 30 anos, já me casei, já separei e quero levar a minha vida."

Havia questões mais complexas também. A principal é que Casagrande não está pronto para assumir um compromisso tão sério como o casamento. Mesmo assim, acontecia com frequência de ele se precipitar no começo de um relacionamento. No ímpeto da paixão inicial, diante do encantamento pela mulher, já propunha morar junto e julgava ter descoberto o grande amor de sua vida. Um traço comum em dependentes químicos, muito suscetíveis a sensações de prazer como a causada pela atração romântica.

Estudos científicos mostram, inclusive, uma similaridade entre o amor e o vício em drogas, do ponto de vista das reações químicas no organismo, já que ambos atuam em áreas cerebrais que formam o circuito da recompensa. O núcleo *accumbens*, popularmente descrito como o centro do prazer, é acionado toda vez que recebemos algum "prêmio", como beber água quando se está com sede ou ao consumir qualquer substância psicoativa. Essa pequena região do cérebro é sensível à dopamina, neurotransmissor que atinge níveis altos com a paixão. Tal aumento ocorre simultaneamente à queda de produção de outro neurotransmissor, a serotonina – uma combinação que também se verifica nos transtornos obsessivos. Assim, enquanto o circuito de recompensa funciona a todo vapor, detecta-se baixa atividade do córtex pré-frontal, que exerce papel fundamental nas funções de raciocínio lógico, julgamento mais elaborado e controle dos impulsos.

Todo mundo experimenta essas sensações ao se apaixonar e precisa administrá-las. Mas o dependente químico, assim como faz com as drogas, tem maior tendência a se jogar de cabeça e ceder aos excessos, no afã de perpetuar as sensações de satisfação. Passada essa primeira fase da descoberta amorosa, no entanto, com a estabilização dos níveis dos neurotransmissores, percebe-se quase sempre que o sentimento que se julgava definitivo, na realidade, havia sido superestimado.

Nesse processo, Casão viu-se obrigado a recuar algumas vezes em curto período de tempo. Em geral, com certo constrangimento. E houve mulheres que não reagiram bem a essa mudança tão brusca. "Uma vez conheci uma médica linda, linda, no apartamento de uma amiga, e fiquei louco por ela. Peguei o telefone, mandei mensagem e a levei para almoçar no Lellis [tradicional restaurante de culinária italiana nos Jardins, em São Paulo]. Mas, naquela época, não conseguia expressar o meu interesse real. Eu tinha reações de quem não tem controle das suas emoções", admite. "Então falei logo de cara: 'Eu tô apaixonado, te amo! Quando te vi ontem, tive a certeza de que quero ficar com você, quero viver com você.' E ela brecava: 'Vamos com calma.' Só que eu insisti nesse tipo de comportamento, ela se apaixonou totalmente por mim e, depois de três semanas, eu não quis mais. Claro que ela ficou muito puta comigo."

Por não se tratar de uma estratégia barata de conquista, muito menos um truque deliberado para enganar a pretendente, mas sim uma percepção equivocada dos sentimentos, ele se via tomado pela culpa, com inevitável sofrimento. "Esse episódio me fez refletir. Quando percebi que essa era a minha abordagem com todas as mulheres que conheci antes dela, de sentir um amor instantâneo e intenso e já desejar morar junto, levei isso para o tratamento individual, tanto com meu psiquiatra quanto com meu psicólogo, e para a minha terapia em grupo também. Trabalhei a questão e resolvi o problema. Hoje já consigo distinguir as coisas, entender que a atração desperta sensações fortes na hora, e dessa maneira não me precipitar."

Assim, Casagrande deu mais um passo para a maturidade, mas reconhece que não está pronto para alçar voos mais altos. Nem tem mais o desejo de experimentar um novo casamento. O uso prolongado de drogas, especialmente a cocaína, deixa uma série de lacunas emocionais, assim como disfunções na dinâmica do comportamento que precisam ser abordadas e remediadas. "Sei que eu não tenho condições de me dedicar totalmente a uma pessoa. Porque eu venho descobrindo coisas em mim, identificando coisas em mim constantemente. São pontos que preciso melhorar."

Ele segue disposto a escalar seus abismos e se anima com os resultados. "Eu estou numa evolução, já sou muito melhor como pessoa do que era antes de ser internado. Agora já tenho escuta, sei entender a opinião dos outros, sou mais calmo, menos ansioso, melhorei em um monte de coisas. Mas, mesmo assim, de vez em quando ainda aparecem alguns comportamentos que para mim eram normais, mas que hoje eu percebo que não são."

Em outras ocasiões, mesmo antes do término do relacionamento, a namoradas estranhavam suas variações de humor e instabilidades emocionais. Quando não dava conta de explicar ou de lidar com a situação, ele recorria às psicólogas. "Enquanto fui sua acompanhante terapêutica, fiz parte de todos os relacionamentos dele. Isso até me incomodava. Para todas as namoradas, namoradinhas, ficantes, todas, ele passava meu celular", conta Graziela Maria. "Era assim, ele chegava e me dizia: 'Conheci fulana.' Aí começava a ter alguma dificuldade com a fulana, e ele falava pra ela: 'Não sei te explicar, fala com a Grazi.' Aí, do nada, a moça me ligava: 'Oi, sou namorada do Walter, você pode me explicar...' Então eu tinha que ir lá, conversar com o Walter e a namorada pra fazer um gerenciamento. Tomava um café com ela e esclarecia a situação. Era uma briga minha com ele, porque eu não queria esse papel."

Por ser uma mulher independente, sem a expectativa de casamento, Isabela conseguiu passar por essa fase imune a mágoas e manter um vínculo com Casagrande. Continuaram amigos, às vezes saindo juntos, encontrando-se para jantar ou ir a shows. Ela o ajudou até a detectar pontos importantes de sua personalidade que precisavam ser trabalhados em terapia. "O Walter tem muita inquietação. É difícil ele ficar num lugar, independentemente de amar a pessoa ou ser apaixonado por ela. Falo isso até na relação comigo, com os filhos, com os netos. Porque é muito ativo, a cabeça dele não para. Ele se entedia muito facilmente. São três segundos pra entediar o Walter. Tanto que ele fica digitando no WhatsApp do celular, aí conversa um pouco, aí a conversa cansa e ele volta para o celular. Em nenhum momento ele para."

A ansiedade costuma dificultar que Casagrande entre no universo das outras pessoas e lhes dê sua atenção por muito tempo. Segundo Simone Villas Boas, sua acompanhante terapêutica de 2008 a 2015, até mesmo com a mãe, a quem era tão apegado, acontecia a mesma coisa. "Os dependentes costumam ter muita dificuldade em enxergar o outro e de cuidar das pessoas que amam. O outro serve só para atender às demandas, vontades e expectativas deles próprios. Se têm de cuidar de uma namorada, da mulher, da mãe, de um filho.... é muito difícil porque são autocentrados. Por exemplo, o Walter perdeu o chão com a morte da mãe porque era a pessoa mais próxima dele. Ela ligava todo dia para falar com ele, saber se já tinha acordado, se havia comido, se tinha ido para a Globo ou se já havia voltado. Mas, enquanto a dona Zilda era viva, ele ia visitá-la uma vez por semana e permanecia lá só por dez minutos. Eu o levava, ficava esperando no carro e me impressionava com a rapidez com que ele voltava. Subia pra dar dinheiro, um beijo e já queria ir embora."

Essa frequência acelerada, herança de tantos anos sob efeito da cocaína, impactou também no relacionamento com os filhos. Tal constatação foi importante para que ele abandonasse de vez os planos de casamento para dar prioridade aos laços familiares novamente. Hoje em dia, Casagrande se condicionou a abrir o jogo ao se aproximar de qualquer mulher com quem tenha um flerte, deixando claro que não há possibilidade de compromisso sério. Ele gosta de passar longas horas em casa, consigo mesmo, e mantém romances esparsos, as chamadas "amizades coloridas".

Se hoje em dia Casagrande se tornou um sujeito caseiro e, nas poucas vezes que sai, quase sempre o faz em companhia feminina, em sua juventude acontecia exatamente o contrário. Ele vivia na rua, rodeado por amigos homens, com quem se metia nas mais loucas aventuras e aprontava as maiores confusões. As histórias vividas com a Turma do Veneno – como seu grupo era conhecido no bairro da Penha – são impagáveis e merecem ser lembradas. Ainda que algumas lhe provoquem algum embaraço, impossível não se divertir com as encrencas e se render às risadas. Agora segura a onda, Casão!

## 12. INFERNO NA TORRE

Verdade seja dita: nem sempre as drogas mostraram sua face de horror na vida de Casagrande. Há muitas histórias divertidas, sobretudo na adolescência e juventude, que lhe trazem boas lembranças. Aventuras ao lado de amigos malucos e impagáveis, que deixaram saldo positivo em sua memória e, por isso, até tornaram mais complicada a missão de se livrar definitivamente do impulso de alterar os sentidos. Mesmo que as últimas experiências tenham sido devastadoras, uma porção significativa de seu inconsciente relutou muito em deixar de relacionar o uso de "aditivos" ao prazer.

A sedução da droga já começa pelo rótulo de "proibido", tentação que acompanha o ser humano desde a maçã de Adão e Eva. Um atrativo a mais para os jovens em plena fase de experimentação de sensações desconhecidas e contestação dos valores impostos pelos pais, de quem tentam cortar a ligação umbilical. Para um garoto irreverente, curtido na cultura do rock e reprimido pela ditadura militar do Brasil nos anos 1960, 1970 e 1980, era quase um caminho natural a ser seguido. E Casagrande pegou essa trilha logo cedo, por volta dos 15 anos. Inspirado nos astros da música pop, buscava viver intensamente, sem se preocupar, àquela altura, com as consequências disso no futuro.

As experiências iniciais se deram com as "bolinhas", como se chamavam os remédios de farmácia utilizados com propósitos alucinógenos. Em grande parte das vezes, não provocavam efeito nenhum, mas, como placebos, despertavam na mente fantasiosa dos meninos a impressão de que estavam "doidões". A primeira tentativa aconteceu com Optalidon.

Dizia a lenda que, se tomado em excesso, aliado ao álcool, o medicamento dava "barato". A turma se reunia na padaria Yara, famosa na zona leste de São Paulo, antes de seguir para os bailes do Clube Esportivo da Penha. Escondido no banheiro, Casagrande amassava uma cartela inteira desses comprimidos para depois dissolver nos copos de cerveja.

"Não dava nada. A gente fechava o olho e falava que estava bem louco. Acho que era mais psicológico, porque só demorávamos mais para dormir. Nada mais", lembra-se Magrão, o inseparável amigo de infância e adolescência.

Ele também estava presente quando o parceiro fumou maconha pela primeira vez. Foi no campo do Minez, espécie de chácara urbana na qual o proprietário, um japonês, plantava sua horta e onde o pessoal das redondezas costumava jogar bola, com o consentimento do dono. Naquele dia, o Saraiva, um dos moradores da região com fama de barra-pesada, reuniu um grupo de amigos para acender um baseado e convidou Casagrande e Magrão. "Não fui porque senti medo. Só ouvia dizer que maconha era coisa de bandido, e o Saraiva era muito malvisto no pedaço por conta disso. Fiquei esperando numa funilaria o Casa voltar", relata Magrão.

A curiosidade era grande: como o parceiro voltaria daquele "batismo" com a erva maldita? Quando Casagrande regressou, ele o media de alto a baixo, atento a todas as suas reações. "Ficava procurando alguma coisa diferente nele. Achava que estaria completamente alterado, com alucinações, agitado, vendo bichos subirem pelas paredes, sei lá... Mas ele se mostrava tranquilo, só ria além do normal. Parecia tão em paz, que eu pensei: 'Esse negócio deve ser bom!' O que depois me levou a experimentar também, por curiosidade", relembra Magrão, que jamais entrou tão pesado nas drogas e se tornaria, no futuro, um pacato representante comercial.

Na segunda vez, Casagrande conseguiu um pouco de maconha com os malandros do bairro e chamou Magrão e Coxinha, o goleiro do time da rua Jaborandi – também chamado de Veneno, assim como a turma –, para acompanhá-lo. Enquanto um deles "dichavava" o fumo na palma da mão, triturando-o com os dedos e tirando as sementes, o outro cortava o papel de seda para fazer o baseado. Coube a Casagrande a tarefa de confeccionar o cigarro. "Ele falou que tinha de ter uma carteira de identidade, e nós estranhamos, né? Mas o Casa explicou que servia para ajudar a fazer a dobra na seda antes de começar a enrolar. A gente dava voltas no quarteirão até que ele conseguisse terminar; foi difícil, mas acabou dando certo."

Depois de fumar na rua, o trio foi à tradicional quermesse da paróquia de São Estêvão Mártir, ali na Penha mesmo. "A gente ia sempre lá, um lugar onde não precisávamos gastar dinheiro. Éramos todos duros, sem um tostão no bolso, e ficávamos à espera de receber correio elegante das menininhas. Nós até recebíamos, mas, no fim das contas, acabávamos não ficando com ninguém", diverte-se Magrão.

Nesse dia, então, eles nem pensaram nas garotas. Pareciam os Três Patetas em meio à comunidade católica reunida para a festa. Ao chegar ao local, o trio ria sem qualquer motivo, mas Coxinha chamava mais atenção, pois praticamente convulsionava de tanto gargalhar. "O cara já estava preocupado por dar tanta bandeira para a vizinhança, mas o Casa, crocodilo do jeito que era, queria ferrá-lo de vez. Ele falava assim pra mim: 'Vamos fazer o Coxinha rir sem parar?' E emendava uma piada atrás da outra, com histórias sem sentido e declamação de poemas absurdos."

Coxinha tentava se recompor, sem o menor êxito. Em dado momento, começou a olhar para a torre da igreja para desviar um pouco o foco. Mas Casa não perdoava. Aproveitou o cenário para contar a história de Rapunzel, a garota das tranças que vivia presa numa torre, misturando com Branca de Neve, Chapeuzinho Vermelho e outras personagens infantis. "O pobre Coxinha já chorava de tanto gargalhar, não conseguia se controlar. Chegou a um ponto em que passou a ser a atração da festa. Todo mundo olhava na nossa direção para ver o que estava acontecendo. Até que o sujeito da barraca do churrasco resolveu tomar uma atitude antes que o cara desmaiasse de rir. Ele percebeu que não estávamos em estado normal e tentou botar a gente pra fora. Mas a quermesse era da igreja, na rua, e ninguém é expulso da igreja. Acabamos ficando por lá naquela noite e em todos os fins de semana", relembra Magrão.

O barato daquela turma adolescente era sempre esse, algo um tanto ingênuo, coisa de moleques mesmo. Porém, com esse comportamento fora dos padrões convencionais, os rapazes logo passaram a ser alvo de abordagens da polícia.

Os camburões da PM, ao mesmo tempo que inspiravam terror e preocupação, também traziam excitação para os garotos. Eles se sentiam transgressores da ordem instituída e se orgulhavam de desafiar a guarda militar, diretamente associada à repressão da ditadura, comandada então pelo general Ernesto Geisel, presidente imposto pelas Forças Armadas. Numa das primeiras vezes em que foram abordados, eles estavam na "esquina do pecado", como se referiam ao local onde se sentavam na escadaria para fumar maconha. De repente, surgiu o carro da PM comandado pelo tenente Cobrinha, policial muito temido na região entre os anos 1970 e 1980.

"Todo mundo morria de medo dele. Era um sujeito maldoso, gostava de bater nos rapazes, de jogar no chiqueirinho do camburão para dar voltas e aterrorizá-los", conta Magrão. Naquele momento, a turma acabara de fumar um baseado e ninguém tinha qualquer substância ilegal. Mas o tenente Cobrinha sentiu o cheiro no ar e, no afã de fazer a apreensão, até farejou a mão de Casagrande. "Mão perfumada, hein, menino?", procurou intimidá-lo. No entanto, depois de revistar todo mundo e não encontrar nada, limitou-se a passar um esculacho nos meninos.

Quando o oficial entrou com os soldados na viatura para ir embora, Casagrande se aproximou dela com rapidez. "Só um momento, tenente: o senhor tem fogo?", perguntou, tirando um cigarro comum guardado atrás da orelha, sob os longos cabelos. O tenente Cobrinha espumou de raiva. "Não vou nem responder...", grunhiu o militar, já se preparando para desembarcar outra vez. Mas aí os outros rapazes intercederam, pediram desculpas e prometeram que iriam, eles mesmos, dar um corretivo no colega folgado. "Nós quase batemos nele", recorda-se Magrão.

Enquanto os amigos se irritaram com a provocação gratuita, Casagrande ficou cheio de si com seu ato de ousadia. Voltou para casa com o peito estufado, crente de que havia desafiado o poder militar do país. Coisa de menino. Mas esse gosto pelo perigo, o desejo de confrontar a ordem vigente e de se divertir com a transgressão são uma marca definitiva de sua personalidade. Algo que o acompanharia mesmo depois da fama, mesmo porque ele virou celebridade prematuramente, aos 18 anos, ainda um garotão.

Muitas brincadeiras irresponsáveis como essa se repetiam com frequência. De tanto vivenciar esse tipo de situação, seus amigos também desenvolveram atração pelo risco e viraram fiéis escudeiros do badalado atacante alvinegro. Um dos casos mais curiosos, muitas vezes relembrado quando a turma se encontra, foi a festança batizada de "Inferno na Torre", em alusão ao filme que fez sucesso nos anos 1980. Uma balada clandestina, em local proibido, regada a álcool e drogas, quando Casagrande já havia se tornado ídolo corintiano.

Tudo começou com um comentário despretensioso de Casagrande, enquanto fumava um baseado na rua Jaborandi, por volta das 7 horas da noite, com os colegas Magrão, Marquinho, Ocimar e Tambor (os dois últimos já morreram e outras passagens deles serão contadas mais adiante). "Se a gente pudesse fazer uma festinha hoje, hein? Imagina só se fosse naquela cobertura que está à venda...", disse, mostrando o prédio de dezoito andares recém-construído na vizinhança. De bate-pronto, Ocimar, um dos amigos mais malucos de Casa, que trabalhava na ocasião como corretor de imóveis, devolveu: "Ué, a chave está na minha mão, mano!"

Imediatamente, a galera se mobilizou. O plano consistia em inventar que Casagrande comprara aquela cobertura e iria dar uma festa de inauguração. Marquinho, o galã da turma, foi encarregado de arregimentar as mulheres. Outros dois integrantes da trupe, especialistas em levar produtos do supermercado, digamos, sem passar pelo caixa, foram convocados para providenciar os comes e bebes. Poucas horas depois, na condição de corretor de imóveis, Ocimar convenceu o porteiro do prédio de que Casagrande era o mais novo morador do condomínio e o apresentou para o embasbacado funcionário. "Ele comprou a cobertura, já está até com a chave e vai mostrar o imóvel para os amigos nesta noite", proclamou, cheio de convicção. Quem iria duvidar do artilheiro do Campeonato Paulista? O atacante só precisou dar um autógrafo.

O apartamento estava sem luzes e móveis. Os rapazes trataram de acionar a chave da eletricidade para ligar um aparelho de som, pois, sem música, não há balada... Pouco depois, Cancela e Jajá, a dupla responsável pelo "serviço de bufê", apareceram com presunto, queijo provolone, uísque e vinho, com o qual fizeram ponche. Em seguida, Marquinho chegou acompanhado por vinte moças recrutadas numa galeria da rua Penha de França, local cheio de barzinhos e um movimentado ponto de paquera juvenil. Com Casagrande na crista da onda, quem se negaria a participar de uma celebração daquele tipo?

A festa rolava solta, com rock no último volume, e os convidados conversavam ruidosamente, sentados no chão. Alguns namoravam, outros fumavam maconha e cheiravam cocaína pelos cômodos. Logo depois da meia-noite, o síndico bateu na porta. Ocimar foi atendê-lo e, como já se conheciam, resolveu mudar a versão inicial: sustentou que ele próprio comprara a cobertura para sua mãe, dona Zoca. "Chamei uns amigos para comemorar. O Casagrande já está aqui, o Biro-Biro e o Ataliba vão chegar logo", argumentou, incluindo mais dois jogadores do Corinthians só para impressionar o síndico.

A crise foi contornada, com a orientação para baixar o volume do som. Alheio a tudo isso, Casagrande se entretinha com uma garota no quarto principal. Naquele instante, mais precisamente, ela fazia sexo oral nele, enquanto o jogador, em pé, encostado na porta, evitava que fosse aberta, pois não havia chave. Ocorre que Magrão tinha um caso com a mesma moça e se sentiu um tanto enciumado. Ele empurrava a porta na esperança de invadir o cômodo, mas, do lado de dentro, Casa a segurava com um dos pés e prosseguia com o ato sexual, sem o menor constrangimento.

Inconformado com a situação, Magrão resolveu desabafar com Ocimar. Para quê? O corretor de imóveis surtou na mesma hora. Já doido e bêbado, passara a acreditar na própria mentira inventada para o síndico. Batia na porta insistentemente, gritando que aquilo era um desrespeito à dona Zoca. "Respeite a minha mãezinha! Chupeta no quarto da dona Zoquinha, não!!!", insistia.

Quase amanhecia e, em meio ao forrobodó, chegou a polícia para acabar com a farra. Os moradores já não aguentavam mais. Nem os convidados, diante das inesperadas lições de moral dadas por Ocimar. De qualquer forma, a brincadeira de moleques já se realizara: o "Inferno na Torre" entrou para a história da Penha e ficará para sempre na memória dos participantes. Dessa vez não houve consequências: os PMs apenas dispersaram a moçada e foram embora, sem registrar ocorrência. Mas nem sempre foi assim. Casagrande ainda enfrentaria problemas bem mais sérios com as patrulhas policiais.

# 13. PRISÃO EM FLAGRANTE

As batidas policiais se tornaram relativamente frequentes desde que Casagrande passou a se expor com a Turma do Veneno, na Penha, ainda adolescente, antes de ser jogador conhecido. O cabelão encaracolado na altura dos ombros, a postura irreverente e a fumaça na qual sempre estava envolto, na "esquina do pecado", já eram motivos suficientes para atrair a PM. Porém, quando ficou famoso, a incidência das blitze cresceu exponencialmente, e "tomar uma geral", como se dizia, passou a fazer parte da rotina. Às vezes, tinha de se submeter a mais de uma no mesmo dia. Transformara-se num símbolo da juventude contestadora, na imagem da Democracia Corinthiana, juntamente com Sócrates e Wladimir, os maiores ícones do movimento. Assim, não faltavam guardas dispostos a revistá-lo. A prisão dele traria notoriedade dentro da corporação e, de quebra, queimaria o filme dos revolucionários de chuteiras.

Aquele garotão já havia passado dos limites com sua insistência em pôr as mangas de fora. Em vez de se restringir a jogar bola e marcar gols, se metia a dar opiniões sobre tudo, a criticar a falta de liberdade no país, a andar com artistas... Era preciso cortar o mal pela raiz – assim pensavam muitos policiais.

"Eu tinha a noção exata de que corria risco a todo momento. Tomava duas, até três blitze por dia. Quando a polícia me via na rua, parava na hora, não havia dúvida", relembra Casagrande.

Mesmo diante desse incômodo constante, ele não recuava, não alterava um milímetro seu comportamento, tampouco evitava cutucar a onça com vara curta. O temperamento desafiador, insolente, o fazia encarar aquilo como um jogo. O placar estava amplamente a seu favor. Afinal, já perdera as contas de quantas vezes fora revistado sem que nada ilegal fosse achado. Mas ele vivia no fio da navalha e sabia que, mais cedo ou mais tarde, a sorte poderia mudar.

A disputa ficava cada vez mais acirrada e alguns policiais apelavam para a truculência, mostravam-se mais violentos do que beques de fazenda. Com o ímpeto da juventude, Casagrande não acusava o golpe e saía de cada blitz com ar superior e vitorioso. No entanto, nem a sua natural irreverência resistiu à agressividade de uma das abordagens. Nessa ocasião, confessa, tremeu na base.

No dia 14 de julho de 1982, ele havia marcado o gol da vitória corintiana sobre o Santo André, por 1 a 0, na estreia no Campeonato Paulista, no Pacaembu. Ao final da partida, o centroavante saiu do estádio em seu carro, acompanhado por dois amigos. Acendeu um baseado com haxixe e pegou a Marginal Tietê para fumar. Acostumado a andar sempre atento, de olho na aproximação de qualquer camburão, percebeu uma viatura da Rota (Rondas Ostensivas Tobias de Aguiar), a tropa de elite da polícia paulista, estacionada debaixo da ponte das Bandeiras, com as luzes apagadas. Rapidamente, o jogador dispensou a bagana pelo quebra-vento e, ato contínuo, foi interceptado pelos policiais. O trio "gelou" dentro do carro.

Os tiras ligaram um potente refletor e direcionaram a luz diretamente para o motorista. Ao reconhecer Casagrande, deram início ao martírio. Sob um frio dos diabos, deixaram seus dois amigos pelados na rua, com o pretexto de revistá-los. Enquanto isso, o atacante corintiano era brutalmente espancado. Para não deixar marcas, lhe davam socos no estômago. Os policiais sentiam o cheiro do baseado e exigiam que a maconha fosse entregue. A cada negativa, o jogador recebia um golpe mais contundente. "Você vai para uma casa maior do que o seu nome", ameaçava um dos guardas, lançando mão de um trocadilho que não fazia ninguém dar risada. Todos estavam em pânico.

Quando Casagrande já não suportava mais a dor, curvando-se a cada pancada, com falta de ar, com seus amigos cogitando admitir a posse da droga para que a surra cessasse, parece que o anjo da guarda deles resolveu entrar em ação. Naquele exato momento, um carro passou em alta velocidade pela Marginal e o rádio da patrulha deu o alerta de que seus ocupantes eram suspeitos de um assalto a banco. Imediatamente, os PMs iniciaram a perseguição. Sem dizer nada, largaram o trio ali, com a pulga atrás da orelha. "Fiquei tão chocado que permaneci naquele local por algum tempo. Nós nos perguntávamos: 'O que a gente faz agora? E se formos embora e eles voltarem? Não vai parecer que estamos fugindo?' Dava medo de tomar qualquer atitude."

Os guardas haviam despejado o conteúdo de sua bolsa sobre o capô do carro. Ele olhava para os pertences ali, jogados, sem saber como proceder. Até que o frio falou mais alto do que o medo. Tremendo com as rajadas cortantes do vento gelado, batendo os dentes, os amigos vestiram as roupas e decidiram ir para casa. "Essa foi a pior blitz que já levei, embora não tenha sido preso. Eles foram muito violentos. Além da agressão, fizeram terror psicológico."

Mas não iria demorar para que o desfecho de uma daquelas blitze, já tão corriqueiras, fosse no xadrez. Isso aconteceria no fim do mesmo ano, ainda em clima de comemoração pela conquista do Campeonato Paulista. E foi com cocaína, estimulante que ele conheceria em dezembro de 1982, durante um show de Peter Frampton no próprio Corinthians.

Até então, Casagrande só fumara maconha, provara ácido lisérgico e, poucas vezes, aplicara Preludin ou Pervitin, dois moderadores de apetite, nas veias, depois de dissolver os comprimidos em água destilada. Esses medicamentos eram usados como doping por alguns jogadores na época, mas, no seu caso, não os utilizava para melhorar o rendimento em campo. Jovem e cheio de energia, não precisava desse artifício para correr mais. Ele buscava prazer nos momentos de lazer, durante festas e bailes de Carnaval, para dobrar o dia e vencer a timidez.

Numa dessas ocasiões, foram criadas a senha e a contrassenha do Veneno, aquele time de várzea que nasceu na rua Jaborandi e no qual Casagrande continuou jogando mesmo durante boa parte da carreira profissional, entre uma partida oficial e outra. Quase a totalidade da equipe era composta por "loucos". Eles marcavam jogos em outras cidades e transformavam cada viagem em uma aventura.

Certa vez, a turma programou uma festa na casa de Claudinho, um de seus integrantes. Casagrande e o amigo Ocimar chegaram mais cedo e se trancaram no quarto do anfitrião para tomar Pervitin. Logo em seguida, apareceram Magrão e outros "brothers". Eles bateram na porta, a fim de entrar, durante a aplicação do medicamento. "Quem é?", perguntou Casagrande. "É o Magrão", respondeu o parceiro. "Qual é a senha?", indagou Casa. Não havia uma, mas criou-se na hora. "Olho de peixxxxe", inventou Magrão, carregando no som sibilante. "Do Largo do Arouchhhe", rebateu Casa, do outro lado da porta. "Só tem Crusssh", emendou Magrão. "Aqui não tem trouxxxa", concluiu Casão, às gargalhadas. Essa senha é empregada até hoje, por brincadeira, pelos remanescentes da Turma do Veneno.

Mas cocaína, justamente a droga que o derrubaria mais tarde, só entrou na vida de Casagrande no final de 1982. Ele conheceu dois traficantes na rua São Jorge, onde fica o Corinthians, e curtiu o show de Peter Frampton sob o efeito do pó. O espetáculo ocorreu na quadra do parque São Jorge e, para esticar e cheirar as carreiras, ele se dirigia ao fundo do ginásio, atrás do palco, onde havia um alojamento para os atletas que vinham de outras cidades. Três deles também eram usuários e cederam seu quarto com satisfação. A mesma estratégia voltaria a ser empregada em outros eventos realizados no Corinthians.

Mas não demoraria para o roteiro terminar mal. O Timão acabara de conquistar o Campeonato Paulista, título com grande importância na época, muito mais do que hoje em dia. A Democracia Corinthiana estava no auge e, em meio a muita badalação, a comemoração não tinha fim. O próprio Casagrande organizou a festa dos campeões. Além de atleta, ele também fazia produção de shows. Tinha escritório num elegante prédio localizado na esquina das avenidas Rebouças e Faria Lima, onde funcionava o Banco de Crédito Nacional (BCN). Ocupava duas salas no 17º andar.

Após virar a madrugada nessa celebração, dormiu por duas horas e foi diretamente para o aeroporto de Congonhas. Pegou a ponte aérea, juntamente com Sócrates e o diretor de futebol Adilson Monteiro Alves, para participar de um amistoso entre as seleções paulista e carioca. Exausto, pediu para sair no intervalo e assistiu ao restante da partida do banco de reservas. O cantor Fagner, com quem fizera amizade havia pouco tempo, por intermédio de Sócrates, sentou-se a seu lado. "O que você vai fazer depois do jogo?", perguntou o compositor. "Vou para São Paulo, estou sozinho e não tenho onde ficar. O Sócrates e o Adilson vieram com suas mulheres", explicou. Fagner o convidou, então, para se hospedar na casa dele. "Fomos a um barzinho no domingo à noite, voltei a São Paulo na segunda-feira só para pegar roupas e retornei ao Rio no mesmo dia."

Nessa breve passagem por São Paulo, ele aproveitou para levar Magrão junto. Tocou a campainha da casa do amigo, na Penha, no final da tarde de segunda-feira. "Estou curtindo no Rio e passei aqui só pra buscá-lo. Eu me hospedei na casa do Fagner, e você pode ficar comigo lá", propôs. "Não tenho um tostão", advertiu Magrão. "Não há problema, eu pago o avião pra você." E lá foram os dois parceiros de longa data.

Depois de alguns dias na casa de Fagner, com direito a música ao vivo, por conta dos ensaios do artista cearense e de seus amigos, o cantor avisou que iria para Fortaleza passar as festas de fim de ano com a família. Mas, solícito, deu a chave para os visitantes continuarem ali.

Durante a estada no apartamento da avenida Bartolomeu Mitre, no Leblon, Casão atendeu o telefone numa tarde. "O Raimundo está?", perguntou uma voz grave, levemente rouca, do outro lado da linha. Parecia conhecido, aquele timbre e entonação soavam familiares. "Aqui é o Belchior", finalmente identificou-se o interlocutor, pronunciando o próprio nome com o som de xis – assim mesmo: "Belxior." Casagrande e Magrão se entusiasmaram. Os dois eram fãs do autor de "Como nossos pais" e "Apenas um rapaz latino-americano", entre outras canções que eles adoravam. No ano seguinte, Magrão até gravaria uma fita cassete com músicas de Belchior para o atacante presentear Mônica, quando ele se apaixonou pela futura mulher. Por isso, aquele breve contato telefônico já foi suficiente para deixar os rapazes radiantes.

Apesar da generosidade de Fagner, os hóspedes acabaram não ficando na casa dele depois de sua viagem a Fortaleza. Eles encontraram Afonsinho, médico e ex-meia de Botafogo, Santos, Fluminense e Vasco nas décadas de 1960 e 1970, que se tornou célebre por lutar pelos direitos dos atletas profissionais e pela atuação política. Acabaram aportando em seu apartamento. "Foi sensacional. O Afonsinho é um gênio, um divisor de águas, o primeiro jogador a conseguir passe livre na Justiça", ressalta Casagrande.

Convidados por Afonsinho, eles foram jogar bola na casa de Chico Buarque, tradicional organizador de peladas com seu time, o Politheama. Lá conheceram diversos artistas, músicos e outros jogadores. Depararam-se com o sambista João Nogueira, os integrantes do grupo musical MPB4, o compositor Nonato Buzar, os atores Osmar Prado e Antônio Pitanga, o craque Paulo César Caju, entre tantos nomes estrelados. Para o sonho ser completo, faltou só o próprio Chico, que nesse dia não pôde comparecer.

Terminado o jogo, um dos sambistas da velha guarda chamou a turma para um churrasco. Uma figura bastante conhecida, cujo nome não revelaremos para preservá-lo. Afinal, no meio da festa, o prato com cocaína começou a rodar pela mesa, sem o conhecimento de sua mulher, que proibira o marido de cometer tais excessos, sobretudo com a idade avançada. Ela só estranhava que, de repente, quase ninguém se interessava mais pelas carnes. À sua aproximação para servir os grelhados, o prato de pó era escondido debaixo da mesa. "A linguiça não está boa?", insistia a senhora. "Está ótima!", respondiam os convidados, por educação, naturalmente. Mas aqueles que haviam cheirado – a maioria deles – já não tinham o menor apetite.

Além dos peladeiros trazidos do jogo de futebol, outros amigos antigos do anfitrião se incorporaram ao grupo, legítimos representantes da velha malandragem carioca. Um deles impressionou, especialmente, Casagrande. Um senhor de idade que se apresentou como Azambuja. "Achei muito louco, porque ele falava igualzinho ao personagem do Chico Anysio, que se inspirou nele para criar aquele tipo do programa *Chico City*, na TV."

O prato com pó passava de mão em mão, só entre os adeptos, muito discretamente sob a tábua da mesa. Acontece que Azambuja também gostava do negócio e não era bobo nem nada. Os parceiros tentavam despistá-lo, por ser o mais velho da turma e ter tido um piripaque cardíaco meses antes. O "vovô" da patota passou a implicar com Casagrande, sentado a seu lado. "Qual é a tua, garoto? Tu tá me antecipando? Veio lá de São Paulo pra me dar chapéu?", intimava. Aos 19 anos, sem graça diante daquele senhor escolado e pós-graduado nos morros cariocas, Casa só sorria amarelo ao tentar cumprir a ordem do dono da casa. "O Azambuja passou a madrugada toda me barbarizando..."

O craque estava empolgado por conviver com tantos artistas famosos no Rio, mas o Natal se aproximava e era preciso voltar a São Paulo antes que se esgotassem as passagens aéreas. Depois de desembarcar em Congonhas na manhã do dia 23, ele deixou Magrão em casa e, à noite, resolveu se encontrar com outro amigo do bairro, que morava a poucos quarteirões. Foi ali que se deu mal.

Assim que viram Casagrande numa roda com dois amigos, policiais pararam e lhe pediram documentos. O jogador mostrou prontamente a carteira de identidade, mas, ainda assim, foi revistado. Embora admita ter cheirado pó durante a viagem ao Rio, Casão assegura que não portava droga naquele momento. Porém, os policiais apresentaram um frasco com pequena quantidade de cocaína, supostamente encontrado em sua bolsa. "O que é isso?", indagou um dos soldados. "Não faço a mínima ideia, isso não é meu", rebateu Casagrande. Em seguida, o PM achou o canhoto de um ingresso do show de Gilberto Gil, ao qual o atacante havia assistido no Rio, e tratou de estabelecer uma conexão entre o artilheiro e o compositor baiano. Segundo Casão, o policial aproveitou para tripudiar: "Pois é, o Gilberto Gil e a Rita Lee já foram pegos. Um garoto de bosta, como você, não ia escapar, né?"

Os policiais o colocaram no camburão, avisaram a imprensa sobre a ocorrência e deram voltas pela cidade até que os jornalistas chegassem à delegacia para filmá-lo e fotografá-lo. Isso foi o que mais o irritou. E ainda surgiu a versão de que o próprio Gilberto Gil fornecera a droga. Gil era outro alvo preferencial dos tiras naqueles tempos – mais um ingrediente que o fez espumar de raiva.

Diante do delegado, Casagrande negou a posse do entorpecente. "Nunca vi esse vidrinho, não sei do que estão falando", afirmou, sustentando que os policiais tinham "plantado" a droga com o propósito de incriminá-lo. "Pela atitude deles durante a abordagem, uma coisa ficou clara: o que eles queriam mesmo era destruir a Democracia Corinthiana e, por tabela, desmoralizar nosso envolvimento na luta pela redemocratização do país." O inquérito foi instaurado e o centroavante teria de responder à acusação na Justiça.

O escândalo repercutiu pelo Brasil inteiro e, de fato, colocou em xeque a Democracia Corinthiana. Casão enfrentaria grande resistência dentro do próprio clube, por parte de conselheiros contrários ao movimento. Mas ele também contaria com apoio de muita gente para resistir ao vendaval. Os detratores só teriam êxito em expurgá-lo do clube um ano mais tarde, quando seria emprestado ao São Paulo. Mas já a partir dali esse desgaste de sua imagem começou a ser explorado pelos rivais. Um jogo duríssimo.

## 14. DEMOCRACIA CORINTHIANA

A Democracia Corinthiana era a joia da coroa. Casagrande tem profundo orgulho do movimento que trouxe liberdade e respeito aos jogadores e lançava luz, indiretamente, nas trevas da ditadura militar do país. Vários fatores concorreram para a sua criação. Desde a impossibilidade de o antigo caudilho, Vicente Matheus, tentar a reeleição após dez anos consecutivos no poder – por força do estatuto do clube – até a reunião casual de jogadores incomuns e com afinidades de pensamento. Algo raro e precioso. Natural, portanto, que o atacante se preocupasse com o perigo de o escândalo de sua prisão pôr em risco o projeto que se anunciava vitorioso, com a conquista do título paulista de 1982.

O plano inicial de Matheus consistia em lançar Waldemar Pires, vice em suas duas administrações anteriores, como candidato a presidente nas eleições realizadas em 1981. Ele próprio passaria a ser vice, numa inversão de posições apenas no papel, pois havia clara intenção de usar o parceiro como testa de ferro. Porém, ao ser tratado como subalterno e diante do risco de acabar desmoralizado publicamente, depois de eleito Pires resolveu tomar as rédeas e exercer o cargo na plenitude. Essa reviravolta provocou o gradual rompimento com Matheus, que terminou posto para escanteio.

Os conselheiros leais ao folclórico dirigente, aliados a outras facções da oposição, aproveitavam qualquer sinal de fumaça para criar o cenário de um incêndio. A notícia da prisão de Casagrande com cocaína foi amplamente utilizada para transmitir a ideia de que o Corinthians se encontrava mergulhado na bagunça, com os jogadores fazendo o que bem entendiam, à margem dos princípios morais, com drogas e bebidas alcoólicas rolando soltas entre integrantes da equipe. Um discurso moralista encampado também por parte considerável da imprensa, afinada com valores mais conservadores ou alinhada aos velhos cartolas por diversos interesses pessoais.

A abolição da concentração para os jogadores casados, o direito de tomar bebidas alcoólicas em público e de fumar (do qual Sócrates se tornara a principal bandeira), a liberdade para expressar opiniões políticas, as decisões referentes ao time sendo tomadas em conjunto por atletas, comissão técnica, funcionários e dirigentes, por meio de votos com o mesmo peso... tudo passou a ser severamente questionado, apesar do êxito obtido em campo.

Casagrande acompanhava com apreensão aquela campanha rasteira. Além de se ver no olho do furacão e ser usado como bode expiatório, temia que houvesse um retrocesso que prejudicasse o curso natural da história. Ele valorizava ainda mais os novos ventos que arejavam o clube porque sentira na pele a filosofia retrógrada das administrações anteriores. No Corinthians desde 1976, quando ingressou no dente de leite aos 13 anos, entrara em choque inúmeras vezes com os mandachuvas. Numa dessas ocasiões, chegara a ser emprestado para a Caldense, de Poços de Caldas (MG), e agora surgiam novos focos de rejeição.

As lembranças passavam como um filme em sua cabeça, como o dia em que viu uma faixa no parque São Jorge anunciando peneira nas categorias de base e resolveu tentar a sorte. Aprovado tanto pela técnica quanto pelo porte físico, trocou a Portuguesa, onde seu pai conseguira colocá-lo por indicação de um amigo, pelo clube do coração. Recordou quando subiu para o elenco profissional, ainda com 15 anos, e treinava ao lado de seus ídolos. No início, chegava discretamente, esgueirando-se pelos cantos, apesar da personalidade normalmente ousada. Nos fins de semana, jogava as preliminares das partidas do time principal e, depois, em vez de ir embora, permanecia no estádio para torcer das arquibancadas.

Ao final dos jogos, cheio de timidez, pegava carona no ônibus das feras e vinha observando tudo, deslumbrado. "Como torcedor, desde pequeno idolatrava os jogadores do Corinthians ao máximo. Quando me encontrava num ambiente com esses caras, ficava só olhando, não abria a boca.

Imagine estar ao lado do Zé Maria... Para mim, era a maior emoção, mais do que sentia em relação aos outros, inclusive ao Sócrates. Se existe alguém que representa o Corinthians é o Super Zé, o símbolo da raça, da eficiência e do amor à camisa."

Ao mesmo tempo que provava essas sensações especiais, aborrecia-se com a cultura autoritária do futebol, predominante até hoje, mas que naquela época se apresentava ainda mais sufocante. Havia a Lei do Passe, que equiparava os atletas a mercadorias e os deixava completamente à mercê dos desmandos dos dirigentes. Qualquer rebeldia podia ser punida com a segregação e o risco concreto do fim da carreira. Se o jogador fosse encostado por indisciplina, impasse na renovação de contrato ou simples capricho de um cartola, ficava impedido de defender outro clube. Não tinha remédio: mofava até pedir água e voltar com o rabo entre as pernas.

Essa era a realidade dos clubes brasileiros, e o Corinthians não fugia à regra. Até o advento da Democracia Corinthiana, Casagrande sofria pressão para se enquadrar em outro figurino, digamos, mais convencional. O seu jeito de ser incomodava os comandantes: os cabelos longos, encaracolados e despenteados, as calças jeans desbotadas e puídas, as camisetas com temas ligados ao rock ou à política, a bolsa de couro a tiracolo, as sandálias havaianas viradas ao contrário (na época, não existiam chinelos desse tipo com a face superior colorida, então os jovens descolados invertiam a sola, passando o lado branco para baixo e exibindo o preto ou azul em cima). Já estava farto de receber ordens, em tom ríspido, para cortar o cabelo e se vestir de maneira mais comportada. Os confrontos recorrentes o levavam a cultivar certa dúvida sobre o prosseguimento da trajetória no futebol. Muitas vezes lhe parecia impossível permanecer por mais tempo naquele mundo opressivo.

Por ter estreita ligação com aquele universo, no qual fora introduzido ainda bem pequeno, a decisão de cair fora não era nada fácil. A bola entrara em sua vida tão naturalmente quanto as atividades primordiais da infância, como aprender a falar, usar talheres, desenhar, brincar, escrever as primeiras palavras. Algo que parecia inerente ao desenvolvimento humano. Não se tratava exatamente de uma escolha. Além de a família em peso torcer pelo Corinthians, o que tornava o clube do parque São Jorge um assunto obrigatório em festas e reuniões, os homens jogavam bola rotineiramente e adoravam conversar sobre esporte. A começar por seu Walter, centroavante conhecido como Geleia na várzea paulistana. Desde cedo, Waltinho acompanhava o pai nas partidas disputadas nos domingos de manhã em campos da capital paulista.

"Quando eu tinha 5 anos, ele já me levava ao campo para vê-lo jogar. Os meus três tios paternos também jogavam bem, assim como os irmãos da minha mãe. Dessa forma, vivia futebol o tempo todo. Nem tinha como não me interessar dentro daquele ambiente. Mas dois fatos me entusiasmaram ainda mais: a Copa do Mundo de 1970 e, na sequência, o primeiro jogo que vi ao vivo no estádio."

Uma experiência que marcaria definitivamente seu imaginário infantil, algo tão tocante que o levou a se projetar em campo na partida contra a Ponte Preta, no parque São Jorge, disputada no dia 27 de junho de 1970, menos de uma semana depois da conquista do tri da Seleção Brasileira na Cidade do México. Waltinho se encontrava no auge da empolgação – orgulhoso, sobretudo, pela consagração de Rivellino, representante corintiano no time canarinho. "Eu tinha 7 anos, e o Brasil havia acabado de ser campeão. O país inteiro celebrava a posse definitiva da Taça Jules Rimet. Eu me emocionei com a festa da torcida para o Rivellino, meu grande ídolo. Ele não jogou naquele sábado, mas entrou em campo para ser homenageado, juntamente com o goleiro Ado, reserva da Seleção, escalado pelo técnico Dino Sani."

O jogo não foi dos melhores: acabou empatado em 1 a 1. Mas o que contava era o evento todo, o contato direto com a Fiel torcida, a proximidade com os campeões do mundo. Além disso, ali no gramado estava também o zagueiro Ditão, então o maior símbolo da raça corintiana. Um personagem que Waltinho conhecia pessoalmente, pois um de seus tios maternos, Antônio Carlos, se casara com uma prima da mulher do beque. Em face disso, teve início a convivência nas reuniões de família. Às vezes, Ditão ainda levava às festas colegas da equipe alvinegra, como o centroavante Benê e o meia e ponta-direita Paulo Borges – este último também presente no jogo contra a Ponte Preta.

Por conta desse parentesco, Waltinho conheceu outras personalidades ligadas ao esporte, pois Ditão era irmão dos zagueiros Flávio (ex-Portuguesa) e Ditão (homônimo, ex-Flamengo), além do ala/pivô Adílson, que defendeu a seleção de basquete nas Olimpíadas de Munique (1972), Moscou (1980) e Los Angeles (1984). Tudo isso influenciou Casagrande a seguir a trilha esportiva. Ele ficava encantado com a história desses atletas e imaginava construir a própria, em breve. Mas logo descobriria que, na prática, o dia a dia da profissão nem sempre era tão glamoroso.

O que mais desagradava era a falta de respeito dos dirigentes com os atletas, sobretudo os iniciantes. Por isso, estivera muito próximo de roer a corda em 1981, depois de um arranca-rabo com o técnico Oswaldo Brandão e o presidente Vicente Matheus. O treinador já atingira o patamar de lenda do esporte, por ter conquistado taças importantes à frente de vários clubes – especialmente, para os corintianos, o título supremo: o Campeonato Paulista de 1977, que quebrou o jejum de quase 23 anos. Mas também se notabilizava pelo estilo durão e intransigente. Certo dia, Brandão procurou Casagrande, que até então somente treinava com os profissionais, e anunciou à queima-roupa: "Arruma a mala, garoto, que tu vais viajar com o time."

O coração do jovem centroavante disparou: seria a primeira vez que integraria a delegação profissional do Corinthians. Finalmente relacionado para um jogo oficial, mal conseguia se conter de tanto contentamento. Correu para casa a fim de dar a extraordinária notícia aos pais. Houve grande comoção familiar; a expectativa pela estreia iminente do filho atingiu o ponto máximo. Só tinha um probleminha: a necessidade de comprar roupas novas, que não destoassem tanto das dos outros companheiros, e uma mochila de viagem. "Eu estava completamente duro, tive um trabalho danado, me virei de todos os lados, mas dei um jeito", relembra seu Walter, que trabalhava como motorista de caminhão.

Na manhã seguinte, Casagrande foi todo empolgado e ansioso para embarcar com a delegação corintiana. Já no aeroporto, levou uma terrível ducha de água fria. Brandão se aproximou dele no saguão e, curto e grosso, comunicou: "Pode voltar, menino, você não vai com a gente, não! O

Geraldão renovou contrato nessa madrugada e a sua presença não é mais necessária. Volta pra treinar lá no parque São Jorge", ordenou.

O novato se sentiu humilhado. Num segundo, seus sonhos e planos foram pelo ralo, sem falar no constrangimento de ser barrado na última hora, diante dos demais atletas. Como iria voltar para casa e encarar a decepção dos pais? O sangue lhe subiu à cabeça e ele exteriorizou para o treinador toda a sua revolta. Depois de desacatar o chefe imediato, precisava encarar o embate com o presidente Vicente Matheus. Saiu até faísca daquele encontro. Jamais o cartola lidara com um iniciante tão destemido. Os tons das vozes se acaloraram, com tapas na mesa e ameaças de parte a parte. Casagrande avisou que não atuaria mais pelo Corinthians e saiu da sala disposto até a parar de jogar profissionalmente, se fosse preciso.

Seu Walter e dona Zilda, obviamente, ficaram muito aflitos. A determinação de chutar o balde, inicialmente vista como um arroubo de momento, persistia no coração do filho. "Você tem de ir treinar, Waltinho. Chegou até aqui e vai pôr tudo a perder? É preciso ter calma nessa hora e agir com sabedoria", ponderava o pai. Ao constatar a ausência do centroavante nos treinos, a diretoria enviou um carro para buscá-lo em casa e tentar contornar o impasse. Ficou decidido, então, que ele seria emprestado para a Caldense, de Minas Gerais.

Em Poços de Caldas, Casagrande finalmente desabrochou. Terminou o Campeonato Mineiro como vice-artilheiro e despertou o interesse de vários clubes do país. "Somente a partir daí me convenci de que meu destino seria mesmo jogar futebol." Valorizado e ainda magoado com o time do coração, não planejava retornar ao Corinthians. Arrumara uma namorada em Poços de Caldas e considerava a possibilidade de se transferir para o Atlético Mineiro ou o Cruzeiro, duas equipes grandes do estado que acompanharam de perto seu bom desempenho na temporada.

O Corinthians ficou mais atento ao potencial do centroavante prata da casa – e não tinha intenção de entregá-lo de mão beijada a um rival nacional de primeira linha. Se fosse negociá-lo, certamente o preço seria alto. "Mas eu não queria mesmo voltar para o parque São Jorge. A visão que eu tinha do Corinthians se associava ao Matheus como presidente. Não concordava com a sua ditadura e, embora ele até demonstrasse algum carinho por mim, por ter sido criado lá dentro, nossas visões eram incompatíveis."

Para tentar driblar Matheus, construiu-se uma estratégia: Casagrande deveria ir para o América, do Rio de Janeiro, cujo time era bom naquele tempo, mas não se configurava um gigante do futebol brasileiro. O preço haveria de ser mais barato. No ano seguinte, aí sim, ele consumaria a transferência para o Cruzeiro. O negócio casado já estava combinado entre os dirigentes cariocas e mineiros. "O América funcionaria como uma ponte, e cheguei até a acertar os valores do contrato", revela o ex-jogador.

O plano, no entanto, não se concretizou. Assim que o centroavante pôs os pés no parque São Jorge, o técnico Mário Travaglini, que assumira o comando do time alvinegro, o chamou para uma conversa. Sem delongas, mostrou-se impressionado por sua ótima performance na Caldense e avisou que contava com ele para aquela temporada. Não era o que imaginava, mas, como o passe pertencia ao Corinthians, não lhe restava alternativa. Além do mais, Travaglini parecia ser um sujeito bacana, conciliador, bem mais liberal do que seus antecessores. Talvez valesse a pena experimentar.

E como valeu... Seu retorno coincidiu com a ascensão de Waldemar Pires. Pela composição de forças, para viabilizar a gestão depois do rompimento com Matheus, o novo presidente delegou o comando do futebol a Adilson Monteiro Alves, jovem sociólogo com ideias revolucionárias para a administração esportiva, indicado pelo próprio pai, o conselheiro e vice-presidente de futebol Orlando Monteiro Alves. Adilson ainda teve a sorte de encontrar respaldo em Sócrates, um líder libertário por vocação e craque acima de qualquer discussão, com prestígio e coragem suficientes para suportar a resistência reacionária que sempre tentaria minar o terreno, mesmo depois da mudança de poder consumada.

Adilson teve uma sacada genial: convidou o publicitário Washington Olivetto, uma usina de ideias, para o cargo de vice-presidente de marketing. "Coisa que era uma novidade impressionante", ressalta Olivetto. "Procurei organizar a mercadologia do clube, iniciar isso para que o Corinthians se tornasse mais rentável e, com mais dinheiro, pudesse montar uma equipe melhor." A primeira medida foi listar os produtos fabricados com a marca do clube sem licença e buscar patrocinadores para a camisa, algo novo no futebol daqueles tempos.

Nesse contexto, Casagrande foi se acomodando. Depois de um papo franco com Adilson, aceitou assinar contrato por três meses. Assim, poderia conferir os novos rumos prometidos pelos dirigentes e, ao mesmo tempo, comprovar que sua ascensão profissional não era fogo de palha e que já estava pronto para suportar o enorme peso da camisa corintiana.

Para mostrar serviço, só jogando. Mas, antes, tinha de pegar a fila. Afinal, reiniciava sua trajetória no parque São Jorge como reserva de Mário, sem contar as demais alternativas para montar a equipe com jogadores mais experientes. Uma conjunção de acontecimentos, porém, abreviou sua estreia. O titular se machucou, outros atacantes não estavam bem, e assim surgiu a chance tão esperada. No dia 3 de fevereiro de 1982, pisou em campo pela primeira vez como jogador profissional do Corinthians na vitória por 5 a 1 sobre o Guará, no Pacaembu, pela Taça de Prata do Campeonato Brasileiro, e sua estrela brilhou intensamente: fez quatro gols. Dali em diante, ganhou prestígio. A consagração definitiva viria no Campeonato Paulista, ao marcar três gols na goleada por 5 a 1 sobre o arquirrival Palmeiras, no Morumbi. Não deixou o adversário respirar ao balançar a rede seguidamente, aos 37, 38 e 40 minutos do segundo tempo, e tirou até o fôlego da Fiel, de tanto comemorar.

Toda essa história, passada em perspectiva, só reforçava sua convicção de lutar pela sobrevivência da Democracia Corinthiana, enfrentar os ataques pela prisão por porte de cocaína e seguir em frente com aquele time incrível, que parecia saído do mundo dos sonhos. Para isso, contou com o apoio de Adilson Monteiro Alves, que a cada dia se revelava um cartola realmente diferente de todos os que ele já conhecera. E com a amizade e o companheirismo de diversos parceiros de clube, notadamente de Sócrates, o principal líder da equipe.

Sem dúvida, o Doutor influenciou politicamente Casagrande, como, aliás, o fez com tanta gente. Mas engana-se quem pensa que seu engajamento e o interesse por questões sociais surgiram por causa do parceiro. Desde muito cedo, quando era apenas o menino Waltinho, a preocupação com os rumos do país, dominado pela ditadura militar, já existia. Com índole libertária, incomodava-se profundamente com a opressão imposta pelos milicos. A prisão arbitrária de oposicionistas, estudantes e artistas criava um clima de terror. Muitos eram torturados e mortos no cárcere. Sem falar na censura, que castrava a expressão de ideias e as manifestações culturais.

Nesse cenário, extravasava suas emoções por meio de músicas de protesto, que vicejavam na MPB e no rock nacional. Ouvia de Chico Buarque a Raul Seixas, de Caetano Veloso a Mutantes, de Gilberto Gil a Belchior. Lia os quadrinhos e as charges do cartunista Henfil. Trocava ideias "subversivas", como os aparelhos repressivos costumavam definir qualquer tipo de questionamento civil, com os colegas na Penha. O uso de drogas, os cabelos compridos e as roupas de "bicho-grilo" não deixavam de ser atos de contestação e rebeldia naquele ambiente sufocante.

Casão acompanhava com atenção as mobilizações de resistência ao autoritarismo, pronto a tomar parte nelas. Adolescente participativo, fazia questão de comparecer a shows com motivação política. No parque São Jorge, houve alguns eventos desse tipo. Em 1979, ainda juvenil do Corinthians e totalmente desconhecido, assistiu a um show em prol da anistia aos brasileiros exilados. Naquela sexta-feira, foi o único jogador das categorias de base a ir ao espetáculo, depois de treinar de manhã e à tarde. "Pela primeira vez, tive contato com artistas. Os alojamentos localizados atrás do ginásio foram improvisados como camarins e, por ser atleta, consegui acesso. Mas só passei rapidamente e dei uma olhada: vi a Elis Regina, o Made in Brazil..."

Além da sensação cívica por participar de uma causa tão importante, Casão ainda curtia o prazer proporcionado pela própria música, sua paixão desde o berço. Mas havia certa tensão no ar. Naqueles tempos, um simples show podia se transformar numa aventura perigosa. E não deu outra. Tudo corria bem até 1h30, 2 horas da manhã, quando o batalhão de choque da Polícia Militar invadiu o local. "Com escudos e cassetetes, os policiais partiram pra cima da gente. Foi um corre-corre fodido."

Para não correr o risco de apanhar ou ser preso, refugiou-se na galeria de um prédio que pertencia ao então presidente corintiano Vicente

Matheus, bem em frente ao próprio clube. "Eu assisti ao show com a Taís, uma amiga que era moradora desse mesmo prédio, mas ela já tinha ido embora quando a polícia apareceu. Então invadi a galeria e dormi ali mesmo, num cantinho."

Poucos anos depois, já famoso, continuou indo a shows dessa natureza no parque São Jorge, em defesa das eleições diretas para presidente ou com o propósito de levantar fundos para o recém-nascido Partido dos Trabalhadores (PT). Foi numa ocasião dessas, em 24 de outubro de 1982, que Casagrande conheceu um personagem de vital importância em sua vida: o cantor e compositor Gonzaguinha.

No fim da manhã daquele dia, o craque participara do Futebol das Estrelas, um jogo cívico pela democratização do país com a presença de jogadores do Corinthians e diversos artistas, como Gonzaguinha, Fagner, Toquinho e até a atriz Bete Mendes, conforme consta do relatório oficial preparado por agentes da Polícia Civil para o Dops (Departamento de Ordem Política e Social), órgão do aparelho repressivo da ditadura.

Ao final da partida, Casão deixou o campo casualmente ao lado de Gonzaguinha. Os dois iniciaram conversa enquanto caminhavam e, como houve afinidade imediata, resolveram parar no Bar da Torre, no coração do parque São Jorge, para tomar cerveja e continuar o animado bate-papo. Falaram um pouco sobre futebol e música, mas muito mais sobre política. O tempo passou rapidamente e, quando perceberam, eles já haviam enxugado várias garrafas – os ponteiros do relógio se aproximavam das 17 horas. Então, pediram a conta e correram para se juntar aos demais colegas no churrasco preparado na área dos quiosques, perto das piscinas do clube. Chegaram à confraternização no final, com as carnes já um tanto esturricadas. Mas valeu a pena...

"O Gonzaguinha tinha a imagem de ser um cara fechado, de pouca conversa, até ranzinza. Mas descobri que era aberto e sorridente com quem se identificava. Nasceu, ali, uma grande amizade", conta Casão. Depois do churrasco, o atacante levou o cantor em seu jipe até o hotel. Gonzaguinha iria fazer à noite um show no Tuca, teatro da Pontifícia Universidade Católica (PUC), que se tornara um símbolo de resistência depois de ter sido invadido em 22 de setembro de 1977 pelas forças do regime militar, comandadas pelo então secretário de Segurança Pública de São Paulo, o coronel Erasmo Dias, com o objetivo de reprimir uma manifestação estudantil no local.

Na ocasião, cerca de 2 mil estudantes se reuniram em frente ao Tuca, quando foram surpreendidos por 3 mil policiais, entre militares e civis. A tropa investiu contra os manifestantes com grande violência, explodiu bombas, espancou alunos e professores, com uso de cassetetes elétricos e até tanques blindados. Em pânico, parte da multidão buscou refúgio na universidade, invadida então pelos homens de Erasmo Dias. Móveis foram quebrados e arquivos, destruídos. As paredes amanheceram pichadas com a sigla CCC (Comando de Caça aos Comunistas). A ação terminou com a detenção de 854 pessoas, das quais 92 foram fichadas no Dops. Cinco anos mais tarde, o show de Gonzaguinha no Tuca fazia o cantor relembrar, juntamente com Casão, aquele episódio trágico.

Durante toda a sua história, o Tuca foi um teatro que trazia lembranças afetivas às pessoas com aspirações democráticas. Um show de Gonzaguinha lá, então, tinha um apelo quase irresistível para Casagrande. Mas o jogador não poderia ir ao espetáculo. Naquela mesma noite, haveria um show no Corinthians, denominado Estrelas no Parque, com a participação de diversos artistas para levantar fundos para a campanha de Luiz Inácio Lula da Silva ao governo de São Paulo. Como também aponta outro documento preparado pelo Dops, estiveram presentes Fagner, Henfil, Belchior, Tetê Espíndola, Bete Mendes e Gonzaguinha, além dos jogadores Sócrates, Wladimir e Casagrande. "Elis Regina foi muito lembrada pelos presentes, que inúmeras vezes gritaram euforicamente o nome do partido e de seu candidato ao governo de São Paulo", relatou o agente da repressão.

Inicialmente, Gonzaguinha não iria participar do show no Corinthians. "Ele defendia a democracia, mas não queria se ligar a nenhum partido político", explica Casão. No entanto, a organização do evento considerava imprescindível sua presença e delegou ao atacante a missão de convencer o compositor a fazer parte do espetáculo. "Ele não quer vir, e eu só conheci o cara hoje, pô! Não posso fazer nada!", rebateu o jogador. Porém, os militantes ressaltaram que Gonzaguinha demonstrara simpatia especial por ele naquela tarde, pois não costumava conversar por tanto tempo e ficar tão à vontade na presença das pessoas em geral. E se havia alguém capaz de recrutá-lo para a causa, esse seria Casagrande.

O centroavante acabou aceitando a tarefa. Depois de subir ao palco para anunciar Raimundo Fagner, o primeiro astro a se apresentar naquela noite no ginásio do parque São Jorge, ele partiu sozinho em direção ao Tuca. "Cheguei a tempo de pegar a última música do show. Em seguida, fui ao camarim. Como já sabia, Gonzaguinha tentou resistir à ideia. Não queria se vincular a qualquer partido. Mas argumentei que vivíamos um momento de transição e seu apoio a um partido novo, com princípios democráticos, seria muito importante. Ele acabou concordando e fomos rapidamente para o Corinthians."

Gonzaguinha foi recebido com entusiasmo pelo público, estimado em cerca de 2.500 pessoas pelos agentes do Dops. Numa das músicas, Casagrande, Sócrates, Wladimir e Pita até subiram ao palco para fazer *backing vocal*. "A partir daí, nós nos tornamos muito próximos. Toda vez que eu jogava em Belo Horizonte, onde Gonzaguinha morava, nós nos encontrávamos. Ele me visitava no hotel, ia ao jogo do Corinthians e, depois, saíamos juntos."

Em janeiro de 1983, houve o show de Gonzaguinha com seu pai, Luiz Gonzaga, no ginásio do Ibirapuera, em São Paulo. Os dois tinham uma relação conflituosa e, finalmente, haviam estabelecido parceria, depois de fazer as pazes. Casagrande, claro, foi assistir à apresentação. Chegou em cima da hora e dirigiu-se ao camarim, onde encontrou somente Gonzagão. "Ainda bem que você veio! Meu filho estava aflito, esperando sua chegada. Ele já está no palco, corre para a plateia que já vamos começar o espetáculo", disse o Rei do Baião ao vê-lo ali. "Fiquei até emocionado. Porra, o Luiz Gonzaga! Uma figura histórica, que eu havia estudado no colégio, bem na minha frente", lembra-se Casão.

A maior emoção, no entanto, ainda estava por vir. Ao lado de Ismael, lateral-direito do Corinthians que o acompanhava, o jovem centroavante se espremeu na arquibancada, no meio do público. Após cantar uma música,

Gonzaguinha chamou seu pai ao palco e o ginásio quase veio abaixo para saudar uma das maiores figuras da música popular brasileira de todos os tempos. Logo ao entrar no palco, Luiz Gonzaga surpreendeu a todos com um discurso: "Aqui no ginásio há um garoto de 19 anos que está lutando para ser alguma coisa na vida, começando a carreira no futebol, e já se tornou vítima da repressão neste país", disse Gonzagão, referindo-se à prisão de Casagrande no mês anterior, sob acusação de porte de cocaína. Enquanto isso, um canhão de luz o procurava na plateia. Ao ser localizado, ainda atônito e ofuscado pela luminosidade, Casão tinha os olhos marejados. "Uma coisa fodida! Não era qualquer um, era o Luiz Gonzaga saindo em minha defesa. Isso ajudou muito a deixar a opinião pública ao meu lado", reconhece.

Depois disso, seguiram-se muitos outros encontros com Gonzaguinha. Durante a preparação para a Copa do Mundo de 1986, na Toca da Raposa, em Belo Horizonte, o contato se tornou praticamente diário. "Ele ia quase todos os dias, de bicicleta, ver o treino. Um cara inteligente pra caralho, gente fina, alegre e divertido. Bem diferente daquela sua imagem pública, mais fechada. O Gonzaguinha se tornou um irmão para mim e acrescentou muito na minha vida." O estreito envolvimento com os shows de cunho político realizados no parque São Jorge, assim como seu papel de destaque no movimento da Democracia Corinthiana, o levou a ser monitorado pelos órgãos da repressão dali em diante.

Outros "atos suspeitos" do atacante, como a assinatura de um manifesto contra o racismo, também foram registrados pelos representantes da ditadura, em seu último suspiro. Nada que o incomodasse. "Só descobri que havia referências a mim nos arquivos da repressão recentemente, quando foram abertos para consulta e um amigo do Rio me avisou. Mas considero isso até uma honra. Desde os 12, 13 anos, já dispunha de informações sobre o que se passava no país e abominava a ditadura. Tinha até problemas na escola porque batia de frente com professores e diretores. Fazia movimentos com os alunos por qualquer coisa, às vezes até por razões meio bobas, pois tinha o lado contestador muito aflorado."

Casagrande se filiou ao PT numa época em que o novo partido simbolizava a esperança de mudança na política do país, e sente grande orgulho por ter ajudado a legenda a crescer e se estabelecer como força nacional. "Naquela época, andava muito com os jornalistas Gilson Ribeiro, então na TV Globo, e Ari Borges, da *Folha de S.Paulo*, que compartilhavam os mesmos ideais de liberdade. Nós frequentávamos o Spazio Pirandello, reduto de intelectuais e artistas de esquerda. O bar ficava na rua Augusta, e até algumas reuniões do PT eram feitas lá."

Mesmo com o fim da imagem purista em relação ao PT depois de sua chegada ao poder, Casão continua sendo simpatizante do partido de esquerda e de sua maior figura, o presidente Luiz Inácio Lula da Silva. Ele chega a se emocionar toda vez que olha para uma foto histórica, na qual aparece sentado ao lado de Lula, juntamente com Wladimir e Pita (ex-jogador do Corinthians), em cima de uma mesa na primeira sede da legenda em São Paulo. "Sempre acreditei no Lula. Quando ele virou presidente, me senti orgulhoso, realizado. Afinal, foi uma aposta minha, juntamente com muitas outras pessoas, que acabou dando certo. Ele se tornou um dos melhores presidentes da história do país. Entre erros e acertos, o saldo é positivo, embora nem sempre concorde com seus atos e atitudes. Tenho uma análise independente."

Casagrande relativiza as críticas feitas a Lula e ao PT pelas composições com antigos e novos caciques da política nacional. Para ele, algumas concessões são necessárias para exercer a presidência no Brasil e dar continuidade ao projeto de transformação idealizado desde seu surgimento, com maior divisão de renda e melhoria das condições de vida das classes menos favorecidas. "A maioria dos políticos, assim que chega lá, no Palácio do Planalto, entra completamente no jogo das velhas raposas. No meu entender, quando subiu a rampa pela primeira vez, mesmo inexperiente, o Lula não caiu nessa rede. Mas teve de ceder em alguns pontos em prol de um objetivo maior. Essa é a melhor forma de governar mesmo", argumenta.

Ele dá um exemplo concreto, relativo ao primeiro mandato do petista: "Se o ato inicial do Lula tivesse sido declarar guerra ao José Sarney... Pronto, estava fodido, acabado, e o Brasil não teria os avanços proporcionados por seu governo. Não se pode bater de frente. Precisa ser hábil para compor até certo ponto e limitar ao mínimo a influência desses caras no cenário político nacional." Uma realidade que persistiu até o terceiro mandato, e de certa forma ainda mais complicada em face dos poderes conquistados pelos partidos integrantes do chamado Centrão, que forçam o presidente a fazer concessões e liberar verbas a parlamentares, além de nomear ministros fora de sua linha ideológica em nome da governabilidade, constantemente ameaçada por um Congresso Nacional de perfil conservador.

Todo esse envolvimento político, desde a juventude, faz de Casagrande um caso à parte no futebol. Ele agradece ao destino por ter lhe proporcionado as condições para que tomasse parte de um movimento tão raro e improvável como a Democracia Corinthiana, que iria imprimir marca definitiva em sua vida, a ponto de deliberar até sobre seu futuro amoroso. Sim, é isso mesmo. A relação com a mulher que lhe daria três filhos seria, estranhamente, objeto de discussão e votação entre os colegas de time. Um acontecimento sem precedentes.

## 15. A DITADURA DO AMOR

Tudo na vida de Casagrande orbitava em torno da experiência democrática no clube. No auge da empolgação, ele defendia com unhas e dentes os ideais de liberdade, engajava-se na luta pelas eleições diretas para presidente da República e pelo restabelecimento pleno dos direitos civis no país. Também concedia entrevistas a respeito desses assuntos e estimulava um grande contingente de jovens a abraçar as mesmas causas: tornara-se um símbolo dos tempos de mudança que se anunciavam cada vez mais palpáveis. O regime militar tentava se manter a todo custo no poder, mas já dava sinais claros de esgotamento. Na crista da onda, o atacante se enchia de esperança e autoconfiança, só abalada diante de outra ditadura: a imposta pelo amor.

Habituado às facilidades proporcionadas pela fama, a ser paparicado pelos fãs e cultuado por intelectuais e pela imprensa progressista, Casagrande logo provaria o outro lado da moeda. Em meados de 1983, seu coração iria ser invadido, e ele ficaria vulnerável como jamais havia imaginado. Sem escolha, voto ou opção. Por decreto, mesmo, promulgado sabe-se lá por quais forças da natureza.

Mesmo depois de se tornar jogador conhecido e assediado, ele mantinha os hábitos cultivados desde a infância e a pré-adolescência. Criado no parque São Jorge, tinha ligação afetiva com o clube e gostava de viver intensamente o dia a dia. Ao contrário da maioria dos colegas de equipe, ele não se limitava a ir lá apenas nos horários de treino – um tipo de relação com os atletas que se perdeu por completo, com a construção dos centros de treinamento separados das sedes sociais. Assim, depois de treinar, perambulava por todas as áreas, ia à piscina, misturava-se aos associados, prestigiava treinos e jogos de outras modalidades.

Era comum vê-lo nas práticas de basquete, vôlei, futebol de salão, desde as categorias mirins. Já acompanhara diversas partidas das meninas do vôlei, mas foi fora das quadras que uma delas lhe chamou particularmente a atenção. Com o advento da Democracia Corinthiana, podia-se beber até cerveja no Bar da Torre, tradicional boteco encravado no coração do parque São Jorge, sem sofrer represálias por ser atleta. E foi lá, numa mesinha ao ar livre, perto da passagem das pessoas, que ele se deparou com a musa de seus sonhos.

"Quando ela passou na minha frente, eu fiquei alucinado", relembra. A pulsação disparou, ele precisou respirar fundo para buscar oxigênio e já nem ouvia mais o que seus amigos à mesa lhe falavam. Os hormônios corriam soltos pelo corpo e provocavam estranhas sensações. Não tinha ideia de quem era exatamente aquela garota, quais seus valores e convicções, nada disso. Só sabia que a desejava absolutamente, mais do que tudo no mundo.

Saiu de lá decidido a conquistá-la. Havia apenas um obstáculo: a timidez com as mulheres. Esse sempre fora um traço da personalidade dele. O amigo Magrão faz troça, até hoje, lembrando-o de que precisava dar uma mãozinha para as aventuras amorosas de Casagrande se concretizarem. Se não o deixasse na cara do gol, não havia jeito de balançar a rede. "Eu era muito mais tímido do que sou hoje. Talvez sentisse receio de ser rejeitado, coisa de adolescente", tenta explicar. Quando ficou famoso, a situação melhorou, é verdade... Também pudera: a iniciativa partia muitas vezes das próprias garotas. As defesas se abriam, sem qualquer pudor, para ele entrar com bola e tudo.

Mas esse não era o caso de Mônica, a jogadora de vôlei que comera seu coração de galinha num xinxim. Ela não dava mole; ao contrário, evitava se envolver com astros do futebol, em geral mal-acostumados pelas benesses da fama. Para piorar, ele travou ao se deparar com aquela gatinha de 17 anos. Em sua presença, o ídolo dos Gaviões se sentia frágil. Obcecado, passou a bater ponto nos treinos do time feminino de vôlei e informava-se sobre a tabela de jogos só para vê-la em ação, mesmo em partidas fora de casa. Chegou a recorrer a amigos no sentido de criar situações propícias para uma aproximação.

Numa dessas ocasiões, comprou oito ingressos para o show de Caetano Veloso, no Anhembi, e convocou Magrão para ajudá-lo na missão de levar Mônica ao espetáculo. Porém, encabulado por ter montado o plano só para encontrá-la, inventou que ganhara convites da produção do compositor baiano. Tantas entradas eram necessárias para incluir as amigas dela e não escancarar suas reais intenções. Como a família de Mônica morava em Santos, ela se instalara numa república em São Paulo, juntamente com outras atletas do Corinthians. "Fala que a gente tem ingressos para o show do Caetano e chama as meninas. Só um detalhe: a Mônica precisa ir de qualquer jeito", determinou a Magrão. No dia do evento, ao se encontrar com as moças, distribuiu os bilhetes como se fosse aleatoriamente. No entanto, já os havia deixado na ordem exata para que ela se sentasse ao lado dele.

Ao som de Caetano, os dois se tornaram mais próximos; começou a rolar um clima, pode-se dizer. Mesmo assim, ela endurecia o jogo e recusava a ideia de namoro. "Minha reputação não era das melhores. O maior receio dela era com a imagem dos jogadores de futebol, de sair com a mina só para transar e depois sumir. Mas não era nada disso", ressalta, como se fosse preciso.

A retranca durou cerca de cinco meses. Nesse período, a paixão de Casagrande se tornou lendária no parque São Jorge. Criou-se até um mutirão para juntar o casal. "As meninas do vôlei me davam todas as dicas. Diziam em que restaurante iriam jantar, onde iam passear, o roteiro completo. 'Amanhã tem jogo no Pinheiros', avisavam elas... E eu aparecia em todos os lugares", conta.

Esse amor platônico chegou a tal ponto que virou algo quase institucional no Corinthians. "Completamente apaixonado nessa fase, fiquei desnorteado. Só pensava nela, e as pessoas tentavam ajudar. Foi engraçado, porque mobilizou o clube inteiro: do porteiro ao presidente Waldemar Pires, passando pelo diretor Adilson Monteiro Alves e as mães das outras jogadoras de vôlei", diverte-se.

Tudo isso amoleceu o coração de Mônica, mas o que a dobrou, de fato, foram as contundentes provas de amor de Casagrande, então com 20 anos. Ele pediu para Magrão gravar uma fita cassete com músicas de MPB, especialmente do disco *Coração selvagem*, de Belchior, e presenteou a amada com uma bolsinha do personagem Cebolinha, de Mauricio de Sousa, com a inscrição: "Fica comigo, vai!" Na noite em que entregou os mimos, levou-a de carro em tour pela cidade: estádio do Pacaembu, túnel da avenida Paulista, estádio do Morumbi, parque São Jorge. O que existia de tão especial nesses lugares? Em todos eles, havia pichado os muros com declarações de amor.

É praticamente desnecessário dizer que Mônica finalmente se convenceu da sinceridade dos sentimentos de Casagrande e disse o tão esperado "sim". O ano de 1983 chegava ao fim e o craque mal se continha de tanta felicidade. Passou as festas de Natal e Réveillon nas nuvens, para compensar o aborrecimento do ano anterior, quando fora preso, acusado de porte de cocaína, às vésperas das celebrações. Mas a novela ainda não havia acabado. O Corinthians programara uma excursão a países do Oriente para janeiro do ano seguinte, e ele, no pico da empolgação amorosa, não estava nem um pouco disposto a embarcar nessa viagem.

Com a impetuosidade da juventude, pensava até em dar uma banana aos compromissos profissionais e se aninhar nos braços de Mônica. Depois de passar o período de festas no litoral, o atacante voltou a São Paulo a contragosto, por insistência de amigos, familiares e, sobretudo, da própria namorada. Só chegou em sua casa, na Pompeia, por volta das 17 horas. "Queria ver se me atrasava e perdia o voo, mas encontrei uma kombi do Corinthians me esperando na porta." O zagueiro Juninho, que tinha sido enviado para arrastá-lo ao embarque da delegação corintiana, ainda ouviu a recomendação de dona Zilda, no momento da despedida: "Não larga dele, Juninho... senão ele foge!"

Assim, Casagrande foi quase amarrado para a turnê por Japão, Hong Kong, Indonésia e Tailândia. Porém, mesmo do outro lado do mundo, Mônica não saía de sua cabeça. Muito menos a ideia de abandonar a delegação. Alegava que aqueles amistosos não tinham importância alguma, a não ser financeiramente para o clube, e não haveria prejuízo se voltasse sozinho. Tanto insistiu com o diretor Adilson Monteiro Alves que a proposta acabou indo a votação. O que se iniciara como uma ditadura amorosa terminou absorvido pela Democracia Corinthiana. Como todas as decisões relativas ao time eram colocadas em discussão pelo grupo, a reivindicação do artilheiro foi submetida aos colegas. Mas dessa vez o processo democrático o fez sofrer. A maioria não o liberou.

Inconformado com o resultado das urnas, Casagrande por pouco não mandou às favas os princípios que sempre defendeu. Para não dar simplesmente um golpe no movimento, tentou impugnar o resultado do plebiscito. Ele insistiu tanto que o assunto voltou a ser posto na pauta outras duas ou três vezes. Ninguém aguentava mais deliberar sobre os sentimentos do atacante. "Só desisti de ir embora quando o Eduardo Amorim me chamou à razão", confessa. A argumentação do ponta corintiano era bastante forte. "Em 1977, eu fiz essa mesma excursão pelo Cruzeiro e meu pai morreu no Brasil. Mesmo muito triste, cumpri meu compromisso profissional com o time. Então, não acho justo você querer voltar porque está apaixonado", sentenciou.

Esse episódio foi tão marcante que Sócrates escreveu um texto sobre o poder da paixão, inspirado nos acontecimentos vivenciados no Japão, e cedido a Casagrande mais de três décadas depois pela viúva do Doutor, Kátia Bagnarelli.

### SAUDADE INSUPORTÁVEL
Estive pela primeira vez no Japão no início dos anos 1980. Jogava no Corinthians e realizávamos três partidas contra a seleção olímpica japonesa. Havia um sentimento de estranheza no ar. Jamais imaginei que pudesse haver interesse do público daquele país pelo futebol, até porque sabia que esse esporte não fazia parte da cultura daquele povo, que enchia os ginásios para assistir às competições de sumô e judô, mas não de futebol.

Foi nessa viagem que ocorreu um dos fatos marcantes da nossa experiência na Democracia Corinthiana. É que um dos nossos companheiros se apaixonara. Paixão, bendita paixão. Esse sentimento é o mais vigoroso e arrebatador de todos que podemos vivenciar. Quando estamos apaixonados, todo o resto é secundário, a única força de que necessitamos é a presença da razão de nossa paixão. Física, de preferência. A sua imagem não nos sai do pensamento e todas as ações estão voltadas para ela.

Já me apaixonei dezenas de vezes, talvez essa seja a característica mais marcante da minha existência. Sem a paixão, me parece que a vida tem um sentido menor, tornando-se mais cinzenta e triste. E que os dias se tornam mais longos e cansativos. Não há brilho, não há cor, um verdadeiro caos.

Já fiz todas as loucuras possíveis por uma paixão. E acompanhei outras semelhantes. Quando o Casagrande, o nosso colega em questão, apaixonou-se por sua futura mulher, transformou-se. Ele, que pouco estava preocupado com qualquer coisa que seja até então, apegou-se de tal forma a esse sentimento que quase jogou fora a sua carreira esportiva. Por paixão, tudo vale.

Pois foi poucos dias depois de conhecê-la que tivemos de voar para o Japão. Notamos que ele estava muito diferente do que sempre foi. Em vez de expansivo e alegre, estava calado e triste. Encostou-se na poltrona e quase nada falou durante as 24 horas de viagem.

Quando lá chegamos, ele provocou, talvez, a primeira reunião importante da Democracia Corinthiana, para discutir uma possível volta antecipada para poder revê-la imediatamente. Alguns argumentaram que aquele gesto poderia atrapalhar os seus planos profissionais e que deveria tentar suportar a ausência da melhor forma possível. Eu, como havia passado por aquilo algumas vezes, fiquei do seu lado, sabedor da dor que estava sentindo. Foi quando o Edu, Eduardo Amorim, pediu a palavra e expôs que em nossa profissão tínhamos que passar por muitas coisas difíceis, pois ficávamos muito tempo longe das pessoas de que gostávamos. E que nem ao enterro de seu pai ele havia tido oportunidade de comparecer devido à distância em que se encontrava naquele dia. Aquela revelação nos derrubou. E o Casão se conformou em carregar a sua saudade por quinze longos dias.

Eu, certa vez, no auge desse sentimento, fiz pior. Em determinada ocasião, cheguei a tomar a ponte aérea, já que ela morava no Rio de Janeiro, e eu em São Paulo, umas quatro vezes no mesmo dia. Tudo isso respeitando os meus compromissos profissionais. Acordei de madrugada para tomar o café da manhã com ela. Logo após, voei para São Paulo para o treinamento da manhã. Ao meio-dia, voei de volta para o Rio para almoçar com ela. No começo da tarde, nova travessia para a capital paulista. Algumas horas depois, retornei para jantar junto da amada. Quando desembarquei em Congonhas, aeroporto de São Paulo, naquela que seria a última viagem, lá pelas dez da noite e ainda na sala de desembarque, bateu uma saudade no meu peito. Uma vontade de ficar ao lado de quem amava, daquelas impossíveis de revelar. Eu sentia a necessidade, o desejo, a loucura de dormir com ela. E quase sem racionalizar, acabei voltando para os braços queridos.

Aquele último voo representava o êxtase, a comunhão de sentimentos, a felicidade plena. Nada, nem mesmo a vivência física do sentimento, é maior do que aquilo que rumina na alma. Nem o sexo é fundamental. É que, quando estamos apaixonados, parece que quem é foco do sentimento somos nós mesmos. Vemo-nos com muito mais carinho e respeito, e acreditamos piamente que estamos acima de qualquer eventual decisão que o cotidiano nos coloque à frente. A paixão nos torna fortes como jamais supúnhamos. E esse choque nos potencializa em tudo o que fazemos.

No trabalho, também, principalmente para quem pratica um esporte ou exerce um ofício ligado a qualquer tipo de arte. Com a emoção à flor da pele, podemos expressar com mais intensidade nosso talento, e o resultado é excepcional. Só existe um problema: a dependência é plena. Temos que a qualquer instante sentir que nosso sentimento está sendo correspondido na mesma intensidade e desejo. Uma briga boba que seja pode nos destruir, nos jogar no chão. E aí não conseguimos fazer mais nada enquanto não resgatamos a paixão ameaçada. Como se a felicidade nos escapasse entre os dedos.

\* \* \*

Após suportar a dor da saudade, tão logo voltou para o Brasil, como já se podia imaginar, Casão mergulhou de cabeça na relação. Tudo transcorreu bem até meados de 1984, quando o jovem casal teve uma crise e se separou. "Ela se transferiu para o São Paulo naquela época, mas eu briguei no Corinthians e, por coincidência, também fui para lá por empréstimo. Aí aconteceu a mesma mobilização dos colegas de time até voltarmos a namorar." Além de arrastar o lateral-direito Paulo Roberto – com quem iniciara amizade desde um amistoso da Seleção Brasileira – para assistir aos treinos de Mônica no São Paulo, ele arregimentava outros colegas para animados jogos de vôlei contra a equipe feminina. Assim, o zagueiro Darío Pereyra e o lateral-esquerdo Nelsinho sempre eram escalados nessas ocasiões. Tudo para ele ficar mais próximo da amada. Novamente a operação deu resultado. Os dois reataram pouco tempo depois e se casaram no ano seguinte.

Todo o ritual do casamento, celebrado num sítio em Perus, no dia 28 de outubro de 1985, aconteceu fora dos padrões convencionais. Uma festa pitoresca em vários sentidos, sem qualquer cerimônia imposta aos convidados. "Não tenho religião, não frequento a igreja, mas ela estudou em colégio de freiras. Então, para buscar o meio-termo, combinamos que eu arrumaria um padre para fazer algo mais descontraído ao ar livre."

Foi um dia memorável. Vestida de noiva, Mônica estava mais linda do que nunca. Casagrande, desengonçado dentro de um smoking branco, com uma faixa azul na cintura e gravata-borboleta... bem, dispensa comentários. Talvez por não ter a mínima familiaridade com trajes sociais, o atacante optou por um modelo, digamos, exótico. E postergou ao máximo vesti-lo. Os primeiros amigos que chegaram ao sítio o encontraram ainda com uma bermuda preta de lycra. Somente ao constatar que a noiva já estava pronta ele correu para se trocar. E tão logo as formalidades diante do padre foram cumpridas, deu um jeito de mudar de roupa no meio da festa, realizada ao lado da piscina.

Enquanto os convidados faziam fila para cumprimentar os recém-casados, o noivo encostou em Magrão (o amigo de infância) e cochichou: "Agora, me joga na piscina!" O velho parceiro estacou. "Como vou jogá-lo na piscina, todo de smoking, sapato social, ainda durante os cumprimentos?", pensou com seus botões. Casão insistiu, impaciente: "Porra, me joga na piscina, rápido, eu já disse!" Magrão, então, cumpriu a ordem... e Casagrande o agarrou na mesma hora, além de também puxar um outro amigo da Penha para a água. "Caí com documentos, lentes de contato, sapatos, tudo, e o pessoal olhava feio pra mim, pensando que eu tivesse armado a molecagem", relata Magrão. Ao sair da piscina, o noivo ainda empurrou o zagueiro Oscar e o lateral Wladimir, originando a maior confusão.

E justificou para os parceiros: "Não aguentava mais essa roupa!" Com a perna imobilizada, Sócrates conseguiu escapar desse mico. Porém, escalado como padrinho, o Doutor teve atuação destacada para tornar o evento ainda mais singular e conturbado. Mas o Doutor é um capítulo à parte.

## 16. UMA DUPLA (QUASE) PERFEITA

Não é exagero dizer que a parceria com o Doutor resultou em casamento. Sócrates e Casagrande... impossível lembrar-se de um deles sem pensar no outro. Tal união ficou gravada no imaginário popular. Igual a Vinicius e Toquinho, o Gordo e o Magro, Batman e Robin, Simon e Garfunkel, Erasmo e Roberto Carlos, Lennon e McCartney... A dupla exibia grande sintonia dentro e fora de campo. Compartilhava convicções políticas, ideais libertários, paixão pela criação artística, disposição para contestar os costumes vigentes, sede de viver, busca de emoções sem medir consequências e... problemas com a dependência química. Enquanto Casagrande sobreviveu por pouco às overdoses de cocaína e se previne até hoje contra o risco de recaída, Sócrates morreu em 2011, aos 57 anos, vítima de problemas decorrentes do alcoolismo.

Aficionado por futebol desde sempre, Casagrande logo percebeu o surgimento de Sócrates no Botafogo de Ribeirão Preto: sua estreia como profissional ocorreu em 1973 e, no ano seguinte, foi eleito revelação do Campeonato Paulista. Assim, com 10 ou 11 anos, Waltinho já ouvia falar naquele craque magrelo que despertava interesse dos clubes da capital. Mas só em 1977, quando o time do interior se tornou a sensação do primeiro turno do Paulistão, passou a observá-lo mais atentamente.

"As minhas primeiras lembranças dele são desse tempo. Num jogo contra o São Paulo, no Morumbi, que valia exatamente o título do turno, o Sócrates fez um puta golaço, mas o juiz anulou, alegando que ele havia solado. Mesmo assim, o Botafogo ganhou a decisão, pois jogava pelo empate", recorda. "O que mais me chamava a atenção era o tamanho dele.

Por ser alto e magro, desenvolveu um estilo diferente de fazer as jogadas, usando bastante o calcanhar e a inteligência. Numa partida contra o Santos, na Vila, ele marcou dois gols na vitória por 3 a 2 – um deles de calcanhar."

Porém, o que particularmente despertava a admiração de Casagrande era a firmeza daquele jovem jogador em concluir a faculdade de medicina. Como principal revelação do interior, ele já havia recebido diversas propostas de clubes grandes – do São Paulo, inclusive –, mas se recusava a deixar Ribeirão Preto antes de pegar o diploma. "Isso foi do caralho! Qual jogador recusaria uma oportunidade dessas com o propósito de terminar os estudos? Hoje, por um punhado de euros, o cara larga tudo e vai jogar na Arábia..."

Quando Sócrates finalmente se transferiu para o Corinthians, em 1978, os dois ficaram mais perto um do outro. Mas nem tanto. Casagrande ainda era um garoto das categorias de base e presenciava, apenas como observador, os treinos do time principal. Mesmo quando foi integrado ao elenco profissional, mantinha-se em seu canto diante das feras consagradas. A primeira vez que interagiram remete a 1981, com Casagrande já na Caldense, num jogo-treino da Seleção Brasileira contra a equipe de Poços de Caldas, em Minas Gerais. "Para minha surpresa, ele me reconheceu e se aproximou para saber notícias. Perguntou como eu estava lá, durante esse período de empréstimo, e até tiramos uma foto juntos como recordação."

Com a volta do novato ao Corinthians, no ano seguinte, estabeleceu-se a relação em pé de igualdade. Ajudou o fato de Casagrande ter iniciado com tudo a sua trajetória, com aqueles quatro gols na vitória por 5 a 1 sobre o Guará, do Distrito Federal, pela Taça de Prata do Campeonato Brasileiro. O Corinthians disputava a Segunda Divisão da competição nacional pelo fato de ter terminado o Paulistão de 1981 na decepcionante oitava colocação. Naquele tempo, o torneio estadual servia como ranking para o Brasileirão, porém restava uma saída honrosa...

Pelo regulamento esdrúxulo de então, ocorria um cruzamento entre as duas principais divisões. Ou seja, os melhores times da Taça de Prata seriam integrados à Taça de Ouro no mesmo ano. Com evidente prestígio pela estreia avassaladora, Casagrande se manteve no time e voltou a marcar na partida seguinte, no triunfo por 3 a 1 sobre o Leônico, da Bahia, na Fonte Nova, em Salvador. No entanto, machucado, Sócrates não estivera presente nesses dois jogos e, recolhido no departamento médico, ainda não trocara sequer ideias com o jovem centroavante em plena ascensão.

A primeira vez que os dois atuaram juntos foi no jogo posterior, na vitória sobre o Fortaleza por 4 a 2, no Ceará, com três gols de Zenon e um de Sócrates. Mesmo sem ter balançado a rede, Casagrande deixou o campo todo cheio de si. Afinal, participara das jogadas de todos os gols e dera assistência para três deles. Depois da partida, ganhou uma recompensa e tanto. "Nós voltamos para o hotel, jantamos, e eu fiquei sentado num sofá da recepção. Estava louco para sair, ir a algum barzinho, ouvir músicas, conhecer pessoas. Mas ainda não tinha intimidade com os outros jogadores, pois havia sido só a minha terceira partida entre os profissionais. E eu ali, pensando em como fazer para me aventurar pela maravilhosa cidade de Fortaleza, quando de repente apareceu o Raimundo Fagner. Pô, eu era fã dele desde os anos 1970, adorava as suas composições e seu modo de cantar. Achei sensacional poder vê-lo de perto."

Logo a experiência se revelaria ainda mais fascinante. Para sua surpresa, o cantor o abordou: "Casão, você sabe onde está o Magrão?" O centroavante quase perdeu a fala. "O cara me chamou pelo nome, já sabia quem eu era! Nem acreditava no que estava acontecendo, mas respondi: 'Ele vem logo ali atrás, saindo do restaurante.' O Fagner agradeceu, foi ao encontro do Sócrates e, depois de cumprimentá-lo, os dois cruzaram o saguão em direção à saída do hotel. Quando estavam quase na porta, o Magrão se virou para mim e perguntou: 'O que você vai fazer, garoto Big?' Aquela foi a primeira vez que ele me chamou de Big House, algo que se tornaria um hábito. Respondi que não tinha planos, e ele me convidou: 'Então vem com a gente!' Eu me levantei na hora, animadíssimo, até parecia um sonho."

Para completar, o veterano lateral-direito Zé Maria, um de seus maiores ídolos desde a infância, que acompanhava a cena sentado em outro sofá, também se levantou e se dispôs a ir junto. "Percebi que era para tomar conta de mim, um certo sentido de proteção, já que eu estava despontando para a fama ainda muito jovem. Fomos para um barzinho lotado, onde o

Fagner até subiu ao palco para dar uma canja, cantando algumas músicas de improviso. O Super Zé também se soltou, mostrando samba no pé. Enquanto isso, eu e o Magrão ficamos frente a frente para conversar pela primeira vez, em uma noite inesquecível." O atacante olhava ao redor e mal acreditava. "Para mim, foi o máximo. Com 18 anos, fiquei deslumbrado com a situação. Parecia coisa de outro mundo estar ali, tomando cerveja com aqueles caras que eu tanto admirava. Ficamos lá até as cinco horas da manhã, quando pegamos um táxi e voltamos para a concentração."

A partir dali, a intimidade se estabelecera. Apesar da diferença de idade, nove anos, os ideais em comum os aproximavam. O engajamento no movimento Diretas Já, pelo restabelecimento de eleições para presidente da República, e a identificação com o recém-fundado Partido dos Trabalhadores (PT) reforçavam a afinidade fora do universo do futebol.

Seguiram-se várias batalhas, vitórias e frustrações. O Corinthians conseguiu subir para a Taça de Ouro e recuperou o moral, porém Casagrande sofreu com a eliminação precoce da Seleção Brasileira, diante da Itália, na Copa do Mundo da Espanha, em 1982. Ele viu a distância a derrocada daquele time que jogava por música, e de alguma forma se sentia parte integrante dele, pois seu grande parceiro era o capitão da equipe.

No dia da queda da Seleção em Sarriá, diga-se, Casão ainda não havia sentido a dor em sua plenitude. Afinal, tomara um ácido lisérgico com os amigos e mal tinha noção da realidade. Mastigara um pedacinho de papel, parecido com um selo, com a imagem do personagem Pateta. Os ácidos – até hoje, mas principalmente naquela época – às vezes vêm em cartelas com figuras do universo dos gibis, como Superman, Pato Donald, Snoopy etc. Ao final da partida, eles saíram de carro e pegaram a antiga Rodovia dos Trabalhadores, atual Ayrton Senna. Ao volante, Casão observava: "Nossa, essa estrada é cheia de curvas!" Como praticamente só havia retas, foi destituído da direção. Tinha visões e acessos de riso.

Porém, passado o efeito, Casagrande lamentou, como tantos outros brasileiros, a desgraça daquela seleção fantástica. Na sequência, o bicampeonato paulista de 1982-1983, com a confirmação do triunfo da Democracia Corinthiana, serviria para enterrar as dores e decretar a temporada de festas no parque São Jorge.

Na esteira do sucesso dentro de campo, Sócrates e Casagrande se expunham cada vez mais na campanha pela redemocratização do país. Iam juntos a comícios e, embora normalmente subissem ao palco, em vários momentos se comportavam como cidadãos comuns. Uma das passagens mais memoráveis refere-se ao principal comício pelas Diretas Já, realizado no dia 16 de abril de 1984, no Anhangabaú, em São Paulo, diante de uma multidão estimada na época em mais de 1 milhão de pessoas. "Com tanta gente, não dava para chegar lá de carro. Então, eu, o Sócrates e o Wladimir estacionamos na Estação Tietê e fomos de metrô", conta Casão. "Os outros passageiros estranhavam ao nos ver ali, espremidos no meio da massa, mas todo mundo nos respeitava. Mesmo os torcedores dos clubes rivais não nos hostilizavam. Ao contrário, nos tratavam até com carinho e admiração, pois tínhamos os mesmos objetivos políticos."

Os jogadores corintianos se dirigiram para o espaço anexo ao palco, de onde viam chegar artistas e políticos de expressão nacional, como Ulysses Guimarães, Luiz Inácio Lula da Silva, Fernando Henrique Cardoso, Leonel Brizola, Tancredo Neves, Franco Montoro, Miguel Arraes e Mario Covas. O locutor era Osmar Santos, "O Pai da Matéria", estrela do rádio que ajudava, juntamente com outros jornalistas progressistas, a dar sustentação à Democracia Corinthiana.

Apesar da causa nobre e de certo receio de que os militares resolvessem conturbar a manifestação com o aparato de repressão policial, o clima de confraternização e alegria predominava. Coube à cantora Fafá de Belém a tarefa de cantar o Hino Nacional. "Também adorei cruzar com o Walter Franco, meu poeta maldito. Sempre gostei dele pra caramba. Sempre foi um cara do circuito alternativo, mas, naquela época, quase não havia chance de ver um show dele, pois era proibidíssimo."

A promessa de Sócrates, em praça pública, de que recusaria a proposta milionária da Fiorentina, da Itália, e permaneceria no Corinthians caso a emenda do deputado Dante de Oliveira, que restabelecia eleições presidenciais diretas, fosse aprovada pelo Congresso Nacional, deixou Casagrande boquiaberto. "O Magrão teve muita coragem. Até hoje não sei como ele iria cumprir isso, já que havia tantos interesses envolvidos, e não apenas os que se referiam a ele. Foi uma atitude sensacional!" Para frustração de toda a nação, a emenda acabou rejeitada pelos parlamentares nove dias depois. Somente cinco anos mais tarde, após Sócrates ter se transferido para a Europa, e com a Democracia Corinthiana já extinta, as eleições diretas se transformariam em realidade.

Tantas aventuras juntos tornavam impossível dissociar as imagens de Sócrates e Casagrande. Um episódio ocorrido no jogo de despedida do Doutor, em amistoso contra o Vasco, na cidade de Juazeiro do Norte, no Ceará, em 3 de junho de 1984, revela o nível de intimidade da dupla. Sócrates deixaria o Corinthians para jogar na Fiorentina. Os jogadores corintianos foram recepcionados por uma multidão desde o aeroporto e, depois da vitória por 3 a 0, houve festa no hotel. Enquanto Sócrates bebia cerveja e cantava com os colegas no bar, Casão preferiu subir para o quarto, acompanhado por uma bela tiete. A moça depois pediu uma camisa do Corinthians como recordação daquele dia tão especial. O centroavante não tinha uma para lhe dar naquele momento, mas a de Sócrates, seu companheiro de quarto, estava pendurada num cabide. Ele não pensou duas vezes: presenteou a moça com o uniforme usado pelo parceiro na partida. Mais tarde, ao reencontrar o amigo, explicou que tomara essa liberdade – as circunstâncias exigiam, coisa e tal. "Porra, eu iria guardá-la como lembrança da minha despedida, Casão...", resmungou o Doutor. "Mas, pensando bem, foi por uma boa causa. Tá limpo!", conformou-se.

A transferência de Sócrates para a Fiorentina e sua posterior contratação pelo Flamengo não esfriaram a amizade. Tanto assim que o Doutor foi convidado para ser padrinho de casamento de Casagrande e Mônica. Uma honra que ele perderia por sua proverbial impontualidade. Por mais que conte como algo engraçado, um ingrediente a mais de subversão naquela cerimônia maluca, o atraso extremo de Sócrates na festa, no fundo, deixou Casagrande magoado.

Chegou a hora marcada, e nada de o padrinho aparecer. Casão administrou enquanto pôde a irritação de Mônica, a apreensão de familiares e a impaciência do padre. Quando o sacerdote finalmente lhe deu o ultimato, alegando ter outros compromissos, não restou alternativa a não ser concordar, contrariado, em substituir Sócrates pelo zagueiro Oscar, com quem jogara durante a breve passagem pelo São Paulo. Juninho, seu colega no Corinthians, que ficara com a incumbência de pegar o Doutor, também teve de ser trocado por De León na última hora.

A cerimônia estava marcada para as 11 horas da manhã, mas Sócrates chegou somente às 13 horas, abrindo espaço entre os convidados, notoriamente tocado pelo álcool, fazendo alvoroço e brincadeiras. "O que é isso? Já começou??? Espera aí, eu tenho algo contra esse casamento... ele não pode ser consumado sem o padrinho", gritou, manquitolando com a perna engessada, resultado de uma lesão no tornozelo.

Todo mundo riu. Nem o padre conseguiu segurar um sorrisinho furtivo. O próprio Casão entrou na brincadeira, emendando piadas, mas o atraso do parceiro num dia tão importante lhe provocou algum desconforto. Além da inevitável tensão durante a sua ausência, Sócrates ainda roubou a cena com a chegada triunfal, chamando para si as atenções num dia em que deveria caber somente aos noivos o papel de protagonistas.

Claro que esse incidente, por si só, não estremeceu a amizade entre os dois. Mas o tempo iria se incumbir de somar outras situações em que o atacante ficou à mercê dos atrasos de Sócrates. Isso passou a irritá-lo cumulativamente, talvez por ele próprio ter agido, muitas vezes, com descaso semelhante ao do parceiro. Não raramente, Casagrande desmarcava compromissos em cima da hora e deixava os outros a ver navios, sobretudo quando fazia uso de drogas. Ou seja, acostumou-se a ser aguardado com ansiedade, não o contrário. Por isso, não desenvolveu a paciência necessária para ele mesmo tomar chá de cadeira e, nessas ocasiões, sentia-se desprezado.

Esses incidentes podem ter provocado alguma indisposição por parte de Casagrande, mas o afastamento que se verificaria entre eles, quase um rompimento, se concretizou por outros motivos. O atacante constatara, até com certa decepção, que Sócrates tinha talento e inteligência para alcançar objetivos bem mais importantes do que se dignava a atingir. Por exemplo: embora tenha sido um dos maiores gênios do futebol, a sua passagem pela Itália resultou em fiasco. Por não se entusiasmar com o ambiente na Fiorentina, entrava em campo como quem batia ponto. A pouca dedicação e a falta de interesse o levaram a encarar aquele período como se fosse uma extradição. Para afastar o banzo, apegava-se a amigos brasileiros que o visitavam, bebia chope ou cerveja o dia todo e dava festas intermináveis. O jornalista José Trajano, a quem convidou para morar em sua casa na Itália, conta que o craque chegava a esconder as chaves das portas da residência para que os convidados não fossem embora. Quando amanhecia, já bêbado, ia direto para o treino.

Apesar de também ser dependente químico e jamais ter se configurado num exemplo de quem cuida bem do físico, Casagrande exibe um traço primordial de personalidade: o senso competitivo. Se ele for correr no parque Ibirapuera, por puro lazer, é certo que acabará se impondo a meta de ultrapassar o corredor desconhecido imediatamente à sua frente. Sem que o sujeito se dê conta. E depois outro, e outro, e mais outro... Nem mesmo seus filhos, quando eram pequenos, foram tratados como café com leite. Ele não deixa ninguém ganhar dele, deliberadamente, nem sequer no jogo de palitinho.

Dessa forma, quando se transferiu para a Europa, Casão conseguiu se manter centrado na meta de alcançar êxito, o que de fato conseguiu, tanto num clube pequeno como o Ascoli quanto em times de maior tradição, como Porto e Torino. Afastou-se das drogas e treinava com absoluto afinco, a tal ponto que, em determinadas situações, parecia se transformar em líbero, indo ao ataque e voltando para auxiliar a defesa com fôlego invejável.

Essa visão em relação a Sócrates, de que podia ir muito mais além, não se restringe à carreira de atleta. As aventuras bissextas do Doutor como técnico, em times como Cabofriense e LDU do Equador, ou como produtor teatral de peças fadadas ao prejuízo, em curtas temporadas, reforçam tal ideia. A formação em medicina pela Universidade de São Paulo (USP), uma instituição de primeira linha, também não rendeu os frutos possíveis. Mas, sobretudo, sua atuação política poderia ter sido bem mais profícua. Foi secretário de Esportes de Ribeirão Preto, participou aqui e ali de ações desenvolvidas pelo PT, mas nunca se dispôs a se transformar num autêntico líder nacional. "Não concordo com muitas coisas que o Sócrates fez ou até

**1.** Com camiseta desenhada por Henfil em apoio à candidatura de Lula, em 1982, ao governo de São Paulo, Casagrande mostra sua chuteira branca, novidade na época.

**2.** Apaixonado, Casagrande picha o muro do Parque São Jorge, na tentativa de conquistar a sua futura mulher, Mônica, então jogadora de vôlei do Corinthians: rebeldia até no amor.

**3.** Em início de carreira, na casa onde morava com os pais, Walter e Zilda, no bairro da Pompeia, em São Paulo; mais tarde, os dois o apoiariam na luta contra as drogas.

**4.** Casagrande posa com a camisa da Democracia Corinthiana para uma foto emblemática do movimento que revolucionou a estrutura do futebol e desafiou a ditadura militar.

**5.** Observado por Sócrates, Casagrande conduz a bola e deixa no chão um jogador do Ferroviária, de Araraquara, em partida do Paulistão de 1982: uma dupla genial.

**6.** De mãos dadas com Sócrates na celebração do título paulista de 1982, no Morumbi, quando Casão marcou o "Gol Rita Lee", na vitória por 3 a 1 sobre o São Paulo.

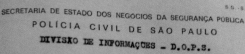

SECRETARIA DE ESTADO DOS NEGÓCIOS DA SEGURANÇA PÚBLICA
POLÍCIA CIVIL DE SÃO PAULO
DIVISÃO DE INFORMAÇÕES - D.O.P.S.

## SHOW DO PARTIDO DOS TRABALHADORES NO GINÁSIO DO CORINTHIANS

Venho informar a esta chefia que realizou-se no dia 25/10/82, no Ginásio do Corinthians, um show do Partido dos Trabalhadores, denominado Estrelas no Parque.

Cerca de 2.500 pessoas estiveram presentes, sendo que na sua maioria, ou melhor quase totalidade eram jovens. O espetáculo teve início às 20:45 horas, sendo que de início apresentou-se um conjunto, tendo em seguida se apresentado Fagner, Henfil, Belchior, Tete Spindola, Gonzaguinha, e ainda a presença de Beth Mendes e os jogadores do clube: Sócrates, Vladimir e Casa Grande.

Não houve nenhuma participação política mais direta, pois nenhum candidato se manifestou. Apenas Henfil fez um pronunciamento satírico quanto a apresentação de candidatos na TV.

Elis Regina foi muito lembrada pelos presentes que inúmeras vezes gritavam euforicamente o nome do Partido e de seu candidato ao governo de São Paulo.

O espetáculo encerrou-se às 00:15 horas, com todos os artistas no palco e os presentes gritando PT e cantando uma música de Elis Regina.

Sem mais para o momento.

São Paulo, 25 de Outubro de 1.982.

**7.** Relatório do Dops, órgão do aparelho repressivo da ditadura, cita a presença de Casão, Sócrates e Wladimir em um show no Corinthians para levantar fundos para o PT.

**8.** Durante o comício pelas Diretas Já, em 16 de abril de 1984, no Anhangabaú, São Paulo: o diretor Adilson Monteiro Alves, o jornalista Oswaldo Maciel, Wladimir, Sócrates, o locutor Osmar Santos, Casagrande, Juninho e o deputado Rogê Ferreira no palanque.

**9.** Na final do Campeonato Paulista de 1983, com uma faixa que expressava o lema do time da Democracia Corinthiana: "Ganhar ou perder, mas sempre com democracia."

**10.** Ao lado do amigo de infância Wagner, o Magrão, em jogo do Veneno, time de futebol amador em que Casão continuou a jogar mesmo depois de se tornar profissional do Timão.

**11.** Com cigarro na boca e bebida no copo: a ousadia de se deixar fotografar em uma situação que causava polêmica e gerava críticas das figuras conservadoras do futebol.

**12.** Sentados no gramado durante treino do Brasil para a Copa de 1986, Sócrates e Casão parecem se espelhar: posições idênticas, cabelos parecidos e sintonia de ideias.

**13.** Casão celebra gol em sua rápida passagem pelo São Paulo por empréstimo, em 1984.

**14.** Na comemoração de um gol pelo Porto, na temporada 1986/87: abraçado por Semedo.

**15.** Casagrande comemora gol pelo Brasil: trio de ataque que fez sucesso nas eliminatórias seria desfeito na Copa do Mundo de 1986, com os cortes de Renato Gaúcho e Éder.

**16.** Abraçado por Pelé durante treino do Brasil para a Copa de 1986, Casão desfrutava dos últimos momentos ao lado de Renato Gaúcho antes do corte do amigo por indisciplina.

**17.** Com barba e cabelos longos, o artilheiro ganhou apelido de Jesus no Ascoli; seus gols evitaram a queda do time em 1989.

**18.** Ídolo eterno: Casagrande é homenageado pela apaixonada torcida do Ascoli na festa de 125 anos do clube italiano, em 2023.

**19.** Em grandiosa fase no Torino, onde atuou de 1991 a 1993, Casagrande entra em campo ao lado dos filhos Leonardo e Victor Hugo em partida disputada no Estádio Delle Alpi.

**20.** Em 1993, após voltar da Itália, Casão realiza o sonho de jogar pelo Flamengo, mas uma inesperada homenagem da Fiel o faria regressar ao Corinthians já no ano seguinte.

**21.** Reunido com a família em um bufê infantil, Casão posa ao lado de seus três filhos, Leonardo, Victor Hugo e Symon, e dos dois netos, Henrique e Davi (no colo do pai).

**22.** Em uma transmissão da Copa do Mundo da Rússia, em 2018, sentado na bancada da TV Globo com Galvão Bueno, Arnaldo Cezar Coelho e o diretor Renato Ribeiro.

**23.** Proximidade com os Titãs: Tony Bellotto, Arnaldo Antunes, Casagrande, Charles Gavin, Serginho Groisman, Sérgio Britto e Branco Mello no programa *Altas Horas*.

**24.** Com o amigo Marcelo Fromer, guitarrista dos Titãs, morto em um atropelamento aos 39 anos, em 2001; os dois faziam juntos o programa de rádio *Rock Gol*.

**25.** Na sala de sua casa com o amigo e titã Paulo Miklos; os dois também fizeram juntos um programa de rádio.

**26.** Com a então namorada Baby do Brasil; Casão é fã da cantora desde o surgimento dos Novos Baianos.

**27.** Durante almoço com o parceiro Gilvan Ribeiro e o guitarrista Luiz Carlini, no restaurante Dona Felicidade, Casão ergue um brinde com caldinho de feijão.

**28.** Torcedor corintiano fanático, Rappin' Hood se diverte com o ídolo de infância no saguão da Arena Corinthians, em Itaquera: a admiração é recíproca.

**29.** O final apoteótico do show *Adonirando*, produzido por Casagrande em 2018, contou com a Orquestra Bachiana Filarmônica SESI-SP, sob regência de João Carlos Martins.

**30.** Os Demônios da Garoa foram aplaudidos de pé pelo público que lotou o Theatro Municipal de São Paulo, um dos pontos altos do espetáculo idealizado por Casão.

**31.** Com os rappers Ice Blue e Mano Brown; Casão é fã do grupo Racionais MC's e de sua militância antirracista.

**32.** Casão presta homenagem a Nelson Sargento, mestre do samba e da Mangueira: reverência à magia da Verde e Rosa.

**33.** A conquista da sobriedade não mudou seu gosto musical; aqui ele escuta Rita Lee com a língua pra fora e anéis de caveira: "Roqueiro brasileiro sempre teve cara de bandido."

**34.** Na campanha para as eleições de 2022, Casão presenteia Lula, que seria reeleito presidente, com uma camisa do Corinthians.

**35.** Com a eterna musa do vôlei Isabel Salgado: os dois fazem o "L", símbolo de Lula, no seu último encontro com a amiga.

**36.** Com Célia Xakriabá e Shirley Krenak em visita à aldeia Katurãma, em São Joaquim de Bicas (MG).

**37.** Encontro com Sonia Guajajara, ministra dos Povos Indígenas, na Livraria da Vila, em SP.

mesmo deixou de fazer. Acho que lhe faltava flexibilidade para usufruir a própria genialidade na plenitude. Ele poderia ter tido influência no país de modo mais efetivo", analisa Casão.

O jornalista Juca Kfouri, que era bem próximo de Sócrates e mantém relações fraternas com Casagrande, se impressiona com a inversão de papéis verificada ao longo dos anos. "Na época da Democracia Corinthiana, pelos bares da vida, eu me lembro do Magro [como ele se refere a Sócrates] dando dura no Casão, tentando colocá-lo no caminho depois daquele episódio da prisão. 'Você dá muito mole, tem de ser esperto... Você é bobão, malandro Coca-Cola', ele dizia. E o Casão ouvia como se fosse um filho." Anos mais tarde, durante um jantar com a dupla num restaurante, Juca ficou surpreso com a mudança de situação. "Foi uma das coisas mais assustadoras que vi, tempos depois, ambos já ex-jogadores, com os papéis invertidos. Aí era o Casão que dava dura no Magro: 'Pô, você não leva nenhum projeto adiante... Você é brilhante, um cara capaz de fazer qualquer coisa que quiser bem-feita, mas não leva nada pra frente.' O Magro só ouvia e olhava pra ele. Diante daquilo, pensei: parece agora que o Casagrande é o pai! Evidentemente, isso foi antes das crises do Casão."

Esses conflitos culminaram em ruptura no final dos anos 1990, a partir de um encontro no qual Sócrates – talvez como autodefesa, por não gozar de tanta exposição na mídia quanto o companheiro àquela altura – insinuou que o amigo havia se vendido ao sistema, ou coisa do gênero, ao se tornar comentarista da TV Globo. Como se trabalhar na maior emissora do país implicasse a renúncia de seu lado transgressor. O comentário feito em público à mesa de um restaurante – em tom de humor, mas com um quê provocativo, típico do Doutor – não caiu bem para Casão. "Quando eu cheguei, ele já estava lá com o Trajano, o Juca e outros jornalistas. Eu me aproximei para cumprimentá-los e aí, na frente de uma porrada de gente, ele falou: 'Taí o cara que se vendeu para a Globo!' Fiquei muito puto", desabafa Casão. Juca também se recorda do clima de constrangimento entre os presentes. "O Magro foi agressivo. Disse assim: 'Porra, você agora é plim-plim, tá manietado, não pode falar as coisas.'"

O curioso é que Casagrande recebera, poucos dias antes, uma ligação de Sócrates no celular: "Oi, Big, tudo bem? Fiquei sabendo que a Globo está querendo mais um comentarista em São Paulo. Só tem você aí... Dá uma sondada, vê se interessa eu ser comentarista também." A contratação não se concretizaria por várias razões. Em primeiro lugar, não faria sentido para a Globo investir em uma dupla tão emblemática do Corinthians para analisar jogos de todas as outras equipes – não pegaria bem, sobretudo aos olhos dos torcedores dos demais clubes de São Paulo, essa hegemonia alvinegra. Além disso, a falta de compromisso profissional de Sócrates já era conhecida desde 1995, quando ele teve rápida passagem pelo SporTV, o canal por assinatura do mesmo grupo de mídia, e deixou má impressão.

No primeiro jogo da decisão do Campeonato Paulista daquele ano, em vez de chegar com três horas de antecedência, como combinado, pois as entradas ao vivo do estádio ocorreriam a partir de 14 horas, o Doutor só surgiu na cabine de transmissão quando as equipes já estavam em campo, minutos antes do início da partida. Àquela altura, os colegas e a chefia não disfarçavam a aflição, temendo que o astro não aparecesse, o que seria um vexame, depois de sua participação ter sido anunciada ao longo de toda a semana. E o alívio por sua presença, ainda que em cima da hora, durou pouco. Em sua primeira intervenção, embalado pela cerveja, ele causou mal-estar ao pedir desculpas no ar pelo atraso e justificar que vinha de um churrasco com amigos em um sítio.

Mais tarde, chamado para analisar taticamente a partida, Sócrates se comportou como um integrante da Fiel, tomando sempre o Corinthians como referência. O confronto terminou empatado em 1 a 1, pipocaram reclamações de assinantes palmeirenses em face de sua parcialidade, e a direção do canal cogitou tirá-lo do segundo e decisivo jogo da final, no domingo seguinte – ou pelo menos procurar outro ídolo ligado ao Palmeiras para contrabalançar. O jornalista Mauro Beting, que compunha a dupla de comentaristas, foi instruído a buscar uma opção rapidamente. "Pensamos no Ademir da Guia, mas essa função nunca foi a dele. Cheguei a ligar para o Vanderlei Luxemburgo, porém ele alegou que, enquanto atuasse como treinador, não seria comentarista", conta Beting.

Não restou alternativa a não ser dar outra chance a Sócrates, desta vez com a recomendação expressa de que não bebesse antes do trabalho e chegasse com antecedência ao estádio. No dia da grande final, ele apareceu uma hora antes do início da partida, o que, diante de seu histórico, já estava ótimo. Porém, provocou outra saia justa ao entrar no gramado, antes de se dirigir à cabine de imprensa, e levantar a massa alvinegra. "Doutor, eu não me engano, seu coração é corintiano", cantava a Gaviões da Fiel, enquanto o ídolo levantava os braços e saudava a galera nas arquibancadas. Tudo isso vestindo a camisa do SporTV. "Ele retribuiu o carinho batendo palmas para a torcida. Talvez qualquer um fizesse isso, mas não era normal naquela situação, ainda mais para o padrão global, o comentarista agir assim", avalia Beting.

Para fechar com chave de ouro, já durante a transmissão na cabine da emissora, o Doutor não segurou o grito de gol, fazendo coro com o locutor Carlos Fernando Schinner, quando Elivelton balançou a rede e deu o título ao Corinthians.

Por essas e mais outras, as portas da Globo não estavam abertas para Sócrates. Porém, a despeito de Casagrande ter sugerido o nome do amigo como comentarista, aparentemente ficou uma sombra de dúvida acerca de seu empenho nessa tentativa. E o Doutor reagiu com aquela provocação. Estava deflagrada a crise que azedou a relação da dupla. Como costuma fazer quando uma pessoa querida o magoa, Casagrande não disse uma palavra. Absorveu o golpe e passou a remoer a ofensa no peito.

Jamais houve briga, nem sequer discussão. Simplesmente um afastamento frio e silencioso, o que impossibilitava a lavagem de roupa suja e a consequente reconciliação. Casagrande agiu como em tantas outras vezes, com as mais variadas pessoas: riscou o amigo da agenda, sem exteriorizar seus sentimentos. Esse divórcio durou anos, sem que quase ninguém soubesse. Em 2006, planejei promover a reaproximação da dupla, mas os dois sempre escapuliam. Resolvi, então, tornar público o rompimento para ver se os forçava a tocar no assunto espinhoso e resolver de uma vez por todas a situação. Esse foi o tema da coluna "Bola em Jogo", do dia 27 de agosto, que era publicada no *Diário de S. Paulo* aos domingos. Fiquei surpreso com o número de e-mails enviados por leitores para comentar o assunto – ultrapassou em muito a média habitual de mensagens que recebia. Ninguém se conformava com o afastamento deles. As pessoas pareciam sofrer junto, pela ligação afetiva com os personagens, como se fosse trama de novela.

Num almoço com Casagrande, eu lhe mostrei a coluna, falei sobre a repercussão junto aos fãs e o estimulei a tomar uma atitude para fazer as pazes. Até me ofereci como mediador e propus um local neutro, como um bar ou restaurante. "Se você quiser assim, tudo bem. Mas eu não vou ligar pra ele! Só se você telefonar e combinar tudo...", respondeu Casão, um tanto infantilmente. O primeiro passo já estava dado, até porque Sócrates não resistia à ideia. O maior empecilho era o fato de ele viver em Ribeirão Preto: seria preciso conciliar suas idas a São Paulo com a agenda de Casão, às voltas com viagens para transmissão de jogos pela TV e outros compromissos.

Até que surgiu uma chance extraordinária para juntar o "casal" em crise: Paulo César Caju os convidou para participar de um evento sobre a Democracia Corinthiana. O campeão do mundo de 1970 organizava encontros desse tipo, nas principais capitais do país, escolhendo como temas os times inesquecíveis do futebol brasileiro, como o Fluminense de Rivellino, Carlos Alberto Pintinho e companhia; a Academia do Palmeiras de Ademir da Guia, Dudu e Leivinha; o Flamengo de Zico, Adílio, Nunes... e assim por diante. Aquilo vinha a calhar. Conversei, então, com Sócrates e Casão; combinamos que, depois do debate, iríamos para um local reservado acertar os ponteiros e acabar com aquela bobagem.

No grande dia, cheguei com antecedência ao Jockey Club de São Paulo, local do evento, e já encontrei Casagrande por lá. "Fiquei com medo de me atrasar por causa do trânsito, não queria pisar na bola com o Caju", explicou ele. Nós nos sentamos a uma mesa e, aos poucos, foram aparecendo convidados e jornalistas que fariam a cobertura para diversos meios de comunicação. Na hora programada, nada de Sócrates aparecer. O tempo corria, e Caju dava sinais de preocupação. Quando já se passara exatamente uma hora do horário estabelecido, Casão me cochichou ao ouvido: "Esqueça aquela ideia de sairmos juntos depois. O cara não respeita ninguém, deixa todo mundo sempre esperando por ele, quer ser o centro das atenções. Fez isso até no dia do meu casamento, mas já me cansei! Só não vou embora agora pelo Caju."

Ali percebi o quanto a mancada no dia do casamento o havia de fato incomodado. Porém, no mesmo instante, as luzes e câmeras de TV começaram a ser ligadas e os repórteres precipitaram-se para a entrada. Sócrates, finalmente, chegara. Diante da irritação de Casão, temi que houvesse um anticlímax na frente de todo mundo. Porém, para minha surpresa, os dois se cumprimentaram normalmente com um abraço e foram para o pequeno palco montado no salão. Foi uma noite incrível. Parecia que ambos tinham ensaiado um roteiro, com tiradas inteligentes, encadeadas e bem-humoradas, em absoluta sincronia. Um completava a frase do outro, e eles mostravam intimidade como nos velhos tempos da Democracia Corinthiana.

Em dado momento, fui ao banheiro e encontrei Paulo César Caju exultante. Não se continha nem enquanto urinava, no mictório ao meu lado: "É o melhor evento entre todos que já realizei. Esses caras são geniais, se entendem por pensamento, estão fazendo tabelinhas com palavras!" Àquela altura, eu julgava as diferenças da dupla já superadas e esperava por nossa reunião em particular, logo em seguida, apenas para oficializar o tratado de paz.

Ledo engano. Assim que o evento se encerrou, o rosto de Casagrande se transfigurou. Ele atendia as pessoas que se aproximavam para tirar fotos e pegar autógrafos, mas já ia caminhando em direção à saída. Ao passar por mim, agarrou o meu braço e praticamente me arrastou para seu carro. Tentei argumentar e convencê-lo a esperar por Sócrates, mas ele nem sequer quis se despedir do Doutor. Aliás, de ninguém: saiu à francesa, como se diz. "Sabe aquilo que eu falei antes? Não mudou nada. Só segurei a onda e fiz o show pelo Caju. O Sócrates não respeita a gente." Sem esconder o abalo emocional, dirigiu transtornado, ansioso, costurando no trânsito como não era seu hábito. Ligou do celular para um traficante, marcou um encontro num posto de gasolina e comprou um papelote de cocaína. Esticou quatro carreiras ali mesmo, sobre a capa de um CD, o que me levou a pedir que me deixasse em casa. Não iria suportar sua companhia naquele estado. Depois foi embora para seu apartamento ruminar as sensações provocadas por aquele encontro com Sócrates e matar o que sobrara da porção da droga.

"Teria mexido comigo muito menos se durante o evento nós não tivéssemos nos entrosado tanto. Mas o cara deu uma mancada do caralho, inclusive com as pessoas que foram assistir ao evento e pagaram pra nos ver. Porque ele não foi de graça, nós fomos pagos pra fazer aquilo. Aí chega uma hora depois, com a maior cara de pau, e nem desculpas pede para ninguém! Simplesmente me abraça, 'e aí, Casão, beleza?', e acha que está tudo certo? Subimos ao palco e fizemos uma apresentação realmente bacana, superentrosados. Se eu continuasse lá, a gente acabaria saindo de mãos dadas, de tão legal que estava. E não podia ser assim, tinha que cortar aquilo ali. Aquele relacionamento lindo e maravilhoso, em público, não era real", explica Casão, com a clareza na análise proporcionada pelo tempo.

\*\*\*

A vida lhe daria a chance de se reconciliar com o velho companheiro antes de sua morte. Quando Sócrates teve de ser internado às pressas, por causa de uma hemorragia digestiva, Casagrande se desesperou ao receber a notícia. Ele acabara de comer uma pizza com a amiga Regina Martins – ou simplesmente Regininha, como a ex-jogadora de vôlei do Corinthians é chamada até hoje – na padaria A Poesia, na rua São Jorge, Tatuapé, bem perto do clube. Depois de pagar a conta e deixar a panificadora, quando a amiga lhe dava carona para casa, o celular tocou na Marginal Tietê. Era Daniela Gallias, uma de suas terapeutas, que ficara sabendo pela imprensa do estado crítico do Doutor e, apreensiva com o efeito que isso poderia causar em seu paciente, antecipou-se para lhe contar a novidade ruim.

A disposição de se manter longe do maior amigo que fizera no futebol, uma espécie de alma gêmea, caía por terra ali, diante da descoberta alarmante de que Sócrates já apresentava complicações graves decorrentes da cirrose hepática. O risco de perder o parceiro sem que antes selassem a paz o deixou atormentado. Em pânico, Casão avisou Regininha da mudança de planos e a fez alterar a rota, com destino à unidade de terapia intensiva do Albert Einstein, na região do Morumbi. O bom senso recomendava que deixassem para ir na manhã do dia seguinte. Já era tarde, Sócrates encontrava-se na UTI e dificilmente poderiam vê-lo naquele momento, mas Casagrande estava tomado por um pensamento obsessivo: precisava ver Sócrates, superar as diferenças, falar o quanto o amava, apoiá-lo no instante mais dramático de sua existência.

Passava das 11 horas da noite quando eles chegaram à recepção do hospital com a intenção de subir imediatamente para o quarto. "Só que não é assim, né? É preciso conversar com as atendentes, que interfonam para saber se pode receber visitas ou não, consultam os médicos, a família... Mas o Casa estava hiperimpaciente, querendo entrar de qualquer jeito, então pegou o celular e ligou para o médico dele, que também trabalhava no hospital, sem dar tempo de as coisas acontecerem. Nesse meio-tempo, enquanto ele explicava a situação ao telefone, fomos autorizados a subir até o andar da UTI", conta Regininha.

Casagrande saiu em disparada, mas um tanto desorientado pelos corredores. Se a cena não fosse trágica, seria até engraçada. Regininha confessa ter dado risada ao vê-lo indo de um lado para o outro, como barata tonta. Para tornar a situação ainda mais patética, ele manquitolava, embora andasse freneticamente – consequência da ruptura do tendão de aquiles do pé esquerdo no mês anterior, durante uma pelada com colegas da Globo que cobriam a Copa América de 2011, disputada em julho, na Argentina. Como não jogava futebol havia anos, acabara se dando mal devido ao impulso natural de um jogador de ponta, que o levara a tentar arrancadas como as dos velhos tempos, sem preparo físico para tanto. Pagava agora um preço doloroso.

Informado de que o paciente acabara de passar por um procedimento cirúrgico e que não seria recomendável receber visitas, Casagrande insistia em ver o amigo. Diante de sua obstinação, as enfermeiras explicaram que, para abrir uma exceção, precisariam contar necessariamente com a autorização da mulher de Sócrates, a jornalista e empresária Kátia Bagnarelli, com quem até então Casagrande nunca tivera contato.

Ao ver Casagrande à sua frente, Kátia ficou estarrecida. "Foi o primeiro amigo, aliás, a primeira pessoa que apareceu no hospital para visitar o Sócrates. Antes mesmo da família. Estávamos só nos dois lá, até porque havíamos optado por não avisar a imprensa. Na verdade, aquela era a terceira internação dele, o segundo coma, mas as anteriores não se tornaram de conhecimento público." Daquela vez, no entanto, a notícia vazara.

Kátia titubeou diante da ansiedade incontrolável de Casagrande. "Eu não o conhecia pessoalmente, mas Sócrates já havia conversado muito comigo sobre a relação dos dois. Algumas pessoas tinham tentado reaproximá-los, sem sucesso, e eu percebia o quanto aquilo era importante. Havia um caminhão de histórias, de situações, de questões que precisavam ser solucionadas." Do outro lado da porta, o cenário era aterrador. "Sócrates sangrava muito, muito, muito. Tinha hemorragia digestiva intensa. Todo o quarto da UTI estava cheio de sangue. As golfadas de vômito chegavam às paredes e vinham acompanhadas de mais sangue. Passei por esse drama quatro vezes. Essa foi apenas a segunda...", desabafa Kátia.

Embora percebesse o quanto era premente para Casagrande aquele encontro e reconhecesse a sinceridade de seu sentimento, ela visualizou mentalmente esse ambiente dantesco e temeu que fosse demais para a sensibilidade do amigo. A última dúvida em permitir ou não que ele cruzasse aquela porta foi liquidada por uma questão de consciência: não podia submeter o marido ao risco de qualquer contaminação externa. "O Casão estava muito aflito, emocionado, e por isso transpirava demais. Decidi pedir a ele que voltasse no dia seguinte."

Sem alternativa, frustrado e ansioso, Casão voltou para casa. De olho no relógio, contando as horas, não conseguia dormir. Deitou-se na cama e ficou quieto, no escuro, tentando relaxar. Jogadas com o parceiro em campo, aventuras conjuntas fora do futebol, as divergências que agora pareciam irrelevantes, o desejo de expressar seus sentimentos e abraçá-lo, tudo passava por sua mente conturbada. Sentiu-se um pouco egoísta. Embora estivesse preocupado com a saúde de Sócrates, admitiu para si mesmo que a dor mais aguda talvez fosse provocada por uma necessidade própria de expressar seu carinho ao amigo. Não suportaria conviver com esse peso se o companheiro partisse sem que os dois reatassem os laços.

Praticamente não pregou o olho naquela madrugada. Breves cochilos eram interrompidos, aos sobressaltos, para conferir o horário no relógio. Embora tivesse acionado o despertador do celular, não havia jeito de se tranquilizar e descansar.

Quando finalmente amanheceu, Casagrande tomou uma chuveirada rápida e voltou para o Einstein. Foi o primeiro visitante a chegar ao hospital naquele sábado. Agora estava limpo, de banho recém-tomado e, embora ainda ávido pelo reencontro, já livre da sudorese excessiva causada pelo susto inicial.

O paciente havia resistido ao desgaste da hemorragia e da intervenção cirúrgica naquela primeira noite, para alívio de Casão e Kátia. Além de estar ao lado do marido na luta pela vida, ela ainda tinha um motivo adicional para pedir a Deus que ele sobrevivesse. Não queria carregar a culpa de ter impedido o reencontro dos dois na véspera. "Rezei muito a madrugada inteira para ele sobreviver. No dia seguinte, logo no início da manhã, o Casagrande chegou. E aí sim entrou no quarto", relembra ela.

Quando finalmente ultrapassou a barreira da porta do apartamento da UTI, deparou-se com um Sócrates bem diferente daquele que ficara fixado em sua memória. Os efeitos da cirrose hepática se revelavam sem retoques no rosto enrugado e de uma cor estranha, entre o amarelo, o verde e o cinza. Mas ele já se preparara mentalmente para não se chocar e, movido pela emoção do encontro, conseguia enxergar ali o irreverente parceiro de sempre.

"Eu me lembro nitidamente do Casagrande aos pés da cama, de camiseta, óculos e emocionado. Aí saí do quarto. Por algum motivo, mesmo com o Sócrates em coma, completamente desacordado, entendi que eu não devia estar ali. Foi a única pessoa; nem os filhos ficaram sozinhos com ele, porque meu marido havia me pedido para não o deixar a sós com ninguém, mesmo entubado", relata Kátia. Ela diz ter seguido sua intuição. "Pensei assim: essa história não começou comigo, não caminhou comigo, não pode terminar comigo. Se vai ser uma retomada ou o fim, é entre eles."

Naquele momento íntimo, Casagrande chorou ao lado de Sócrates e, mesmo com o amigo em coma, disse com todas as palavras o quanto o admirava, o quanto sentia sua falta, que sua personalidade apaixonante tinha marcado sua vida como nenhum outro amigo jamais chegara perto de fazer. E finalmente libertou a declaração que trazia enterrada no peito – e entalada na garganta – havia tanto tempo: "Eu te amo, cara!"

Casão pediu para Sócrates viver, o mundo ainda precisava dele, da sua inteligência, do espírito revolucionário, das suas transgressões, da luta incansável contra o sistema e as normas vigentes. Acima de tudo, ele próprio precisava do parceiro. Propôs que ambos deixassem de lado as diferenças, que agora não tinham a menor importância, e retomassem a antiga camaradagem. Lamentou ter se mantido distante durante tantos anos, assim como também perdoou as alfinetadas dadas pelo companheiro.

Sócrates não esboçava qualquer reação, evidentemente. Mesmo assim, Casão se sentiu aliviado por colocar para fora seus sentimentos. Enxugou as lágrimas e se recompôs para sair da UTI e encarar o mundo externo. Logo em seguida, Raí chegou para visitar o irmão. Casagrande o cumprimentou e conversaram rapidamente. Nem tinha cabeça para relações sociais àquela altura.

"Coincidiu de eu chegar no mesmo horário, e fiquei admirado de ver o quanto o Casagrande estava realmente sentido. Acho que cada um reage de uma forma, mas ele demonstrou estar muito abalado mesmo. Foi uma das pessoas que mais me impressionaram nesse aspecto", recorda-se Raí.

Mais aliviado após o contato direto com Magrão, Casão foi embora com a convicção de que Sócrates iria se recuperar daquela internação. E de que ainda teria a oportunidade de expressar seu afeto, dessa vez olhando nos olhos do amigo já consciente. Isso era algo fundamental para ficar em paz. Acreditava que dera o primeiro passo, mas ainda havia um caminho a percorrer.

Assim que Sócrates saiu do coma, sua mulher se surpreendeu com a primeira pergunta que ele fez: "O Casão esteve aqui ou eu sonhei?" A princípio, Kátia aventou a hipótese de ter sido apenas um sonho mesmo, que coincidira com a visita do amigo. "Então pedi para ele me contar suas lembranças e a descrição da cena foi idêntica. É uma experiência sobrenatural, porque seria impossível ele saber que o Casagrande havia estado lá, de óculos, com a camisa de determinada cor, parado à sua frente. Só eu sabia disso e não havia comentado. Ele não sonhou, ele viu! Como se deu essa percepção, não sei explicar."

Detentora do vasto material que Sócrates deixou escrito, incluindo uma autobiografia inacabada, Kátia revela que o marido chegou a fazer textos sobre Casagrande e até poemas inspirados no parceiro. "Ele abriu o coração em várias situações, e isso é belíssimo. Entre tantas pessoas que o visitaram no hospital, inclusive familiares, por que ele foi se lembrar exatamente do Casa, que o encontrou em coma? Que elo era esse? Que ligação era essa? Que culpa ele tinha também, e que falta fazia a convivência?", questiona.

Quando Casagrande voltou ao hospital e encontrou Sócrates já acordado, experimentou uma torrente de emoções. Uma mistura de alívio, esperança e carinho com a sensação de urgência extrema, que chegava quase a doer, para expressar logo seus sentimentos. Também tinha o ímpeto de falar sobre o que aprendera durante o tratamento da dependência química. Desejava ajudá-lo a superar o alcoolismo. Queria tanta coisa... Mas nem sabia por onde começar.

Mais uma vez, Kátia os deixou a sós. Assim que ele se aproximou do leito, o amigo arriscou as primeiras palavras. "Casão, eu sonhei com você", disse em voz baixa, ainda um tanto combalido. "Pô, Magrão, eu tava aqui, né?", emendou Casagrande, satisfeito com a constatação de que Sócrates percebera a sua presença, em alguma medida, mesmo estando em coma. Porém, a frase seguinte o desestabilizou completamente. "Desta vez, Big, eu pensei que fosse morrer mesmo. Mas agora já estou pronto pra outra." Esse comentário aparentemente trivial, bastante comum para doentes em recuperação, teve efeito devastador sobre Casão.

"Aquilo me deixou muito mal. Porque, quando ouvi isso, percebi que ele não entendia nada do que estava acontecendo. Ele não estava pronto para outra. O pensamento dele não podia ser aquele. Aí eu vi claramente a distância que nos separava. Eu tinha uma consciência muito grande sobre dependência química, hoje tenho mais ainda, mas naquela época já tinha porque havia sido internado. Então eu sei que, para mim, recaída é morte. E, quando ele falou aquilo, me machucou muito. Fiquei muito decepcionado e triste", explica Casagrande.

Talvez ele tenha dado tamanha importância a uma expressão banal porque viu desmoronar a sua fantasia de que a dupla voltaria a se reunir para marcar mais um golaço. Sonhava em vencer as drogas e o álcool juntamente com o parceiro, rever os estilos de vida e até servir como exemplo para tanta gente que enfrenta o mesmo drama. "Ele não podia ter falado aquilo para mim de jeito nenhum. Podia ter falado pra qualquer outra pessoa, menos pra mim, sabendo que eu também sou dependente químico. Nós sofríamos da mesma doença, e não ia haver outra chance pra nós. Se eu sair daqui e voltar pra cocaína, caso não morra imediatamente, sei que vou morrer em um mês, um ano ou dois, sei lá. Se voltar a usar droga, jogo a moeda para o alto, sabe? Pode cair cara ou coroa."

A cabeça de Casão entrou em pane, a ponto de ele não se recordar do que falou para Sócrates depois disso. "Eu não me lembro de mais nada a partir daí. Fiquei chocado. Não há imagem ou qualquer registro na memória. Acho que nem falei mais nada. Aquela frase ecoava na minha cabeça. Talvez outra pessoa entendesse aquilo como uma tentativa de ele demonstrar força. Só que pra mim não era um sinal de garra, mas de burrice. Soou como derrota, ele estava se entregando pra morte. Se ele pensou que ia me deixar mais tranquilo e animado, enganou-se profundamente. Ali eu vi um futuro trágico."

Mesmo com o raciocínio confuso após esse abalo emocional, Casão sabia que não adiantava tentar chamá-lo à realidade naquelas circunstâncias. Então travou diante do amigo entubado e fragilizado. Intuitivamente, concluiu que seria algo muito intenso para aquele momento e lugar. Controlou o ímpeto inicial e julgou mais apropriado se fazer simplesmente presente. Estar ao seu lado já era suficiente, um sinal inequívoco de solidariedade na hora difícil. Decidiu esperar a alta hospitalar para aprofundar a conversa. Para quem havia aguardado tanto tempo, não faria mal segurar mais um pouco.

Nas visitas seguintes, manteve a estratégia. Procurava falar pouco, só de assuntos amenos, à espera da saída do amigo para tentar estreitar outra vez o contato, passar definitivamente por cima das desavenças do passado e revelar a intensidade de seu sentimento, com o amigo plenamente consciente.

Raí teve oportunidade de presenciar um desses encontros. "O Magrão não estava dormindo, já tinha acordado, mas ainda não podia conversar. Mesmo assim, a gente percebia pela reação dos dois, na troca de olhares, a força dessa relação."

A conversa em que finalmente Casão declarou seu amor ao velho companheiro se daria em frente às câmeras, ao vivo, durante o programa *Arena SporTV*. A presença de Sócrates ali, para Kátia, foi mais um indício de que o marido ouviu tudo o que havia sido falado durante o período de coma. Afinal, antes disso, ele evitava se reencontrar com o antigo parceiro, além de ter recusado convites para ir a outros programas logo após deixar o hospital. "Seria impossível o Sócrates ter aceitado participar daquela forma, em rede nacional, durante duas horas e meia, se não tivesse havido um entendimento anterior entre os dois, mesmo que mentalmente. Isso é certo."

A dupla proporcionou um momento único da televisão brasileira, que emocionou muita gente, corintianos ou não. Não é toda hora que um jogador de futebol tem a coragem de expor publicamente seu afeto por um colega, num meio machista, dissimulado e superficial como o futebol. Jamais o *Arena SporTV* teve uma edição tão profunda e sentimental como a do dia 17 de outubro de 2011. Apresentado por Bob Faria e com a presença do também jornalista Marco Antônio Rodrigues, o programa mostrou ao Brasil não só a figura de um Sócrates combalido, recém-saído do hospital, como também o encontro inédito entre os dois ídolos corintianos na maturidade, que marcou a reconciliação definitiva e eternizou esse momento para a história.

Na abertura, Bob anunciou a presença do Doutor e lembrou que "a saúde andou pregando uma peça nele e deixou todo mundo preocupado". Bastante abatido, com o semblante cansado, muitas rugas na pele e uma bandana na cabeça – adorno que adotou na última fase da vida –, o capitão da Seleção de 1982 não perdeu o senso de humor e emendou com um trocadilho: "Peça de Shakespeare. Não é *A divina comédia*..."

Perguntado se vinha se recuperando bem, respondeu com exagerado otimismo: "Praticamente zerado. Saí do hospital muito fraco, tinha perdido muita massa muscular, muito peso. Mas nesses quinze dias já deu pra recuperar bem."

Como comentarista do canal, Casagrande deu as boas-vindas ao amigo: "É um prazer ter o Magrão aqui no programa, a última vez que eu o vi foi no hospital...", dizia ele, quando Sócrates o interrompeu, novamente com humor. "Foi me assustar", disparou o Doutor. Casão riu e continuou: "Fui assustar o Magrão no hospital e agora estamos aqui pra fazer o programa em condições legais. Estou bastante feliz."

De fato, ele se sentia contente pela oportunidade de reencontrar o parceiro, com quem já havia conversado um pouco nos bastidores, e tinha a intenção de externar seu afeto publicamente até para dividir esse momento tão importante com todos os torcedores e fãs do esporte. Porém, não chegava a estar em paz. Pressentia que a saúde do amigo não ia tão bem quanto ele apregoava. "No dia em que fui ao hospital pela primeira vez, não fiquei tão chocado quanto no dia em que ele foi fazer o *Arena*, quando chegou com a pele escurecida, uma cara debilitada, em nítido declínio orgânico. Mas, sinceramente, não pensei que ele fosse morrer, apesar de saber da gravidade da situação. Acreditava que ele pudesse melhorar. Só fiquei um pouco chocado com a aparência."

Ao longo da atração, vários momentos da dupla foram relembrados com imagens de arquivo, como gols construídos em conjunto, a participação deles no show de Rita Lee (episódio que será detalhado no capítulo 21), a conquista do bicampeonato paulista (1982-83), quando o time entrou em campo para enfrentar o São Paulo com a faixa "Ganhar ou perder, mas sempre com democracia", e a participação na campanha pelas Diretas Já.

Nesse clima nostálgico, Casagrande expôs mais diretamente o seu sentimento em relação ao parceiro do qual ficara tantos anos afastado. "E ter a amizade dele... como falei antes ali [nos bastidores], nós ficamos um bom tempo sem nos ver, e acho que nem é necessário. Porque com o carinho e o amor que eu tenho pelo Magrão, não há necessidade de vê-lo todo dia, entendeu? Tem um lugar reservado mesmo, fixo ali. Não vai modificar nunca. Se eu conseguir conviver com ele mais vezes, vai ser muito melhor, vai alimentar esse sentimento que eu tenho por ele. Mas, se eu não conseguir, não vai diminuir, entendeu? Ele já existe e está dentro de mim. E de dentro do coração não sai, já está lá."

Casão também reconheceu o papel do amigo, nove anos mais velho, em sua formação – como um mestre, algo que antes relutava em admitir claramente, talvez por conta do orgulho próprio dos caçulas que rejeitam a condição de café com leite. "Aprendi muita coisa com ele, conceitos de vida. Eu era um garoto querendo saber muita coisa, muito curioso, e tive ali, entre aspas, um professor que me deu a chance de aprender. Ou não... Eu não era obrigado, era democrático."

Ao escutar a declaração pública de amor, Sócrates ficou por um instante sem capacidade de reação, completamente desarmado. Depois, emocionado, entrou na jogada e falou sobre o parceiro na juventude: "Era uma bombinha ambulante, né? Tinha de controlar a saída de gás dele, roqueiro... Eu já era de outro lado mais calmo, mas a afinidade foi imediata. Talvez uma troca assim de sentimentos, de essências, que nos dava muita coisa de positivo um ao outro."

O papo rolava descontraído quando a questão do abuso de álcool e drogas voltou a ser abordada. Sócrates disse que não bebia mais e fumava pouco. "Isso é muito particular. Eu nunca tive dependência química em relação ao cigarro nem à bebida, o que é uma grande vantagem." Essa postura de não reconhecer o vício deixou Casagrande visivelmente incomodado. Mesmo calado, deu sinais de inquietação. Levou o dedo mínimo da mão direita à boca, começou a roer a unha, mas logo se lembrou de que estava na TV e interrompeu a ação. Ao mesmo tempo, balançava o pé direito, cruzado sobre a perna esquerda, em mais um sinal de impaciência. Chegou a fechar os olhos. Mas Sócrates, alheio à reação do amigo, continuou: "Eu conheço gente que, pra fazer voo internacional, põe doze adesivos de nicotina. Não aguenta ficar sem fumar. Eu não. Absolutamente não sinto falta nenhuma. Tive o hábito de conviver com o álcool o tempo todo, então é mais fácil pra mim. Não sinto nenhuma falta, mas quem tem necessidade química, aí tem que mudar o hábito, o comportamento, até o fluxo de convivência com outras pessoas. Não é simples, não."

Casagrande levou um choque. Percebeu que Sócrates se iludia ao não reconhecer o enorme desafio que teria pela frente para deixar de beber.

O primeiro passo para não lograr êxito. Por ter feito tratamento numa clínica de desintoxicação, com sessões diárias de terapia, sabia muito bem que a reação inicial de um dependente é a negação. Um processo pelo qual já havia passado – foram cerca de quatro meses de internação, isolado de qualquer contato com o mundo exterior, até admitir para si mesmo que precisava de ajuda. A perspectiva do parceiro não era nada animadora.

De fato, numa viagem a Cuba logo após uma de suas internações, Sócrates, mesmo naquele estado crítico, voltaria a consumir cerveja. O fato de estar num país diferente serviu como uma espécie de salvo-conduto. Os dependentes sempre encontram um subterfúgio para usar a droga. Coisas assim: "Hoje é dia de festa", "Para brindar com um amigo", "Vou tomar só um pouquinho por uma questão social", "A partir de amanhã nem uma gota" ou "Só aqui em Cuba!". Os efeitos da cerveja cubana no organismo são idênticos aos da bebida brasileira, evidentemente. Como médico, mais do que ninguém, Sócrates devia ter total consciência disso. Porém, antes de mais nada, se enganava como qualquer alcoólatra.

Sem perceber a pulga atrás da orelha de Casagrande, Sócrates seguiu em seu maravilhoso mundo da fantasia até o final do programa. Fez planos ousados para os próximos anos sem levar em consideração que poderia sofrer crises de abstinência ou novos sangramentos causados pela cirrose hepática. "Tenho mil projetos, por exemplo, com o Fagner e o Zeca Baleiro. Estamos montando um show com DVD, discos... um ou dois. Para 2013, já está tudo pronto, muito a ver com futebol. Vamos compor juntos, pegar outras obras que já tenhamos que sejam ligadas ao futebol. Juntar cultura musical brasileira com a cultura futebolística, por causa dos eventos que nós temos pela frente."

Os tais eventos eram a Copa do Mundo do Brasil, em 2014, e a Olimpíada do Rio, em 2016. Nem passava por sua cabeça que ele poderia não chegar até lá. "Tem um projeto para a TV, que é acompanhar o que está ocorrendo no país, as transformações que esperamos que ocorram. Não necessariamente estádios, mas infraestrutura, investimentos em recursos humanos, melhoria na questão da saúde e educação do país, aproveitar o ensejo para ver que tipo de investimento está sendo feito."

Os planos eram múltiplos e intermináveis. "Tem muita coisa... Tem o Doutorzinho, personagem infantojuvenil com o qual eu quero passar para esse público mensagens positivas ligadas à não violência, tentar brigar contra a miséria e contra a fome que existem em nosso país ainda, uma série de coisas. Projetos é que não faltam. Espero colocá-los em prática logo."

Até a hipótese de um transplante de fígado, talvez a sua única salvação, foi desconsiderada naquele momento pelo Doutor, tão ingenuamente otimista. Questionado se ele era um paciente com essa necessidade, ele completou de bate-pronto: "Nunca fui, na verdade foi pura especulação. Estou muito longe do transplante. Isso não quer dizer que no futuro não se torne uma necessidade. Não sei como vai evoluir, mas a tendência é o contrário, que tenhamos alguma regeneração hepática e que eu tenha o órgão praticamente zerado."

Sócrates se despediu, no encerramento do *Arena SporTV*, com uma frase que agora soa triste: "Vou ficar muito tempo aí incomodando." Foram exatos 48 dias até a sua morte, no dia 4 de dezembro de 2011, às 4h30, durante nova internação no Albert Einstein. Naquele domingo, o Corinthians iria disputar a última rodada do Campeonato Brasileiro, contra o Palmeiras, no Pacaembu, quando se tornaria pentacampeão nacional, após empate sem gols.

Antes da partida, logo de manhã, quando soube da morte de Sócrates, liguei para dar a notícia a Casagrande. Ele ficou em silêncio do outro lado da linha. Demorou algum tempo para absorver a informação. Perguntou mais de uma vez se eu tinha certeza, parecia não querer acreditar. Para minha surpresa, perguntou se eu me lembrava de *Shazzan*, desenho animado dos estúdios Hanna-Barbera, no qual um casal de irmãos encontra duas metades de um anel que, ao serem unidas, lhes dão o poder de chamar o onipotente gênio que dá nome à série. "O Magrão tinha a outra metade do meu anel mágico. O que vou fazer agora com a que restou? É uma sensação estranha, como se uma parte de mim também tivesse morrido", disse.

Em seguida, lhe propus que publicasse um texto no jornal *Diário de S. Paulo*, do qual era editor, para prestar a última homenagem. Peguei uma caneta e anotei o que ele me disse naquele momento, ainda tomado pela emoção. Casagrande se expressou desta forma:

## CONFESSO QUE TE AMEI
### Por Walter Casagrande Júnior

Claro que fiquei muito triste com a morte do Sócrates, mas, de forma até egoísta, o sentimento predominante é de alívio. Isso porque tive a chance de falar para o cara, olhando bem nos seus olhos, o quanto gosto dele. Precisava me sentar à mesa com o Magrão, reconhecer a importância que ele teve na minha história e recordar momentos especiais que vivemos juntos. Para mim, era algo fundamental.

Nós passamos muitos anos sem nos falar. Nunca brigamos, mas havíamos nos separado em decorrência da vida. Ficaram uma distância e alguns ruídos na relação, por conta de visões diferentes sobre algumas questões. Mas nunca deixei de amá-lo e precisava lhe falar isso antes de sua partida. Felizmente, essa oportunidade surgiu por conta das internações anteriores. Se não tivesse acontecido, agora estaria carregando um peso insuportável.

Sem dúvida, foi meu maior parceiro no futebol. Quando eu era juvenil no Corinthians, eu o tinha como ídolo e costumava ficar ao lado do campo para vê-lo nos treinamentos do time profissional. Depois, em 1981, fui jogar na Caldense e houve um amistoso lá contra a Seleção Brasileira. Fiquei ansioso, não sabia se ele me reconheceria. Mas o Magrão se lembrou de mim e até tiramos fotos no campo.

No ano seguinte, voltei para o Corinthians e fiz minha estreia contra o Guará sem a presença do Sócrates. No segundo jogo, ele também não estava. Só fomos jogar juntos no terceiro, na vitória sobre o Fortaleza, com três gols do Zenon e um do Sócrates. Eu participei de todos os gols e percebi que daria liga.

A partir dali, formamos uma dupla memorável, com tabelinhas e trocas de passes em que antecipávamos o pensamento do outro. As minhas características combinavam com as dele, nós nos completávamos. Podíamos até perder, o que faz parte do jogo, mas poucas vezes não rendemos bem juntos.

Nós também nos identificávamos no aspecto político. Foi sensacional ter vivido a Democracia Corinthiana a seu lado, lutado por eleições diretas para presidente e participado da fundação do PT. Como jogadores, aproveitamos a popularidade para passar mensagens contra a ditadura militar.

Compartilhávamos também a dependência química: tive problemas com drogas, e ele, com álcool. Pagamos caro por isso. Sócrates não sobreviveu, mas parte em paz. Você deixou uma história fantástica, parceiro, e ajudou a tornar o mundo um pouco melhor. Tínhamos uma estreita aliança... Vou jogar meu anel fora. Fazer o que com um anel pela metade?

Uma despedida tocante, que seria completada no estádio do Pacaembu, antes do início do jogo em que o Corinthians levantaria a sua quinta taça de campeão brasileiro. Durante o minuto de silêncio, os jogadores alvinegros e os torcedores que lotavam as arquibancadas ergueram o braço direito, com o punho cerrado, imitando o gesto característico do Doutor nas comemorações de seus gols. Uma cena de arrepiar.

Mas a vida oferece todo tipo de emoções, nos reservando muitas surpresas, e com Casagrande não é diferente. Se Sócrates foi a sua alma gêmea, e mesmo assim os dois ficaram tanto tempo afastados por causa de uma frase tola que lhe caiu mal, estranhamente, durante esse período, ele estabelecera uma convivência harmoniosa com um de seus principais desafetos na época da Democracia Corinthiana. Um jogador de personalidade forte e com ideias quase sempre opostas às suas: o ex-goleiro Emerson Leão.

## 17. O LEÃO É MANSO

Quem acompanhou a convivência conflituosa de Casagrande com Leão, na época em que ambos jogaram juntos no Corinthians, surpreende-se com a boa relação que os dois mantêm já há muitos anos.

Eles continuam divergindo em quase tudo, mas a camaradagem e o afeto são evidentes. Mais de uma vez, ao saber que o ex-atacante enfrentava problemas de saúde, como a diverticulite que o obrigou a extirpar parte do intestino grosso, por exemplo, o ex-goleiro apareceu para visitá-lo no hospital. "Quando os ídolos enfrentam crises mais sérias, existe um afastamento dos pseudoamigos e das pessoas que antes eram íntimas. Por isso, fiz questão de ir vê-lo e levar minha solidariedade. Às vezes, uma demonstração de carinho e respeito faz parte de um bom tratamento", afirma Leão.

O curioso é que Casagrande foi justamente o jogador que mais se opôs à sua contratação pelo Corinthians em 1983. Na época da Democracia Corinthiana, qualquer reforço pretendido passava pelo crivo de todo o grupo. Alguns nomes chegavam a ser vetados. Quando havia alguma posição carente, a diretoria apresentava uma lista com três sugestões e, por votação, o elenco, a comissão técnica e os integrantes do departamento de futebol opinavam. No caso de Leão, não aconteceu essa consulta ampla, o que gerou a indignação do jovem centroavante, radicalmente contrário à ideia.

O ex-goleiro do Palmeiras, que então defendia o Grêmio, tinha fama de ser individualista e desagregador, mas com qualidade indiscutível. O diretor de futebol Adilson Monteiro Alves apostava que conseguiria contagiá-lo com o clima de entusiasmo e união presente no parque São Jorge, ainda mais depois da conquista do Campeonato Paulista de 1982, e temia ver o projeto frustrado por conta dessa prevenção existente entre muitos atletas. Dessa forma, resolveu abrir uma exceção e consultar somente profissionais que já tivessem trabalhado com Leão. Foram ouvidas apenas cinco pessoas: o técnico Mário Travaglini, o preparador físico Hélio Maffia e os jogadores Sócrates, Zé Maria e Wladimir. Todos elogiaram o profissionalismo e a capacidade técnica de Leão, o que, aliás, dispensava comentários. Ele integrara a Seleção tricampeã do mundo em 1970, como reserva, e disputara as Copas de 1974 e 1978 como titular. Mais tarde, ainda jogaria a Copa de 1986. Houve, é claro, ressalvas sobre seu temperamento um tanto difícil, mas isso Adilson acreditava ser possível contornar.

Diante da notícia consumada de que Leão fora contratado pelo Corinthians, surgiram focos de insatisfação. O mais revoltado era Casagrande, que chegou a ser afastado do elenco por quarenta dias depois de contestar publicamente a decisão. Além de considerar o goleiro uma ameaça ao projeto democrático no clube, ele rejeitava o reforço por solidariedade a Solito, camisa 1 na conquista do título estadual, que, na certa, passaria a esquentar o banco.

Quando começou a convivência no parque São Jorge, os dois não trocavam palavra nem mesmo durante os treinos. E o primeiro diálogo foi provocativo. No dia 6 de março de 1983, minutos antes de estrear pelo Corinthians, na derrota para o Fluminense por 1 a 0, no Maracanã, pelo Campeonato Brasileiro, Leão se sentou ao lado de Casagrande no banco do vestiário, pegou a chuteira branca do atacante, uma novidade na época, e cutucou: "É bonita, hein? Será que ela faz gol?", questionou, com olhar perscrutador e sorriso irônico. Casão devolveu: "Sua luva também é bonita. Só tem de agarrar a bola, né?"

Foi nesse clima hostil que os dois se tornaram colegas. No princípio, a única coisa que Casagrande admirava no companheiro, além do talento embaixo das traves, evidentemente, era o novo modelo de camisa adotado pelo goleiro, bastante incomum, com listras pretas e brancas horizontais. Jovem e atrevido, Casão tinha a pachorra de chegar mais cedo ao vestiário só para pegar uma dessas camisas e as luvas do desafeto, diretamente com o roupeiro, e brincar no gol, com as peças pessoais de Leão, antes do início dos treinos. Ao subir para o campo e se deparar com a cena, Leão ficava tiririca. Pelo menos assim pensava Casagrande. "Esse tipo de irreverência dele, de bater bola no gol com meu uniforme, eu achava até gozado. É um lado legal da personalidade do Casa", assegura Leão atualmente.

Os choques para valer aconteciam pela oposição de Leão às liberdades concedidas aos atletas, em sua opinião excessivas. "A permissividade exagerada se chocava com o profissionalismo. Como sempre fui um atleta voltado a fazer sucesso na carreira, não perdia o foco com outras coisas. E logo ao chegar, infelizmente, percebi que lá reinava um pensamento diferente: o foco estava na política, não no futebol. Aquele grupo até vencia campeonatos, por mérito e qualidade técnica dos jogadores, mas poderia ter ido ainda mais longe."

Leão contesta até mesmo o rótulo Democracia Corinthiana, lançado pelo publicitário Washington Olivetto, então vice-presidente de marketing, a partir de uma frase de Juca Kfouri. Durante um debate na Pontifícia Universidade Católica de São Paulo (PUC-SP), o jornalista fizera o seguinte comentário: "Se os jogadores continuarem a participar das decisões no clube, se os dirigentes não atrapalharem e se a imprensa esclarecida apoiar, veremos que aqui se vive uma democracia, uma democracia corintiana." Olivetto pescou aquilo no ar para criar uma marca que entraria para a história.

Essa experiência libertária é reverenciada mundialmente, com uma série de livros e filmes que a retratam como algo único e precioso. Uma visão não compartilhada, no entanto, por Leão e seus seguidores. "Até hoje se fala de uma democracia que eu achava não existir. Só uma turma mandava: o Sócrates, o Adilson Monteiro Alves, o próprio Casagrande e o Flávio Gikovate, psicólogo do time que ganhava até bicho." Por discordar do sistema instituído, o goleiro imediatamente passou a fazer oposição.

Um mês depois da chegada de Leão, ao final de um treinamento, houve a convocação de uma assembleia com a presença de todo o elenco. "Foi por minha causa. A coisa foi posta desta forma pra mim: 'Faz trinta dias que você está aqui, e 50% das pessoas já passaram para o seu lado.' Queriam me acusar de dividir o grupo. Aí respondi assim: 'Então não deixem não, porque vou mudar 100%, se puder.' Eu era visto como uma ameaça porque não fazia parte daquilo. Não comparecia a festas e reuniões, embora o Adilson me chamasse, pois não queria saber de política. O meu único objetivo era servir ao Corinthians da melhor maneira possível, e fazia isso através de treinos e mais treinos."

Apesar dos conflitos, Casão sempre admitiu a importância do goleiro para a conquista do título paulista de 1983. "Ele pegou muito, isso é inegável. Se não fossem suas defesas, algumas extremamente difíceis, não teríamos sido campeões." Leão fechou o gol em várias partidas, especialmente na semifinal contra o Palmeiras.

Antes daquele jogo, acontecera outra reunião para lavar roupa suja. O time não jogava tão bem quanto na campanha do ano anterior, e Leão foi acusado de fomentar rachaduras no grupo e quebrar a harmonia. Sócrates e Adilson Monteiro Alves lhe deram uma prensa. O dirigente o preveniu de que, se a equipe fosse eliminada, os líderes da Democracia Corinthiana iriam conceder entrevistas responsabilizando-o pela derrocada. "Desde o início, eu estava no fio da navalha. O time tinha sido campeão paulista e, se não fosse bicampeão, o culpado seria eu."

Por isso, para amenizar o mal-estar, Casão voltou a elogiar o goleiro ao final da decisão, outra vez contra o São Paulo, no empate em 1 a 1, no Morumbi, com gols de Sócrates e Marcão. Ele já dera o braço a torcer desde o confronto com o São Paulo no primeiro turno do campeonato. O resultado havia sido o mesmo e, depois de marcar o gol de empate, atravessara o campo para abraçar o camisa 1. O gesto causou surpresa na época, mas aconteceu espontaneamente, num reconhecimento sincero. Talvez tenha se iniciado ali, de forma embrionária, a aproximação entre os dois. Algo acima da compreensão de muita gente que vê Leão como um osso duro de roer.

\*\*\*

A personalidade dominante de Emerson Leão normalmente intimida os interlocutores. Mas Casagrande tem a capacidade de lhe falar as coisas mais espinhosas, na bucha, sem que ele morda ou nem sequer solte um rugido. Certa vez, durante um almoço, presenciei a seguinte discussão entre eles, acerca dos velhos tempos da Democracia Corinthiana: "A coisa ia bem até você chegar, Leão, e começar a formar panelinha com os jogadores insatisfeitos, a maioria deles porque estava na reserva", cutucou Casão. Na hora, pensei: *Xiiiii, falou em panelinha, isso vai acabar em indigestão.* Porém, para minha surpresa, Leão não perdeu as estribeiras e simplesmente rebateu: "Não havia panela nenhuma. Só me tornei representante dos excluídos porque eles não tinham voz e precisavam de alguém de peso para representá-los." Tudo entre uma garfada e outra, na maior cordialidade.

Além de ambos terem se tornado mais flexíveis com o passar dos anos, os dois se respeitam por se admirarem profissionalmente. "O Casa se reencontrou no futebol como comentarista. Eu sinto prazer em escutá-lo. Ele fala coisas que a gente está vendo no campo e não só aquilo que os torcedores gostariam de ouvir", avalia Leão, que destaca a capacidade de ler o jogo, dissecar os bastidores de uma equipe e tocar nos pontos nevrálgicos. "Percebo independência em suas análises. Ele consegue fugir da mesmice de tantos outros comentaristas."

Sempre apontado como inimigo número um de Sócrates, Leão lamenta a morte precoce do ídolo corintiano por alcoolismo. "Discordava das atitudes particulares do atleta Sócrates, mas jamais poderia contestar a capacidade futebolística dele. Se ele conseguiu ser um craque excepcional, mesmo abusando tanto do álcool, imagine se levasse uma vida de atleta..."

Esse mesmo raciocínio Leão faz em relação a Casagrande. "Numa ocasião, há muito tempo, eu falei uma coisa que o Casa interpretou de forma negativa. Disse que ele precisava de ajuda para ser reconduzido à sociedade, e ele me chamou de Judas. Eu era tido como arrogante, metido, filho da puta. Mas não era nada disso. Só envelheci primeiro e tentava projetar o futuro. Cada um tem seu carma para pagar, mas o Casa não merecia ter sofrido tanto. Embora não concordasse com suas ideias, sempre o vi como uma pessoa boa."

Para Leão, o tempo e os percalços levaram Casão a amadurecer. Ele só lamenta que isso tenha acontecido depois de terminada a carreira de atleta profissional. "Se ele atuasse hoje, ainda seria um dos melhores jogadores do país e voltaria a jogar no exterior, como ocorreu no passado. A diferença é que teria uma longevidade maior. Atualmente, ele é outra pessoa", constata.

De qualquer forma, o atacante conseguiu êxito durante os sete anos em que atuou na Europa. E seus principais obstáculos não foram em consequência das drogas ou de ideais políticos, mas sim de lesões, sobretudo nos joelhos, responsáveis pelo fim da carreira depois de um breve retorno ao futebol brasileiro.

## 18. AVENTURA NA EUROPA

Embora a trajetória de Casagrande na Europa tenha sido um sucesso, e a transferência fosse algo natural para um jogador de seu nível, ainda mais depois de ter disputado a Copa do Mundo de 1986, no México, a saída do Corinthians foi praticamente forçada.

Àquela altura, ele se sentia um peixe fora d'água no parque São Jorge. O sonho da Democracia Corinthiana extinguira-se com a derrota da candidatura de Adilson Monteiro Alves a presidente e a volta ao poder de cartolas representantes da velha – e predominante, para não dizer monolítica – mentalidade no futebol. Sócrates já havia ido embora em 1984, seguido por Wladimir, Zenon e Juninho, jogadores com os quais Casão se identificava. "Daquele time bicampeão paulista, ficou só o Biro-Biro, que não se alinhava com o nosso movimento. E o Roberto Pasqua, antigo presidente do Conselho Deliberativo, assumiu a presidência do clube, exatamente o cara que havia feito abaixo-assinado para eu sair do Corinthians em 1984, quando fui emprestado ao São Paulo por seis meses, depois de um desentendimento com o técnico Jorge Vieira."

Dessa forma, o ambiente não ficou nada favorável. A cada momento, sinalizavam que ele deveria baixar a crista, que os tempos eram outros e só lhe restava rezar pela cartilha conservadora e jogar bola de boca fechada. Assim, andava cada vez mais triste. Ao mesmo tempo, seu contrato estava para terminar, e a diretoria ansiava pelo dinheiro que viria com uma transferência para o exterior. Antes do Mundial disputado no México, o centroavante chegara a recusar um pré-contrato com a Internazionale de Milão. "Apesar de ter ficado a fim de ir para a Inter, naquele momento eu já estava pensando na Copa, tinha contrato em vigência com o Corinthians e disputava o Campeonato Paulista. Não queria desviar o foco... para mim, não fazia sentido."

Porém, depois do Mundial, ciente dessas circunstâncias adversas no Corinthians, o agente Juan Figer mostrou interesse em adquirir seu passe para, em seguida, negociá-lo com algum clube europeu. "Não era a saída que eu imaginava. Nasci no Corinthians e, na minha cabeça, se fosse embora, tinha de ser numa boa, tranquilo, sem desgaste. Mas havia um repórter de um jornal esportivo muito próximo dessa turma no poder. Então, combinaram queimar minha imagem com a torcida para ficar mais fácil me vender. Eu fazia uma boa partida; aí ele dizia que eu tinha jogado mal... Tudo para criar situação de crise."

A gota d'água foi na derrota para o Atlético Mineiro por 2 a 1, no Pacaembu, em que Casão desperdiçou um pênalti no fim do primeiro tempo. Na saída para o intervalo, a torcida já chiara contra ele. "O técnico Jorge Vieira, em vez de me substituir no vestiário, se a intenção realmente fosse essa, deixou para me tirar com cinco minutos do segundo tempo, só para eu sair vaiado de campo. Uma sacanagem inadmissível."

No dia seguinte, Casagrande comunicou ao treinador que não jogaria mais pelo Corinthians. Ficou apenas treinando, à espera de uma transferência. O preparador físico Gilberto Tim ainda tentou dissuadi-lo, argumentando que a tempestade passaria logo e estimulando-o a entrar em campo. Não houve jeito. "Aquele seria mesmo meu último jogo. O Juan Figer comprou meu passe e me emprestou para o Porto."

Com os 15% a que tinha direito sobre o valor total da negociação, Casagrande adquiriu dois apartamentos na Pompeia, um deles para seus pais. E se preparou para mergulhar em um futuro desconhecido, numa época em que não havia internet, tampouco canais de TV por assinatura especializados em esporte. "Fui para o Porto sem saber o que ia rolar, quase não chegava informação no Brasil sobre os clubes de Portugal. Mas tinha muita confiança em mim mesmo para triunfar na Europa." Ele soube que seu destino seria o Porto apenas a dois dias da viagem. Quando Figer lhe disse que o clube português se classificara para a Copa dos Campeões (a atual Champions League), principal campeonato europeu, o atacante topou a aventura.

Os dois viajaram juntos e assistiram à final da Supercopa de Portugal, entre Porto e Benfica, no estádio das Antas. A torcida o recepcionou com festa, e os dirigentes propuseram que ele vestisse a camisa e entrasse em campo para ser ovacionado. Ele não quis. "As arquibancadas estavam lotadas, e eu ainda me sentia meio tímido ali", explica. "Nesse dia, percebi o quanto o time era forte. Contava com catorze jogadores de seleção: a equipe de Portugal em peso, o goleiro polonês Józef Mlynarczyk, o argelino Madjer e eu." Também havia três brasileiros no elenco: Celso Gavião (ex--zagueiro do Vasco), Elói (ex-meia de Santos, Vasco e Portuguesa) e Juary (ex-atacante do Santos). Os compatriotas lhe dariam suporte na adaptação.

Casão passou o Ano-Novo em Portugal sem a família. Para amenizar sua solidão, Celso e Elói foram encontrá-lo no hotel, onde permaneceram até dez minutos antes da meia-noite. Com a mesma preocupação, Juary sempre o convidava para churrascos em sua casa. O apoio dos brasileiros era mesmo preciso. Afinal, entre os atletas portugueses, fez uma única amizade: Paulo Futre, principal jogador do país na época e seu amigo até hoje.

Os demais companheiros de time o tratavam friamente. Mais do que isso, o boicotavam, por puro ciúme. "Ficava isolado nos treinos e era difícil receber a bola. Com o tempo, isso foi melhorando..." O bom desempenho da equipe na Copa dos Campeões e as viagens para cenários diferentes de tudo o que já havia visto também o animavam. Depois de ter enfrentado o Brøndby, da Dinamarca, no Porto, com vitória por 1 a 0 (gol de Madjer), pelas quartas de final, embarcou com a delegação para o jogo de volta cheio de expectativa. "Foi sensacional essa experiência. Chegamos a Copenhagen com um frio tremendo, naquele inverno rigoroso, e fomos passear. Encontramos o cais totalmente congelado. Um dinamarquês, num barco, falou pra gente: 'Pode até pular aí que o gelo não quebra.' Então andamos em cima do mar, enquanto avistávamos icebergs no horizonte. Muito louco! Algo que nunca havia imaginado."

O que Casagrande também não imaginava era que ele próprio iria se quebrar num campo coberto pela neve. No empate em 1 a 1 com o Brøndby, em uma jogada logo aos quinze minutos, fraturou a fíbula e rompeu os ligamentos do tornozelo esquerdo. Não poderia mais atuar naquela Copa dos Campeões, conquistada pelo seu clube. "Fizeram tudo para que eu me recuperasse até a final. O treinador queria me escalar na decisão, e eu fiz um teste na terça-feira à noite, véspera do jogo. Mas só conseguia correr em linha reta, não fazia curva de jeito nenhum. Aí acabei ficando no banco."

Depois da conquista da Copa dos Campeões, com o time em férias, sua família veio visitar o Brasil, mas Casão ainda permaneceu algum tempo sozinho na cidade do Porto. Aproveitou para desbravar os "buracos" da noite e saciar uma antiga curiosidade: experimentou fumar e tomar heroína na veia. "O movimento dark estava muito forte e, na música, faziam sucesso The Cure, David Bowie, Simple Minds... Havia muitos pubs nessa linha. Comecei a passear pela cidade e encontrei uns barzinhos escuros, cubículos que pareciam cenário do filme *Eu, Christiane F.*, aqueles lugares a que ela ia. Assim, acabei conhecendo umas pessoas e provando heroína."

Esse episódio pode ser considerado uma exceção, um fato isolado durante o período em que Casagrande jogou na Europa. Determinado a obter êxito profissional no exterior, ele conseguiu se disciplinar e manter distância das drogas para preservar a condição física – ou, pelo menos, ficar longe das chamadas drogas sociais. Porque logo ele constataria que, diferentemente do que ocorria no Brasil, o uso de doping estava disseminado pelo futebol europeu. Lá, pela primeira vez na carreira, e a contragosto, se dopou para melhorar o rendimento em campo.

\*\*\*

Falar sobre doping é algo delicado. Apesar de ser fato, nenhum clube quer assumir esse passado obscuro, com receio de macular a imagem, empanar o brilho de conquistas ou, até mesmo, num limite extremo, correr o risco de ter títulos cassados pela FIFA ou por tribunais desportivos. Na década de 1980, o goleiro alemão Harald Schumacher, vice-campeão nas Copas do Mundo de 1982 e 1986, resolveu revelar a verdade e o mundo caiu em sua cabeça. Ao publicar a autobiografia *Anpfiff*, confessou ter feito uso de doping em várias partidas, pois a prática era corriqueira no futebol alemão.

Vários clubes e ex-colegas voltaram-se contra ele; porém, o lateral e meia Paul Breitner lhe deu razão e confirmou a denúncia.

Existe um pacto tácito pelo silêncio. O caso de Lance Armstrong, lenda do ciclismo mundial, mostra bem a desfaçatez que impera nesse campo minado. Sabia-se já havia algum tempo que o heptacampeão da Volta da França fazia uso de substâncias proibidas, o que ele negava veementemente, com indignação capaz de comover até inimigos. Jurava inocência e ameaçava processar quem lhe imputasse tal desonra. Por ter voltado a vencer a prova mais importante do ciclismo internacional depois de se recuperar de um câncer nos testículos, posou como herói até ser desmascarado. Somente quando surgiram provas materiais incontestáveis, em 2012, ele se retirou de cena.

Apesar dessa cortina de fumaça, Casagrande não pode se furtar a assumir uma passagem relevante em sua carreira. A intenção não é denunciar ninguém, nem difamar qualquer clube – até porque já se passou muito tempo, e a vida segue. Depois de ter admitido tantos pecados publicamente, não faria sentido esconder a própria experiência com doping. Por precaução, para evitar um viés acusatório, vamos omitir nomes e lugares. Afinal, o que importa são os fatos.

Em todos os anos em que atuou na Europa, foi dopado para jogar quatro vezes. Nunca quis recorrer a tal expediente, mas se sentiu impelido, no início de sua trajetória, a seguir a orientação da comissão técnica. "Em geral, injetavam Pervitin no músculo. De imediato, a pulsação ficava acelerada, o corpo superquente, com alongamento muscular máximo. Podia-se levantar totalmente a perna, a gente virava bailarina...", compara. "Isso realmente melhorava o desempenho, o jogador não desistia em nenhuma bola. Cansaço? Esquece... se fosse preciso, dava para jogar três partidas seguidas", relata.

Esse procedimento acontecia abertamente no vestiário, sem a menor preocupação de escondê-lo de qualquer integrante da agremiação. "Era uma coisa oficial: do treinador ao presidente do clube, todo mundo sabia." Só havia o cuidado de acompanhar o atleta até a eliminação da droga pelo organismo, tanto para prestar socorro, caso alguém se sentisse mal ou sofresse algum efeito colateral, quanto para liquidar as provas, embora exames antidoping fossem raros naqueles tempos. "O clube não deixava a gente ir pra casa depois do jogo. Ficávamos concentrados e dormíamos no hotel. No dia seguinte, fazíamos sauna de manhã e dávamos uma corridinha ao redor do campo. Só depois disso nos dispensavam."

O uso da substância não era exatamente opcional. Embora não houvesse um aviso formal de obrigatoriedade, isso estava implícito, e quase todo mundo seguia o script. "Estava sempre à nossa disposição, mas, nos jogos importantes, parecia obrigatório. Tomar ou não tomar poderia definir a escalação, pelo menos essa era a sensação geral." Ele não se deparou com essa prática em outros clubes europeus nos quais jogou, é bom ressaltar, porém sabia ser algo comum pelas conversas com jogadores que atuavam nos demais times. Além disso, chegou a constatar a troca de informações entre departamentos médicos de clubes de países diferentes, quando descobriram um estimulante mais avançado, que seria mais difícil de detectar num eventual exame antidoping.

A despeito de ter passado por essa experiência poucas vezes, o assunto ainda traz desconforto a Casagrande. O uso de doping é totalmente contra seus princípios, por ferir a lisura esportiva. "Além de ser moralmente condenável, aquilo não me trouxe qualquer benefício, muito pelo contrário. Em um daqueles jogos, eu me machuquei e permaneci no campo por mais algum tempo, porque a droga mascarava a dor. Poderia ter agravado seriamente a lesão. Eu era jovem, não necessitava de aditivos para render bem fisicamente e ainda me expus a riscos desnecessários."

\*\*\*

Deixando de lado as substâncias "oficiais" e voltando à heroína, Casagrande simplesmente saciou, na cidade do Porto, a curiosidade de provar a droga que havia levado à morte vários de seus ídolos, como Janis Joplin e Jim Morrison. Depois voltou a andar na linha outra vez. Tinha consciência de que a substância, fortíssima, causava dependência em pouco tempo. Quando se transferiu para a Itália, ficou seis anos completamente limpo.

Seu contrato com o Porto terminaria em julho de 1987, e o clube manifestou desejo de renová-lo. O apelo era grande: o time iria disputar o Mundial Interclubes no Japão, contra o Peñarol do Uruguai, e a Supercopa Europeia, diante do Ajax da Holanda, campeão da Recopa. Porém, àquela altura, ele já praticamente selara a transferência para a Itália, dona do torneio mais badalado do mundo. "Portugal só tinha quatro times competitivos: além do próprio Porto, havia Benfica, Sporting e Vitória de Guimarães. E a minha meta sempre foi jogar o Campeonato Italiano."

Quando sofreu a fratura nas quartas de final da Copa dos Campeões, ele já estava com duas transferências engatilhadas: ou iria para o Torino, da Itália, ou para o Racing Club de France, de Paris. Até os valores já haviam sido acertados, e dirigentes de ambos os clubes já se encontravam em Copenhagen, dispostos a fechar o contrato naquele dia fatídico. Porém, com a grave lesão sofrida, o panorama mudou. O austríaco Toni Polster, que estava acertado com o Ascoli, acabou indo no lugar de Casão para o Torino. E o atacante brasileiro foi para o Ascoli, onde a vaga ficara em aberto.

No segundo semestre de 1987, portanto, Casagrande se apresentou ao Ascoli, time de uma pequena província com 30 mil habitantes, quase a 150 quilômetros de Roma. Seu agente planejava deixá-lo lá por apenas um ano, quando deveria ir para o Torino ou a Fiorentina. Mas uma série de circunstâncias o levou a ficar mais tempo e a fazer história na modesta agremiação. "A população me recebeu como rei, e eu retribuí jogando pra caralho nesse primeiro ano. Fui o segundo melhor atacante do Campeonato Italiano, de acordo com a imprensa, atrás somente do [Gianluca] Vialli, da Sampdoria."

Valorizado, Casão veio passar férias no Brasil e, assim que retornou para a pré-temporada com o Ascoli, recebeu ligação do volante Dunga, então na Fiorentina. O colega brasileiro lhe falou sobre o interesse de seu time em contratá-lo e o colocou em contato com o técnico Sven-Göran Erickson. "O Dunga passou o recado dos dirigentes da Fiorentina: eles queriam que eu deixasse minha equipe lá nas montanhas e voltasse pra casa, forçando a barra para provocar a transferência. Mas o Ascoli contava comigo, contratou jogadores que combinavam com meu estilo de jogo, e eu não podia comprometer todo o planejamento. Resolvi permanecer lá por mais uma temporada."

Não quis o destino, no entanto, que ele fosse recompensado por essa fidelidade. Ainda durante a pré-temporada, estourou o ligamento cruzado do joelho esquerdo e precisou ser operado. Ficou seis meses parado. Enquanto isso, o time caía pelas tabelas, seriamente ameaçado de rebaixamento. Casão se recuperou a tempo de disputar as oito últimas partidas, com uma missão inglória: o Ascoli somava cinco pontos a menos do que o primeiro clube fora da zona de descenso e, naquela época, uma vitória valia apenas dois pontos. Muitos torcedores já haviam perdido a esperança.

O retorno de Casagrande aconteceu no empate com a Roma, na capital italiana, por 1 a 1. No jogo seguinte, contra o Bologna, em Ascoli, ele fez o gol da vitória por 1 a 0. Repetiu a dose no triunfo sobre o Verona, no campo adversário, pelo mesmo placar. Na sequência, em casa, sua equipe bateu o Atalanta por 3 a 1, com mais um gol dele. Mesmo os fãs mais pessimistas renovaram a fé.

O compromisso seguinte seria em Turim, contra o Torino. Porém, depois de seis horas de viagem, o joelho operado inchou novamente e o artilheiro não pôde atuar no empate por 1 a 1. Ele reapareceu na rodada posterior, em Ascoli, e ajudou a equipe a bater o badalado Napoli, de Maradona, Alemão e Careca, pelo placar de 2 a 0 – embora não tenha balançado a rede, atuou o jogo todo. Mas aí o time sofreu uma goleada em Milão, por 5 a 1, frente ao Milan (e Casagrande marcou o gol de honra). A redenção veio na última rodada, no empate sem gols com a Lazio, em casa, resultado que salvou o Ascoli da queda para a Segunda Divisão. O milagre se consumara. "Até ganhei o apelido de Jesus, pois estava barbudo e cabeludo. Mas só havia deixado os pelos crescerem para ficar com cara de mau e provocar mais medo nos zagueiros."

Se essa temporada foi dura, a posterior é para ser esquecida. Casagrande enfrentou problemas durante o ano todo, com dores e inchaço no joelho. "Ainda peguei hepatite química por causa dos remédios que tomava." Com seu principal jogador combalido, não houve o milagre da multiplicação dos pontos. O Ascoli acabou rebaixado. "O meu contrato terminou e fiquei constrangido de sair com o clube na Série B. Continuei, então, por mais um ano. Como eu já atingira o teto salarial e não tinham grana para me pagar mais, fizemos um acordo em anexo, fixando bônus por metas atingidas ao final do campeonato."

Dessa forma, os vencimentos fixos continuavam em 600 mil liras. Mas se a equipe subisse de divisão, além do prêmio a ser dividido por todos os atletas, Casão receberia mais 50 mil liras. Se disputasse mais de trinta jogos, embolsaria outras 50 mil liras. Caso superasse a marca de onze gols, mais 50 mil liras. E, no fim da temporada, se fosse negociado, o clube lhe daria 50 mil liras adicionais.

Pois o Jesus Cristo do Ascoli ressuscitou. Do total de 34 jogos, ele atuou em 33; fez 22 gols, o dobro do estipulado para que tivesse direito à premiação; o clube subiu para a Primeira Divisão; e Casagrande se transferiu para o Torino. Ou seja, ganhou todos os bônus, saiu como ídolo (até hoje é reverenciado na pequena cidade) e foi jogar em um time tradicional da Itália.

Em Turim, o atacante marcou seu nome definitivamente na Europa, com desempenho em alto nível. "Lá é outra história; estava numa cidade grande, sobretudo comparada a Ascoli, e havia a rivalidade com a Juventus. Nós jogamos a Copa Uefa, eu fui superbem o ano todo, e nós ganhamos da Juventus por 2 a 0 no Campeonato Italiano, com dois gols meus", orgulha-se. "Fazia seis anos que nenhum jogador marcava dois gols nesse clássico. O último tinha sido o [Michel] Platini, pela Juventus."

Com a camisa do Torino, Casagrande foi vice-campeão da Copa Uefa e artilheiro da equipe, com seis gols, destacando-se em jogos contra adversários de peso. "Marquei contra o Real Madrid e fiz dois gols na final contra o Ajax." Na decisão, houve dois empates: 2 a 2, em Turim, quando ele balançou duplamente as redes, e 0 a 0 na Holanda. O time holandês ficou com o título pelos gols marcados no campo adversário, no estádio Delle Alpi, na Itália, conforme previa o regulamento.

Além do êxito dentro de campo, o período no Torino ficou marcado pelo excelente ambiente entre os jogadores. "Era muito divertido. Havia três estrangeiros: além de mim, estavam o Scifo, um belga excêntrico, e o Martín Vásquez, um espanhol caladão e cismado. Rolavam muitas brincadeiras, pois os italianos também se entrosavam conosco. Desse time eu tenho saudade, mantenho contato com muitos deles até hoje pelo Facebook."

Acolhido pelo grupo, Casagrande passou a cultivar as tradições do clube e a viver intensamente as emoções junto com os torcedores. "O Torino tem uma história tocante com aquele episódio do avião que caiu em 1949, quando morreu a equipe inteira." A delegação regressava de uma viagem. O time vencera quatro Campeonatos Italianos consecutivos e caminhava para ganhar o quinto. Contudo, um acidente aconteceu no morro de Superga, bem próximo ao aeroporto: em meio a um espesso nevoeiro, a aeronave bateu numa torre da basílica de Superga, com trinta pessoas a bordo, incluindo dezoito jogadores. Nas quatro rodadas restantes do campeonato nacional, se fez representar por atletas juvenis, gesto imitado por diversos rivais, numa ação de solidariedade. Assim, o Torino levantaria o pentacampeonato, mas, profundamente abalado, entraria numa longa fase de declínio. Só voltaria a ser campeão em 1976.

Além da natural dramaticidade, o caso provocou ainda maior comoção no Brasil porque o poderoso esquadrão italiano excursionara pelo país no ano anterior. Considerado o melhor time do mundo naquela ocasião, perdera para o Corinthians por 2 a 1, no Pacaembu, e houve confraternização entre as equipes depois do jogo. Por conta dessa proximidade, quatro dias depois da tragédia, o Corinthians entrou em campo com uma camisa grená, cor do Torino, numa partida contra a Portuguesa, vencida por 2 a 0. Em 2011, o clube do parque São Jorge lançou seu terceiro uniforme na cor grená, em nova homenagem. Todo esse pano de fundo fortaleceu a ligação de Casão com a equipe de Turim. "Íamos à missa que fazem todos os anos lá, na basílica de Superga, em lembrança dos jogadores mortos. Uma coisa de arrepiar."

As recordações de Casagrande também se referem ao convívio familiar, muito bom naqueles dias, com o nascimento de Leonardo em San Benedetto del Tronto, cidade litorânea próxima a Ascoli, e o crescimento de Victor, o mais velho, em Turim. "O Victor começou a ir à escolinha e, com 4 anos, já falava italiano. O engraçado era que eu e a Mônica nos comunicávamos em português dentro de casa, mas o Victor, molequinho de tudo, vinha falar com a gente em italiano. Uma figurinha", comenta, com ternura. "Muitos fatos importantes da minha família aconteceram na Itália. Além do nascimento do Leonardo, houve aquelas coisas marcantes na vida de todo pai: eles começaram a andar, a falar, tudo rolava lá pela primeira vez. O meu casamento passava por uma fase bacana e eu não usava drogas", relembra.

\*\*\*

A volta ao Brasil, em 1993, também lhe reservaria uma grande emoção. Ele teve oportunidade de jogar pelo Flamengo, uma camisa que sempre desejou vestir, e viveria uma tarde inesquecível no dia 3 de outubro, no Pacaembu, na derrota por 1 a 0 para o Corinthians. A Fiel lhe daria uma prova de amor que dificilmente outro craque no mundo já teve a honra de receber de uma torcida adversária. Mesmo jogando contra o time que o revelou, a galera alvinegra passou a gritar em coro: "Volta, Casão, seu lugar é no Timão!" e também "Doutor, eu não me engano, o Casagrande é corinthiano!". Uma homenagem inesperada que, de tão intensa, fazia vibrar as arquibancadas.

Essa foi a única vez na carreira que o atacante perdeu o rumo por não conseguir manter o equilíbrio diante do público, na casa do rival. "Eu tinha me preparado para ser vaiado, xingado, chamado de traidor... e de repente me deparo com aquela situação inesperada. Fiquei emocionado, confuso, não conseguia me colocar ali em campo como adversário do Corinthians", confessa. Para completar, o gol corinthiano saiu de uma cobrança de falta desviada de cabeça por Rivaldo. A bola, por ironia do destino, ainda bateu em Casagrande, na altura da cintura, antes de morrer no fundo da rede. Embora não tenha sido exatamente um gol contra, por sua linguagem corporal constrangida, o ídolo da Fiel agiu como se fosse – curvou o tronco num ângulo de noventa graus, levando a mão à barriga como se tivesse tomado um soco na região do abdômen.

O jornalista Juca Kfouri foi testemunha privilegiada desse momento histórico. Ao perceber que Casagrande seria substituído, pois ficava até difícil jogar tão transtornado, ele deixou a cabine de imprensa e correu para a entrada do vestiário. "Quando o Casão saiu, esqueci do jogo. Pensei: vou encontrá-lo antes de todo mundo. Nem sei como consegui chegar ao vestiário antes dele", lembra-se Juca. A imagem de Casagrande já sem camisa, perplexo e desorientado com o uniforme do Flamengo na mão, ficou gravada nas suas retinas.

"Porra, Juca, o que é isso?", indagou, ainda incrédulo com o que acabara de ver no campo. "Pô, os caras te amam", tentou explicar o jornalista. Desacorçoado, Casão rebateu: "Não pode ser, não pode... Eu tinha de fazer gol neles, eu sou do Flamengo!" Juca insistiu: "Os caras te amam..." Casão então lhe deu um abraço e permaneceu assim, como que buscando conforto, por uns dois minutos. "Ele só repetia: nunca vi isso, nunca vi isso, nunca vi isso..." Juca lhe deu um beijo na testa, e o adversário mais amado do Brasil finalmente entrou no vestiário – do time carioca, vale dizer.

Desnecessário falar que Casão voltaria ao Corinthians na temporada seguinte. Com o joelho baleado, não exibia a mesma eficiência do passado, com altos e baixos, mas os torcedores adoravam vê-lo vestido com o uniforme que aprendera a amar desde criança. E o retorno serviu para reparar a saída traumática em 1986.

Até hoje, Casagrande e Juca trocam torpedos em tom camarada, sobretudo em dias de jogos do Corinthians – além de trabalharem juntos no programa *Cartão Vermelho*, do canal UOL. Assumidamente corintiano, o jornalista diverte-se ao ver como a conquista inédita da Copa Libertadores da América, em 2012, mexeu com Casagrande, que precisou se esforçar para manter o equilíbrio quando comentou ao vivo as partidas decisivas pela TV Globo, sobretudo a final contra o Boca Juniors, derrotado por 2 a 0 no Pacaembu, com dois gols de Emerson Sheik. O mesmo ocorreria no bicampeonato mundial, ao final do mesmo ano, no Japão, na vitória por 1 a 0 contra o Chelsea, gol de Paolo Guerrero. "Chorei antes mesmo de o jogo começar. Até falei para o Galvão Bueno que, como ele costumava dizer, o Corinthians era o Brasil no Mundial. Portanto, tinha direito de torcer", relembra Casão. Na ocasião, ele também se confraternizou com Juca e manifestou seu encantamento com a invasão da Fiel, que tomou as ruas de Yokohama.

Porém, ao longo de tantos anos de convívio, a relação entre os dois teve suas crises. Em certa ocasião, numa fase particularmente difícil no parque São Jorge, depois de Sócrates ter se transferido para a Fiorentina, Casão resolveu cobrar o amigo pelas críticas que vinham sendo feitas. Juca trabalhava como comentarista no SBT e, ao final das partidas, descia ao vestiário para entrevistar os técnicos. Ao vê-lo ali, o atacante o abordou: "Você tem falado muito mal da gente! Quando o Magrão estava aqui, você não falava", questionou. "O que é isso, Casão? Você tá louco? Eu tô falando mal de vocês porque estão jogando uma merda, e quando o Magro estava jogavam muito bem. É só isso!", retrucou o cronista esportivo.

Tempos depois, houve novo choque, já na Seleção. O jornalista chegou a Santiago do Chile para cobrir um amistoso do Brasil e encontrou os jogadores em greve com a imprensa. Eles haviam acabado de fazer o chamado Manifesto de Santiago, em protesto contra as críticas ao time dirigido por Evaristo de Macedo. Casão levou outra enquadrada: "Que mancada, hein? Vocês estão repetindo o Manifesto de Glasgow, coisa mais reacionária...", repreendeu-o Juca, referindo-se à atitude idêntica tomada por integrantes da Seleção em 1973, então descontentes com as análises negativas de jornalistas durante uma excursão à Europa.

O período na Seleção, aliás, foi bastante conflituoso para Casagrande, sobretudo depois de Telê Santana assumir o comando da equipe. Embora tenha se destacado nas Eliminatórias Sul-Americanas, com papel crucial para a classificação do Brasil para o Mundial de 1986, ele entrou em choque com o treinador, caiu de produção pouco antes do início da competição no México e acabou no banco de reservas ainda na primeira fase da Copa. Uma experiência importante para seu currículo, mas cujo clima não deixou muita saudade.

## 19. ÀS TURRAS COM TELÊ

A convocação de Casagrande para a Seleção Brasileira ocorreu em janeiro de 1983, por voto popular. Para um amistoso festivo do Brasil contra um selecionado gaúcho, houve uma enquete, e os torcedores escolheram os jogadores. O atacante corintiano havia sido artilheiro do Campeonato Paulista de 1982 e seu nome andava na boca do povo – aliás, em dois aspectos, posto que em dezembro sofrera a prisão por porte de cocaína. Na época, também era cotado para defender a equipe canarinho oficial, mas o episódio queimara seu filme, apesar de ele sustentar que a porção de pó fora plantada pela polícia.

Dessa forma, permaneceu longo tempo na geladeira. Casagrande considera a breve passagem pelo São Paulo, em 1984, por empréstimo, o fator primordial para a quebra de resistência: Evaristo de Macedo finalmente o relacionou em 1985. "O fato de eu ter atuado tão bem no São Paulo, tanto quanto no Corinthians, me credenciou para a Seleção. Eu era jovem e mostrei desenvoltura com duas camisas de peso. Joguei como meio--campista no São Paulo porque o Careca era o centroavante e, assim, abri novas perspectivas. Tanto que fui convocado inicialmente para o meio de campo, posição em que também passei a atuar no Corinthians, quando voltei para lá, porque na ocasião o time já tinha o Serginho Chulapa como centroavante."

O primeiro sinal de que seria convocado partiu do juiz José Roberto Wright, que futuramente seria seu colega na TV Globo, como comentarista de arbitragem. Numa goleada do Corinthians sobre o Goiás, por 4 a 0, em Goiânia, com dois gols de Casão (um deles, golaço), Wright, que apitava o jogo, aproximou-se dele e comentou: "Você está bem, hein, garoto? Ouvi dizer que vai para a Seleção Brasileira!" Ele ficou animado, mas ainda não dava para receber a informação como favas contadas. Somente um mês depois, na concentração para o jogo de volta contra o Goiás, no Pacaembu, o sonho se tornou mais concreto. "Carlos Alberto Torres, que era o técnico do Corinthians, mandou me chamar no quarto dele para me avisar que eu seria convocado à noite. Pensei: se o capitão do tri está falando, então vou ser chamado mesmo." Ele se entusiasmou e, horas mais tarde, marcou um dos gols na vitória alvinegra por 2 a 1.

A essa altura, a notícia de sua iminente convocação já havia vazado para a imprensa. Assim, o repórter Luiz Ceará, então na TV Globo, foi para o apartamento de Casagrande, na Pompeia, para acompanhar de lá o anúncio da lista de Evaristo de Macedo. A comemoração dele e de sua família passaria ao vivo no *Fantástico*.

Como se esperava, Casagrande foi chamado para o meio de campo. Os atacantes eram Reinaldo e Careca. A sua estreia aconteceu num amistoso contra a Colômbia, no Mineirão: vitória por 2 a 1, com um gol dele e outro de Alemão. Além de Casão, ganharam oportunidade outros jogadores jovens, como Bebeto, Branco, Geovani e Luís Carlos Winck. A ideia era mesclá-los com um grupo de atletas mais experientes, formado por Oscar, Reinaldo, Mário Sérgio, Éder Aleixo e companhia. Mas a receita desandou.

O time de Evaristo não jogava bem e recebia críticas de todos os lados, até quando ganhava, porque não apresentava futebol consistente na sequência de amistosos. Depois da vitória sobre a Colômbia, perdeu do Peru por 1 a 0, no estádio Mané Garrincha, em Brasília, e o clima começou a ficar tenso. Vieram as vitórias sobre o Uruguai, por 2 a 0, no estádio do Arruda, em Recife, e contra a Argentina, por 2 a 1, na Fonte Nova, em Salvador – com brigas em ambas as partidas entre jogadores brasileiros e adversários. Em seguida, houve o confronto com a Colômbia no estádio El Campin, em Bogotá, rival para o qual o Brasil jamais havia perdido. A péssima apresentação e a inédita derrota por 1 a 0, com a torcida colombiana gritando "olé", deterioraram de vez o ambiente.

A delegação viajou para enfrentar o Chile em Santiago, onde Casão caiu de cama com febre. Ele pegara erisipela em decorrência de um machucado na perna, contaminado por bactéria ainda na Colômbia. Por causa disso, em vez de ir ao treino, permaneceu no quarto do hotel, vendo TV. Assim, pôde assistir a um programa esportivo chileno, no qual o jornalista carioca Oldemário Touguinhó criticava duramente a Seleção Brasileira. "O Touguinhó dizia que aquela Seleção era uma porcaria, só se salvavam o Bebeto e o Branco, não por acaso dois jogadores do Rio. Aquilo me deixou puto."

Casagrande não sabia o que se passava naquele primeiro treino em Santiago, mas, ao final do dia, Mário Sérgio, Reinaldo e Oscar bateram à sua porta. "Eles falaram que precisávamos tomar uma providência, pois a imprensa pegava demais no nosso pé. Também estavam irritados com uma matéria, publicada no Brasil, com insinuações sobre aventuras sexuais dos jogadores nas viagens. As mulheres dos caras casados começaram a ligar para cobrá-los." No calor daquele momento, Casão aproveitou para lhes contar sobre a entrevista de Touguinhó que vira na TV chilena, livrando a cara apenas de atletas cariocas, e botou mais lenha na fogueira. A revolta resultou numa reunião de todo o grupo, na qual se decidiu um boicote à imprensa, o chamado Manifesto de Santiago, ao qual Juca Kfouri se refere no capítulo anterior.

Apesar de sua história em defesa da liberdade de expressão, Casagrande embarcou nessa barca furada no Chile, em plena ditadura Pinochet, com censura dos meios de comunicação e toque de recolher nas ruas. Ele chegou a ficar em conflito quando foi procurado pelo repórter Roberto Cabrini, então da TV Globo. Apesar da greve de silêncio, o jornalista lhe propunha um encontro com Caszely, polêmico jogador chileno que se opunha a Pinochet. "O Cabrini falou que era uma reportagem importante, que tínhamos de fazer ainda que fosse escondido, mas entrei num dilema. Até deu vontade de participar, mas não podia quebrar minha palavra com o grupo."

Em campo, a Seleção perdeu para o Chile por 2 a 1 – o gol de honra foi de Casagrande –, os jogadores ficaram ainda mais fragilizados e voltaram a conceder entrevistas depois do jogo. No retorno ao Brasil, Evaristo de Macedo acabou demitido dentro do avião. Telê Santana, derrotado em 1982, teria nova chance.

\*\*\*

O relacionamento entre Casão e o novo técnico sempre foi tenso e conturbado. "O Telê gostava de tudo certinho e não admitia contestação. Só que o ataque da Seleção era eu, o Renato Gaúcho e o Éder, três caras de personalidade forte. A gente brigava com ele em todos os treinos. Já o Zico, o Sócrates, o Cerezo e o Falcão podiam fazer qualquer merda, errar passe, o caralho, e ele não falava nada. Isso nos irritava ainda mais e nos indispunha contra seu comando."

De fato, essa diferença de tratamento era uma característica do velho mestre. Quando dirigiu o São Paulo, nos anos 1990, dificilmente chamava atenção de jogadores de sua confiança, como Raí e Toninho Cerezo, mesmo quando não estavam bem. Já aqueles com quem não tinha grande afinidade, como Macedo, Elivelton, Catê e até Cafu no início de carreira, entre tantos outros, levavam broncas homéricas na frente de todo mundo. Algo que Casagrande sempre abominou.

Entre a queda de Evaristo e o início das eliminatórias para a Copa do Mundo, restara um período de apenas doze dias. Em 2 de junho de 1985, já sob o comando de Telê, o Brasil estreou com vitória sobre a Bolívia por 2 a 0, no estádio Ramón Tahuichi, em Santa Cruz de la Sierra, gols de Casagrande e Noro (contra). Uma semana depois houve um amistoso contra o Chile, vencido pela equipe canarinho por 3 a 1, no Beira-Rio, em Porto Alegre. Casão não jogou essa partida e só entraria em ação novamente no triunfo contra o Paraguai por 2 a 0, pelas eliminatórias, no Defensores del Chaco, em Assunção. Os gols foram dele e de Zico, num confronto marcado por lances ríspidos. "Os caras bateram pra caralho. O Zico apanhou demais, eu levei socos pelas costas, o Renato era parado com violência... Nós, os atacantes, juramos que iríamos dar o troco no jogo de volta, em casa", revela Casão.

E assim foi feito, sete dias mais tarde, no empate por 1 a 1, no Maracanã, gols de Sócrates e Romerito. Casagrande e Éder se excederam em algumas disputas mais duras com os paraguaios e levaram cartão amarelo. "Nós não ficamos pensando só nisso... jogamos o jogo, é claro. Mas era assim: numa bola dividida que estava mais para mim do que para o adversário, por exemplo, diminuía um pouco a velocidade para esperar o cara chegar e pegá-lo. O Telê não sabia desse nosso pacto, mas percebia algo esquisito e ficava gritando na beira do campo: 'Pô, vamos jogar bola!' Acho até que a bronca dele conosco aumentou depois disso."

É fato que a relação com o treinador, defensor intransigente do jogo limpo, se deteriorou ainda mais por causa desse episódio. Na sequência, graças a um gol de Careca, o Brasil empatou com a Bolívia em 1 a 1 no Morumbi, no último compromisso pelas eliminatórias. Suspenso pelo cartão amarelo recebido no jogo anterior, Casão não pôde atuar em São Paulo. A partir daí, iniciou-se uma série de amistosos preparatórios para a Copa do Mundo, e as coisas não iam nada bem. O Brasil perdeu para a Alemanha Ocidental por 2 a 0, em Frankfurt, e para a Hungria por 3 a 0, em Budapeste.

Em seguida, a Seleção se redimiu com uma goleada sobre o Peru por 4 a 0, em São Luís, com gols de Casagrande (dois), Alemão e Careca. Mas nem assim o ambiente melhorou. Nessa partida, Éder acertou uma cotovelada num jogador peruano, recebeu cartão vermelho, deixou Telê furioso e foi o primeiro a ser cortado pelo técnico.

Mais para a frente, outros dois cortes abalariam o país. Os jogadores haviam saído da Toca da Raposa, durante folga concedida em Belo Horizonte (onde a delegação estava hospedada), feito festa, tomado cerveja. Nada anormal em um dia livre. Mas Renato Gaúcho e Leandro voltaram fora do horário estipulado e pularam o muro da concentração. Como Telê gostava pessoalmente de Leandro, depois de muito matutar, decidiu cortar apenas Renato, alegando seu histórico conturbado.

Dias depois, exatamente quando a Seleção embarcaria para o México, já no Rio, o lateral desertou em solidariedade ao amigo. Estava amargurado pela punição ao colega e sentia-se culpado porque ele próprio, embriagado a ponto de não reunir condições de se apresentar na concentração em Minas, levara Renato a permanecer a seu lado. Além disso, queria jogar como zagueiro, posição na qual vinha atuando bem no Flamengo, pois já não ostentava a mesma condição física de quatro anos atrás, durante o Mundial de 1982, na Espanha. Aos prantos, Leandro encheu a cara novamente e não se dirigiu ao aeroporto do Galeão. Zico e Júnior ainda foram a seu apartamento, na tentativa de dissuadi-lo, mas não houve jeito.

Dessa forma, já sem Éder e Renato, daquele ataque das eliminatórias, restou apenas Casagrande. "Fiquei com a impressão de que o Telê só não me cortou porque não tinha como, eu estava muito bem. Numa enquete feita com jornalistas que cobriam a Seleção, na qual eles escalavam seu time ideal, eu, o Zico e o Leandro éramos as únicas unanimidades. Além disso, não dei brecha para sofrer nenhuma punição", analisa.

À medida que se aproximava o Mundial, Casagrande entrava em declínio físico e técnico. "Acho que esse foi o motivo principal para eu sair do time. Se estivesse tão bem quanto em 1985, não haveria como o Telê me colocar na reserva. Apesar de que, durante toda a preparação, era eu quem ele tirava da equipe, sob qualquer pretexto, mesmo eu estando bem pra caramba."

Isso irritava profundamente Casagrande. Durante um coletivo realizado no centro de treinamento do América do México, Casão quase abdicou da Seleção ao ser substituído por Zico no time titular. Chegou a deixar o treino antes do final e se refugiar em seu quarto. "O Telê quis fazer um teste para ver se o joelho do Zico aguentava e me tirou da equipe. Eu me invoquei não por causa do Zico; ao contrário, eu tinha grande admiração pelo Galinho e sairia com o maior prazer para ele jogar. Mas eu estava muito bem naquele coletivo, e o Telê podia ter tirado outro jogador. E o Zico nem jogava na minha posição."

No quarto, Casagrande fervia de tanta raiva, com ímpetos de abandonar o grupo e voltar ao Brasil. O próprio Zico tratou de contornar a crise. O Galinho o procurou e o tranquilizou: "Calma, você é importante pra gente, caramba, fica frio...". Com palavras assim, o craque conseguiu dissuadi-lo. "Já o Telê não me falou nada, era o tipo de técnico que saca o jogador sem lhe dar explicação. Mesmo eu tendo abandonado o treino, ele não tomou nenhuma atitude, porque estava minando meu lado emocional. Acho que ele queria que eu tivesse uma reação", supõe Casão.

A partir daí, o relacionamento entre os dois se tornou mais tenso a cada treino. "Sempre havia conflito, ele pegava direto no meu pé. Um dia, eu reagi: 'Pô, só reclama comigo? Não enche mais o saco, meu!'" Nesse clima hostil, é fácil supor que seu futuro na equipe não seria nada promissor. Telê só voltaria a lhe dirigir a palavra uma única vez. Foi antes do primeiro jogo da Seleção na Copa do Mundo, contra a Espanha. "Olha, por ser mais conhecido, você vai sair jogando. O seu papel é cansar o touro, para depois o Muller entrar e matar o touro, tá?", disse-lhe o treinador. "O que eu podia dizer diante disso? O Mauro Galvão, que estava ao meu lado, só comentou comigo: 'Nossa! Que papo é esse?' Não foi fácil aguentar tudo isso, tinha de contar até dez para não explodir."

Assim, Casagrande iniciou o Mundial como titular, mas no estranho papel de "primeiro toureiro". Como Telê antecipara, Muller o substituiu aos 21 minutos do segundo tempo na vitória sobre a Espanha por 1 a 0, gol de Sócrates. No jogo seguinte, no triunfo pelo mesmo placar contra a Argélia, gol de Careca, o roteiro praticamente se repetiu: Casão saiu aos catorze da etapa final para a entrada de Muller. Ou seja, permaneceu em campo um pouco menos do que no jogo anterior.

Então, aconteceu um bafafá que por pouco não teve consequências piores. Num dia de folga, Casagrande e Alemão foram a um show de Alceu Valença no Circo Voador – a trupe de artistas que agitou o cenário cultural nos anos 1980, com a criação da casa de espetáculos no bairro carioca da Lapa, montara uma instalação em Guadalajara, durante o Mundial. E os dois acabaram fotografados, sem camisa e bebendo cerveja, por um repórter mexicano. "De manhã, o Gilberto Tim [preparador físico] jogou todos os jornais em cima da mesa e olhou para mim. Mas eu não tinha de me justificar, pois estava de folga e não voltei atrasado nem bêbado." Surgiu um princípio de crise, a imprensa conservadora tentou criar fuzuê, mas os jornalistas mais liberais trataram o episódio com naturalidade, assim como Telê entendeu que eles estavam em horário livre de lazer. Ponto final.

O Brasil ganharia o duelo posterior, diante da Irlanda do Norte, pelo placar de 3 a 0, gols de Careca (dois) e Josimar, mas a situação de Casão e Muller se invertera. Dessa vez, o são-paulino saiu jogando e o antigo titular só entrou no decorrer do jogo.

A participação de Casão ia minguando a cada rodada. Nas oitavas de final, o Brasil goleou a Polônia por 4 a 0, com gols de Sócrates, Josimar, Edinho e Careca, sem o aproveitamento do atacante corintiano. O seu lugar – agora não havia mais dúvida – seria no banco dali para a frente.

Feliz ele não poderia estar com aquela situação. Assim, na eliminação do Brasil diante da França, inconformado com a postura passiva do treinador na prorrogação, à medida que o jogo no estádio Jalisco, em Guadalajara, se encaminhava para a disputa de pênaltis, Casão declarou guerra a Telê.

Aquela era uma Seleção envelhecida. Os principais jogadores do time de 1982, que encantara o mundo na Copa da Espanha, encontravam-se lá, mas sem a mesma vitalidade – com exceção de Cerezo, cortado anteriormente por contusão. Sócrates se recuperara pouco antes de uma lesão e tentava reaver a forma física. Zico sofria com dores nos joelhos. Mal, Falcão esquentava o banco. O time seguiu com altos e baixos até o duelo com os franceses nas quartas de final.

Nessa apresentação derradeira, Zico entrou aos 27 minutos do segundo tempo, no lugar de Muller, e logo acertou um lançamento primoroso para Branco, derrubado pelo goleiro Bats dentro da área. Pênalti! Àquela altura, o jogo seguia empatado em 1 a 1, com gols de Careca e Michel Platini no primeiro tempo, e os jogadores brasileiros comemoraram como se fosse a pá de cal sobre o adversário. Porém, o próprio Zico desperdiçou a cobrança, talvez porque ainda estivesse frio, fora de ritmo em um confronto decisivo.

Veio a prorrogação. Ambos os times deram sinais evidentes de cansaço. Sócrates, fisicamente esgotado, chegou sem pernas num cruzamento de Careca da direita, furando dentro da pequena área, num lance em que bastaria empurrar para a rede. Casagrande foi à loucura. Por mais que admirasse o Doutor, via necessidade de injetar sangue novo na equipe. A derrota pairava no ar.

Ao avistar o repórter Gilson Ribeiro, então da TV Bandeirantes, Casão não se conteve. Os dois eram amigos e, mesmo a distância, houve um desabafo do jogador. "Gilsão, o Telê tá louco! Eu e o Muller tínhamos de estar em campo! A gente ganhava esse jogo, porra! O Falcão tem de ser o treinador agora!", gritava em alto e bom som. Em pé na beira do campo, mais próximo do banco de reservas do que o jornalista, o técnico não tinha como não escutar tudo isso. Porém, impassível, fingia não ouvir. O jogo terminou empatado e seguiu para a decisão por pênaltis. Aí aconteceu o que todo mundo sabe: Bats defendeu a cobrança de Sócrates, e o zagueiro Júlio César chutou na trave. O Brasil estava eliminado, e a relação de Casa com Telê, definitivamente arruinada.

Apesar de achar que a teimosia de Telê colaborou para a eliminação do Brasil, ele não se esquiva da autocrítica em relação a todo o processo de preparação. Sobre sua queda de produção pouco antes do Mundial, Casão não aponta culpados, nem mesmo o treinador ou a comissão técnica. "Essa parte não é responsabilidade de ninguém, é minha mesmo. Não sou de dosar as coisas e, motivado para a Copa do Mundo, treinei demais. Tive folga no Carnaval e, em vez de descansar, continuei treinando forte. Então, atingi o ápice antes da hora e entrei em declínio físico durante a Copa."

As recordações de Casão relativas à Seleção trazem muitas passagens incômodas, sobretudo pela rixa com Telê e por não ter rendido todo o seu potencial no Mundial do México. Mas pelo menos um episódio o leva a se descontrair sempre que lhe vem à lembrança: em sua primeira convocação, aquela do time montado pelo povo em janeiro de 1983, ele conheceu uma espécie de alma gêmea na arte de pregar peças e fazer molecagens: o lateral-direito Paulo Roberto, então integrante da seleção gaúcha, que se hospedou no mesmo hotel.

Os dois se pareciam fisicamente, pelo porte físico longilíneo e por alguns traços do rosto, e tinham os cabelos compridos encaracolados. Foi exatamente essa semelhança que propiciou a aproximação deles. "Na hora do almoço, o De Léon veio com o Paulo Roberto na minha direção e me apontou: 'Olha, não falei pra você? Vocês são irmãos!!!' Então brincamos com isso, e eu fui até me sentar com eles na mesa do selecionado gaúcho."

Aquele seria o início de uma duradoura parceria, aprofundada quando eles jogaram no São Paulo e no Corinthians. A dupla estreitaria a amizade – incluindo até relação entre as famílias – e daria origem a diversas situações cômicas no futuro, com trotes, pegadinhas e armações de uma irresponsabilidade infantil e saborosa. Uma marca da personalidade do jovem Casagrande que agora encontrava um espelho. Escracho à vista!

## 20. PEGADINHAS DO CASÃO

No início da adolescência, Casão aprendeu a zombar da vida para torná-la mais emocionante e afastar o tédio do dia a dia – uma vocação aprimorada na juventude. Naqueles tempos, ele bem poderia ser personagem dos filmes *Caros amigos* e *Quinteto irreverente*, do italiano Mario Monicelli, transformando aquela turma impagável num sexteto. As piadas, peças e encenações armadas para se divertir à custa dos outros – pessoas íntimas ou desconhecidas, tanto faz – são da mesma natureza das maquinações postas em prática pelos tipos representados por Ugo Tognazzi e companhia nas comédias dos anos 1970 e 1980. Sem a preocupação de ser "politicamente correto", um conceito que só surgiria anos mais tarde, agia com inconsequência estarrecedora. Quando passou a conviver com o lateral Paulo Roberto, encontrou o cúmplice ideal para dar vazão a essa faceta nas concentrações do São Paulo e do Corinthians, embora já tivesse estabelecido outras parcerias antes de se tornar famoso, com Magrão (o amigo desde a infância), Ocimar, Marquinho, Márcio, Tambor, entre tantos malucos da Turma do Veneno, da qual fazia parte no bairro da Penha.

Esse traço aflorara desde cedo e, não raro, lhe causava problemas. Aprontava uma travessura atrás da outra nos tempos de estudante e chegou a ser expulso da escola Penha de França, mais tarde chamada Professora Esther Frankel Sampaio. Além do perfil contestador, o que já o indispunha com os professores, ele mantinha o hábito de fazer desenhos da diretora, Maria Amélia, como bruxa. A gota d'água foi quando penduraram na parede uma vassoura de piaçava, de cabeça para baixo, vestida como bruxa, com o nome da diretora escrito. Ele não teve nada a ver com aquilo, mas pagou pela má reputação. "Não sabiam quem tinha feito aquilo, então mandaram para a diretoria os caras mais suspeitos", relembra Casão. Não houve perdão.

Levado pelo vizinho Magrão para a escola Santos Dumont, os dois passaram a formar uma dupla do barulho. "Ele já tinha repetido de ano, e eu nunca, até estudarmos juntos, pois tomei bomba dois anos depois de ele ter ido pra lá. A gente só fazia bagunça", conta Magrão. Também costumavam fugir para cabular aula. Foram flagrados várias vezes. "Numa das ocasiões, o Casa inventou de pular o muro para ir ao Penharama, um cinema famoso no bairro. Queria ver *Guerra nas estrelas*, que havia sido lançado recentemente e fazia grande sucesso. Mas nos pegaram bem em cima do muro. Estávamos eu, ele e o Ademar, que anos depois seria técnico da Seleção Feminina. Porém, no dia seguinte, só eu e o Ademar fomos para a diretoria. Essa diretora adorava o Casa e sempre aliviava a barra dele. Acho que só por isso não o expulsaram de novo."

Casagrande admite que tirava proveito pelo fato de ser querido. Ir ao cinema durante o horário escolar se tornou quase rotina. "Havia uma coordenadora que também gostava de mim. Ela chegava a me ajudar a pular o muro quando eu dizia que queria ir ver algum filme bacana. Dona Cida falava assim: 'Vai, vai, que ninguém está vendo!'"

Ao se tornar uma realidade no Corinthians e começar a treinar com os profissionais, embora ainda fosse juvenil, Casão largou os estudos. Ele só completaria o segundo grau, atual ensino médio, mais tarde, em um curso supletivo. Mas as peraltices que aprontava na escola apenas mudaram de lugar.

\*\*\*

Uma passagem inesquecível para Magrão, e que demonstra bem a irresponsabilidade moleca de Casão, refere-se ao julgamento por porte de cocaína, ocorrido no Fórum da Penha. Diante da grande repercussão do caso, do interesse público e da parafernália montada pela imprensa em frente ao fórum, para acompanhar qual seria o desfecho da acusação criminal que ameaçava a carreira do jovem e promissor artilheiro do Campeonato

Paulista de 1982, o Departamento de Operação do Sistema Viário (DSV) fechou a rua. Casagrande chegou acompanhado pelo advogado José Aranha, o mesmo do ex-governador Paulo Maluf, e pelos amigos Magrão e Claudinho, testemunhas de defesa. "Havia uma tensão no ar, mas o Casa parecia não estar nem aí, só fazia brincadeiras", relata Magrão. "Nossa! Quantos flashes e luzes em cima da gente! Nós quatro estamos parecendo até os Beatles. Eu estou me sentindo o John Lennon... E você, Magrão, quem quer ser? O Paul McCartney?", perguntava ao amigo, perplexo ao vê-lo tão relaxado. "Aparentemente, ele não tinha a menor noção do risco de pôr fim à sua carreira."

O advogado os conduziu a uma sala para orientar qual deveria ser o procedimento do réu e das testemunhas. Enquanto o doutor Aranha passava instruções a Magrão, Casagrande simulava com a mão direita, às costas do jurista, uma tarântula andando em cima da mesa. "Ele adorava me colocar em situação difícil. Eu tentava prestar atenção nas explicações, mas não dava para segurar o riso. O advogado deu bronca. 'Estou falando sério, isto aqui não é brincadeira', me repreendeu. Mas o Casa não se preocupava com os problemas, por mais sérios que fossem. Ele levava tudo na gozação." Até mesmo durante o julgamento, enquanto o juiz observava a explanação de Aranha, ele repetia o gesto com a mão e olhava para o lado de Magrão, que precisava segurar o riso, sob risco de sair algemado do plenário, por desacato.

Logo que se tornou jogador conhecido, Casagrande foi convidado para atuar em duas pornochanchadas, um gênero popular de cinema, na época, que mesclava cenas de nudez ou sexo explícito com comédia: *Procuro uma cama*, dirigida por Deni Cavalcanti, em 1982; e *Onda nova*, da dupla José Antônio Garcia e Ícaro Martins, em 1983. O desempenho como ator era sofrível. Nesse segundo filme, que contou também com a participação de Wladimir, ele precisou ser dublado e substituído por um dublê em algumas cenas, na montagem final, depois de abandonar as gravações. Mas contracenou com atrizes famosas, como Carla Camurati, Tânia Alves, Vera Zimmermann e Regina Casé. No início, ele achou a experiência interessante e, numa das gravações do primeiro longa-metragem, levou o amigo

Marquinho para atuar como figurante. No set de filmagem, montado no parque da Aclimação, seu parceiro desde a adolescência conheceu Acácia Andréa, uma das atrizes, e iniciou um romance que terminaria ruidosamente por culpa de Casão.

Depois de saírem juntos algumas vezes, Marquinho se apaixonou por Acácia e a pediu em namoro. Ao revelar seus sentimentos a Casagrande e Magrão, o rapaz passou a ser torpedeado. "Você vai namorar mesmo a Acácia!!!?", perguntou Casão, com ares de preocupação. "Sim, qual o problema? Ela é uma garota bacana!", ouviu como resposta. "É que ela faz filme pornô... já viu, né?", provocou o jogador. Marquinho fisgava a isca e tentava sempre defender a amada, argumentando que ela era substituída por uma dublê nas cenas de sexo. Certo dia, os três foram comer numa unidade do Grupo Sérgio, na Radial Leste, rede de restaurantes muito conhecida na década de 1980, e Casão começou um papo atravessado.

— Estou numa situação complicada, com um dilema: se você, Marquinho, soubesse que a mina de um amigo seu o traía, você contaria pra ele?

— Eu não falaria, não. Às vezes o cara pode até ficar com bronca de você — respondeu Marquinho, ingenuamente.

— Mesmo se fosse um grande parceiro, você não contaria?

— Não, não diria nada.

— Mas... e se fosse assim como um irmão?

— Nãooo, pô, já disse. Aonde você quer chegar? — exasperou-se o jovem.

— Ah... e se você tivesse comido a mina do seu melhor amigo?

Depois de um silêncio tenso pairar sobre a mesa, Casão voltou à carga:

— E se eu lhe disser que transei com a sua namor...

Nem deu tempo de terminar a frase. Marquinho subiu na mesa e provocou tumulto no Grupo Sérgio. Possesso, teve uma crise de nervos, despejou o cesto de lixo dentro da pia, um escândalo dos diabos, estragando o almoço das famílias presentes, estarrecidas com o ataque de fúria.

Após ser contido pelos amigos e garçons, Marquinho encaminhou-se bufando para o estacionamento. "Vou deixar vocês dois aqui!" Mas, assim que destravou as portas do carro, Casão e Magrão entraram rapidamente no banco de trás. O namorado ofendido acelerou e saiu cantando pneu. Porém Casão não sossegava: "Como é a música do Sidney Magal, mesmo? Aquela da pilantra Acácia Rosa Madalena...", perguntou, referindo-se à canção da cigana "Sandra Rosa Madalena", grande sucesso no final dos anos 1970, tocada até hoje em rádios e boates. Instantaneamente, Marquinho puxou o breque de mão, parou com estardalhaço no meio da Radial Leste e saiu do carro. Exigia que os passageiros descessem ali. Como os dois se recusavam e os carros buzinavam diante daquele transtorno no trânsito, ele voltou ao volante e impôs uma condição: "Eu levo vocês embora, desde que não abram mais a boca!" Dessa forma, não foi possível desmentir aquela provocação barata, inventada só por diversão.

Naquele dia, Marquinho encontrou a namorada e houve uma briga daquelas de sair faísca. Magoada e ofendida com a desconfiança infundada, ela o largou definitivamente. Ao reencontrar Casão e constatar que tudo não passara de brincadeira, Marquinho ficou inconsolável. E ainda teve de ouvir lição de moral: "Quem mandou entrar na minha pilha? Parece até que não me conhece, pô! A gente gosta de zoar com tudo mesmo, não era pra levar a sério. Tá vendo no que dá ser bobão? Você perdeu uma princesa..."

Essa não foi a única vez que Marquinho se tornou vítima desse peculiar senso de humor. Em outra situação, o atacante sugeriu ao amigo trocar o Opala Comodoro, que ele adorava, por uma Veraneio, modelo usado na época como ambulância e carro de polícia (tanto da PM quanto da Polícia Civil). "Por que você não vende esse carro e compra uma ambulância?", disse Casão. O amigo trabalhava na época como motorista desse tipo de veículo e, segundo o jogador, seria um negócio da China se tornar proprietário. Com seu quase irresistível poder de persuasão, conseguiu convencê-lo de que uma Veraneio teria mais utilidade. Eles foram, então, a uma loja de automóveis, venderam o Opala e compraram o tal modelo defendido ferrenhamente pelo ídolo corintiano.

Ele imaginava se divertir com aquela Veraneio verde, parecida com carro de polícia, e assustar a molecada. Para comemorar a aquisição, saíram dando "blitz" por aí. Para não ser reconhecido, Casão botou um gorro na cabeça, escondeu a chave de roda sob um casaco longo, deixando só a ponta para fora, como se fosse uma arma, e passou a impor a lei e a ordem nas quebradas. Com o braço para fora da janela, dava tapas na lataria, direcionava a luz de uma lanterna e bradava para os casais que se agarravam num *drive-in*: "Circulando, circulando, circulando!", no jargão típico dos tiras. "Os namorados se separavam na mesma hora e, assustados, iam embora. O Casa já era jogador do Corinthians, mas disfarçado, à noite, e com o fator surpresa, ninguém poderia imaginar algo absurdo assim. Depois de limpar a área, caíamos na risada", relata Magrão.

No meio da madrugada, a Veraneio morreu em plena avenida Pompeia. O motor havia despencado na rua. Marquinho desesperou-se: "Olha só o que você arranjou! Maldita a hora em que troquei aquele meu Opala lindo por esse carro horroroso, caindo aos pedaços!" Ainda levou outro puxão de orelha. "Claro, você é cabeça fraca... Não podia ter entrado no meu barulho!"

A turma tem muitas histórias que envolvem carros, objeto de desejo de quase todo jovem. Ocimar tinha um Puma conversível e, certo dia, Casão propôs para a galera: "Vamos para a praia?" Porém, o carro esportivo não comportava os quatro parceiros ali reunidos. Casão decidiu, então, arrumar outro Puma. Mas ele acabara de virar profissional e não tinha dinheiro suficiente para comprar esse modelo de luxo. Para o impetuoso atacante, no entanto, isso não representava um problema.

Na maior cara de pau, dirigiu-se a uma loja de automóveis pertencente a Vicente Viscome, ex-vereador de São Paulo que acabaria preso por corrupção, e manifestou o desejo de experimentar um Puma. Como a fama abre portas, lhe foi concedido tal privilégio. Assim, o quarteto partiu com dois Pumas rumo à Praia Grande. Porém, de tanta aceleração na serra, o motor do carro dirigido por Casa fundiu na Anchieta. Ele não titubeou: telefonou para Viscome, que lhe enviou outro Puma, levado por dois funcionários. A rapaziada seguiu viagem, divertiu-se no litoral e, no dia seguinte, Casão devolveu o carro para a concessionária. "Não gostei", justificou-se, para não fechar o negócio. No fim das contas, comprou um Gol, modelo popular condizente com seu bolso.

Esse tipo de viagem-surpresa, sem qualquer planejamento, era frequente. Ao entrar no carro do centroavante, os amigos tinham de estar preparados para tudo. Certo dia, quando ainda nem havia estreado pelo time profissional do Corinthians, passou na casa de Magrão, junto com Marquinho, e lhe disse de bate-pronto: "Entra aí, a gente já volta!" Era uma frase típica dele, sem que tivesse necessariamente o significado estabelecido pelo senso comum. "Eu estava de bermuda e chinelo; por sorte resolvi trocar de roupa. Só depois me falaram que estávamos indo para Poços de Caldas."

Casagrande acabara de acertar a transferência para a Caldense e precisava assinar o contrato de empréstimo. A bordo de um Fusca, só chegaram ao destino à noite, com o clube já fechado. O jogador explicou a situação ao vigia, que ligou para o presidente, chamado Bento Gonçalves, providenciar um hotel para a turma. "Passamos a madrugada sem dormir, o Casa só fazia palhaçada por causa do nome do dirigente. 'Bento Gonçalves em Minas? Ah, isso não existe!!!', divertia-se." Ele não se conformava de haver um homônimo mineiro do herói gaúcho, um dos líderes da Revolução Farroupilha, que deu nome à cidade do interior do Rio Grande do Sul.

Numa outra viagem do "trio calafrio" a Poços de Caldas, embora não tivesse habilitação, Casão foi e voltou dirigindo o Gol novo de Marquinho, que havia torcido o joelho e estava com a perna imobilizada. No regresso a São Paulo, foram parados na estrada pela Polícia Rodoviária, por excesso de velocidade. "Seu guarda, eu não tenho carta de motorista, o carro é do meu amigo aqui. Mas somos jogadores do Corinthians e, como ele se machucou, assumi o volante. Por favor, nos libere, porque temos treino no parque São Jorge", argumentou Casão. Por sorte, o policial gostava de futebol e já ouvira falar dele, por sua atuação na Taça São Paulo de Juniores. Mesmo assim, se julgava no dever de apreender o veículo e levá-los à delegacia. Depois de muita conversa, concordou em deixá-los prosseguir viagem e ainda deu o alerta: "Daqui a 30 quilômetros, tem uma blitz. Cuidado, porque podem pará-los lá também." Quase um ano mais tarde, ao regressar novamente a São Paulo, depois de ter terminado a temporada pela Caldense, o atacante já dirigia o próprio carro, um Chevette prata. Porém ainda sem a carteira de habilitação, a qual não se dera o trabalho de tirar.

O ponta-esquerda Sidney, ex-São Paulo e Santos, também já foi vítima desse jeito descompromissado de Casagrande. Um belo dia, Casão ligou para o colega e avisou: "Tô passando aí, você vai bater uma bola comigo!" Sidney embarcou de camisa regata, bermuda e chinelos Havaianas, levando apenas as chuteiras nas mãos, certo de que disputaria uma pelada entre amigos em algum campinho próximo. "Onde é o jogo?", perguntou. "É aqui perto, a gente já volta", assegurou Casão. Só depois de algum tempo na estrada a verdade veio à tona. Eles estavam indo para Piraju, a cerca de 300 quilômetros de São Paulo, para um jogo do Veneno, o time de várzea de Casão.

A partida no interior havia sido comercializada por seus amigos, com o chamariz de que Casagrande iria atuar, e houve até transmissão ao vivo da rádio local. Pior: outro jogo fora programado para o dia seguinte em Manduri, cidade vizinha a Piraju. Ou seja, seria preciso passar a noite fora. Sidney se torturava: como explicar tal imprevisto para a mulher, Tereza, jogadora de vôlei do São Paulo? "Nem vou ligar, ela vai dizer que é mentira", reclamava. "Fica frio, eu falo para a Mônica explicar, as duas são amigas", contemporizava Casão, tentando tranquilizá-lo. "Encontrei o Sidney uns dias depois e soube que o bicho pegou na casa dele. A Tereza ainda não o havia perdoado", conta Magrão.

Ao conhecer Paulo Roberto, Casagrande ganhou um parceiro no futebol para praticar novas molecagens. Certa vez, eles estavam concentrados com a delegação do Corinthians no hotel São Rafael, no largo do Arouche, em São Paulo, quando o telefone do quarto tocou e Casão atendeu a ligação. "Só queria confirmar a reserva para quarenta pessoas", disse a voz do outro lado da linha. "Ah, só um momento, vou chamar a pessoa responsável", emendou ele, sem o menor constrangimento, passando o aparelho para Paulo Roberto. "Vamos ver... Qual é o nome da empresa mesmo? E a data desejada? Ok, reserva confirmada!", assegurou o lateral. Assim, eles programaram um congresso para o hotel, sem o conhecimento da direção.

Nem mesmo quando estava longe Casão deixava os amigos da Penha em paz. Ocimar tinha muitas espinhas no rosto e ganhou vários apelidos referentes a isso, como "Choquito", "Abacaxi" e "Chuteira", o que o deixava extremamente bravo. Concentrado para um jogo em Salvador, o atacante combinou com Paulo Roberto de passar um trote no parceiro de infância. Ele ligou para a lanchonete de Ocimar e colocou o lateral na linha, enquanto ouvia pela extensão no banheiro. "Boa tarde, estamos ao vivo na Rádio Brasil, da Bahia, e o senhor será premiado se responder à seguinte pergunta: qual ator da TV Globo é nascido na Penha, em São Paulo?", falou Paulo Roberto, impostando a voz como locutor. Ocimar, criado no bairro, sabia a resposta, é claro. "Marcos Winter, Marcos Winter!", gritou, exultante. "Resposta exata! O senhor acaba de ganhar uma caixa de Choquito, um par de chuteiras e dez quilos de abacaxi", completou o lateral, enquanto Casão gargalhava. Só restou a Ocimar desfiar um rosário de palavrões.

Naquela década, os jogadores do São Paulo gostavam de ir a um barzinho na avenida Nove de Julho, cujo gerente, Serginho, tinha uma quedinha pelo lateral-esquerdo Nelsinho. Mais de uma vez, Casão e Paulo Roberto aplicaram o mesmo truque para sair sem pagar a conta. Logo na entrada, perguntavam ao gerente para animá-lo: "E aí, Serginho, tudo bem? O Nelsinho já chegou? Combinamos de encontrá-lo aqui." Diante da resposta negativa, sentavam-se e consumiam, como se estivessem à espera do colega. Mais tarde, concluíam a trama: "Olha, nós vamos dar uma voltinha, mas, quando o Nelsinho chegar, avisa que nós vamos voltar, hein?", diziam para o gerente que, solícito, assinava as comandas liberando a saída. Quando retornavam, dias depois, ficava tudo por isso mesmo. O administrador do bar percebia o golpe, evidentemente, mas deixava barato porque a presença dos jogadores funcionava como um atrativo para os outros clientes.

Ser torto na vida parecia uma sina. Até mesmo quando Casão pretendia fazer a coisa certa, sem engabelar ninguém, os fatos iam se desenrolando de tal maneira que se transformavam numa aventura arriscada. Ainda mais quando envolvia o pessoal da Turma do Veneno, cada um mais transgressor que o outro.

No momento em que se propôs a organizar shows e eventos, numa atividade paralela, o atacante tentou juntar o tino comercial à sua paixão pela música. Algo sério, empresarial. E nada melhor, pensou ele, do que promover um show de Raul Seixas, um de seus maiores ídolos do rock, que andava sumido, doente e decadente. Haveria de ter público fiel para ver o Raulzito, ainda mais com o astro fora da mídia, apostaram Casão e seus fiéis escudeiros. Mas o que se iniciou com as mais nobres intenções terminaria em confusão e fuga.

## 21. FUTPOPBOLISTA

Casagrande é fã de rock desde que ouviu pela primeira vez aquela batida vigorosa e se encantou com a atitude desafiadora de seus ícones. Tem preferência por sons pesados, feitos por almas atormentadas, como Jim Morrison, Janis Joplin, Jimi Hendrix... ou bandas de metal, como AC/DC e Black Sabbath. Também adora blues, com fascínio especial por Eric Clapton, embora seu gosto musical seja vasto, indo de Beatles à música popular brasileira. Curte o rock nacional e se tornou amigo de vários músicos. Ele domina, com precisão, a história e a formação dos grupos e, ao colocar uma música para tocar, é capaz de antecipar solos de guitarra, baixo, bateria, o escambau, dando a autoria de cada um deles. Um conhecimento adquirido a partir da pré-adolescência, quando esperava com ansiedade o lançamento, no Brasil, de LPs e álbuns de vinil dos seus maiores ídolos. Naquele tempo, as novidades demoravam a chegar, sem a velocidade das informações pela internet e a cultura digital. Além disso, havia censura da ditadura militar, barreiras de importação, estratégias comerciais das gravadoras para o mercado fonográfico internacional... Tudo tornava o acesso mais difícil.

Em busca de informações sobre produções estrangeiras, frequentava cineclubes e salas do circuito alternativo paulistano, a maioria já extinta. "A primeira vez que vi Janis Joplin em ação foi num cinema desse tipo, por volta de 1975, na avenida Faria Lima. Fiquei maravilhado." As cenas da juventude rebelde no festival de Woodstock, realizado em 1969 nos Estados Unidos, também o influenciaram profundamente.

Ao se tornar atleta profissional, Casão destacava-se dos demais tanto pelas conversas recheadas dessas referências musicais quanto pelas roupas inspiradas na moda hippie, incluindo camisetas com estampas de astros do rock. O que era visto com desconfiança ou até repulsa, na época de Vicente Matheus e seus asseclas, virou alvo de admiração com a renovação trazida pela Democracia Corinthiana. O publicitário Washington Olivetto, convidado por Adilson Monteiro Alves para ser vice-presidente de marketing do clube, encarou aquilo como algo positivo e percebeu que poderia virar uma marca de Casagrande. Foi além: planejou estender aquele interesse cultural para o restante do time.

Amigo de Rita Lee e Roberto de Carvalho, Olivetto articulou a aproximação do casal com o time do Corinthians. Parecia ser um bom caminho para combater o velho estigma de que jogadores de futebol frequentam boates com prostitutas depois dos jogos (um lugar-comum, mas embasado na realidade) e abrir perspectivas para os atletas descobrirem um universo mais atraente, convivendo com estudantes e jovens de sua geração. Um barzinho especializado em rock, na rua Bela Cintra, na região da avenida Paulista, se tornou tradicional ponto de encontro de integrantes do time depois das partidas do Corinthians. "Havia uma característica interessante na Democracia Corinthiana, que era a proximidade entre as faixas etárias de jogadores e dirigentes, coisa que praticamente não havia acontecido antes no futebol", destaca Olivetto.

"Como filha de um grande corintiano, e ela mesma uma torcedora fanática, sugeri à Rita Lee convidar a rapaziada para o seu show. E ela os chamou até o palco, naquelas cenas famosas com Casagrande, Sócrates e Wladimir fazendo parte do espetáculo", lembra o publicitário. Os três dançaram e cantaram, ao lado da estrela, o refrão "Meu amor, por favor, vote em mim", música escolhida justamente por fazer referência ao voto e remeter à ideia de democracia.

Nesse show no Ibirapuera, eles haviam prometido levar uma camisa do Corinthians para dar a Rita Lee, mas somente quando já estavam na plateia Casão se lembrou desse detalhe. "Pô, Magrão, trouxe o presente da Rita?", perguntou para Sócrates. O Doutor também se esquecera, assim como Wladimir. Casão olhou ao redor e viu um rapaz vestido com o uniforme do time. Era a única saída: ele o abordou e lhe pediu a camisa. Ao ver os três principais jogadores da equipe ali, lhe fazendo um pedido tão insólito, o torcedor pensou que estivesse delirando ou sendo vítima de uma pegadinha. "Você só pode estar de sacanagem...", rebateu o fã. Mas, ao ouvir a explicação, aceitou ajudar: "Se é esse o motivo, será uma honra." Tirou prontamente a peça e ficou sem camisa no restante da noite.

A parceria com Rita Lee e Roberto de Carvalho agradou a muitos corintianos, mas tocou especialmente Casagrande, um roqueiro por excelência. Eles iriam se encontrar diversas vezes e selar uma amizade que o influenciaria dali em diante. Casão até homenageou a rainha do rock nacional com o célebre "Gol Rita Lee", promessa feita minutos antes do início do segundo jogo da final do Campeonato Paulista de 1982, contra o São Paulo, no Morumbi. Ao ser entrevistado pelo então repórter Fausto Silva, já dentro do gramado, o artilheiro se empolgou ao saber da presença da cantora na cabine da rádio Globo e se comprometeu a balançar a rede como um presente para a ilustre torcedora. Ele fecharia o placar na vitória por 3 a 1.

Em um encontro entre eles, vinte anos mais tarde, num bate-papo para a coluna que Casagrande mantinha no jornal *Estadão*, publicada em 15 de outubro de 2002, Rita cita essa homenagem e até se levanta para abraçá-lo em agradecimento. "Foi o único gol dedicado em toda a minha carreira", diz Casão. Durante a conversa, ele tira do bolso um telegrama enviado pela musa, em 1983, para manifestar solidariedade após a detenção dele pela polícia por suposta posse de cocaína. Ao descobrir que ele guardara como recordação o papel, já amarelado, pelo significado que teve naquele momento difícil, Rita se emociona e fica um minuto em silêncio. "Não fiz nada de excepcional, Casão. Você foi meu ídolo, um cara genial, bom para São Paulo, importante para o país. Tinha que tentar ajudar com carinho. Eu, por exemplo, guardo uma carta da Elis Regina, também corintiana, enviada quando fui presa", compara.

O Gol Rita Lee ficou eternizado na memória de toda uma geração de torcedores alvinegros por simbolizar o instante mágico em que o time mais charmoso e transgressor do país conquistou seu primeiro título. "Há uma narração inacreditável desse gol, feita pelo Osmar Santos. Eu tenho essa gravação até hoje em casa", empolga-se Washington Olivetto.

Com seu talento particular para transmitir emoções, Osmar descreve o lance no qual Ataliba dá um gingado de corpo ao passar entre dois são-paulinos, que caem no chão após trombarem, e serve na medida para Casagrande dominar a bola, na grande área, e tocar com categoria para o fundo da rede. Na sequência, Osmar já antecipa que o "Gol Rita Lee" selaria a conquista da taça aos 41 minutos do segundo tempo. "E que gooooool! Golaço do Corinthians! Um golaço! Que beleza é o espetáculo! Casagrande faz o 'Gol Rita Lee' para decidir o título", grita o Pai da Matéria, como era chamado, enquanto toca a famosa vinheta da rádio: "Que bonito é/ As bandeiras tremulando/ A torcida delirando/ Vendo a rede balançar..." Nessa época, as bandeiras com mastros ainda não haviam sido proibidas nos estádios de São Paulo.

Em seguida, Osmar emenda: "O Corinthians de Sócrates e Casagrande, o Corinthians de Biro-Biro, o Corinthians de Wladimir e Zenon, o Corinthians dele também, de Adoniran Barbosa!", ressalta o radialista, enquanto ao fundo ouve-se a música "Trem das onze", de Adoniran, cantada por Gal Costa. "O poeta do povo continua vivo! O poeta do povo está sorrindo como nunca com você, Corinthians!", arremata o locutor.

Apaixonado torcedor do clube, o sambista-símbolo de São Paulo morrera dezenove dias antes e, ao longo da semana, tanto Casagrande como Sócrates haviam manifestado a intenção de levantar a taça como tributo ao autor de "Samba do Arnesto", "Tiro ao Álvaro" e "Saudosa maloca", entre outros sucessos. Assim, em um único gol, três grandes nomes da música acabaram cultuados: Rita, Adoniran e Gal. Essa narração de Osmar Santos se tornou peça de colecionador, a exemplo do próprio Olivetto. Com o surgimento da internet, no entanto, hoje em dia também pode ser encontrada no Soundcloud, YouTube e em outras plataformas especializadas.

\*\*\*

A imagem de roqueiro colou em Casagrande e fez com que um grande contingente de jovens se identificasse com o atacante corintiano – e não, necessariamente, apenas torcedores do clube. "O Casagrande é o precursor de um personagem que começou a se materializar fortemente na Europa a partir do Ronaldo Fenômeno. É o que eu chamo de "futpopbolista", cruzamento de jogador de bola com ídolo do pop. Talvez ele tenha sido o primeiro futpopbolista do Brasil por suas atitudes, que tinham conotação de rock'n'roll", define Olivetto.

Como também se destacava por ser politizado, Casagrande ajudou a chamar a atenção da juventude mais ligada em música para a luta pela redemocratização do país. Numa tacada de mestre, para demonstrar às empresas a grande exposição proporcionada pela camisa do Corinthians – um tipo de marketing até então desconhecido por aqui –, Olivetto colocou a mensagem "Dia 15 vote" nas costas do uniforme alvinegro, conclamando a população a comparecer às urnas para eleger o governador do estado, depois de tantos anos sem eleições. "O grande destaque da utilização daquela camisa foi o Casagrande. A principal foto era a dele de costas, inclusive melhor do que a do Sócrates", destaca Olivetto, ressaltando o talento do atacante para a comunicação de massa.

A iniciativa causou preocupação ao regime militar, pois o time era nitidamente associado à oposição. O presidente do extinto Conselho Nacional de Desportos (CND), brigadeiro Jerônimo Bastos, convocou o presidente corintiano, Waldemar Pires, ao Rio de Janeiro, a fim de proibir o uso da camisa em campanhas políticas. Mas o recado já havia sido dado, e logo em seguida começaram a aparecer empresas interessadas em explorar o espaço publicitário.

Ídolo pop, amigo de Rita Lee, amante do rock e com desejo de transformar o mundo, Casão resolveu ingressar no universo do showbiz. Ele conheceu os donos da FWM, agência de eventos em dificuldade financeira, e entrou como sócio. De cara, organizou a festa do título paulista de 1982 no parque São Jorge. No ano seguinte, a empresa se passou a chamar Casagrande Produções, e o novo dono idealizou a realização de um espetáculo musical para tentar levantar o negócio. Algumas opções entraram em discussão: Fagner, Simone, Sandra de Sá com Tim Maia na quadra da escola de samba Rosas de Ouro... Nada disso. "Eu sou roqueiro, então quero fazer um show do Raul Seixas", concluiu. "Mas ele não aparece em lugar nenhum", ponderou um dos parceiros envolvidos no projeto. "Por isso mesmo! Há um interesse reprimido do público", decretou ele, fã declarado do pioneiro, no país, do rock com cara de bandido.

O fiel escudeiro Magrão, cuja família é de Marília, teve um estalo: levar o show para a cidade do interior paulista, onde haveria um campeonato de motocross, com gente jovem de vários lugares do país e uma população com poucas opções de lazer. A sugestão foi prontamente aprovada. Durante seis meses, o atacante encontrou-se duas ou três vezes por semana com Raulzito para amadurecer o projeto.

Nesse ínterim, houve até o lançamento de um disco do cantor na badalada boate Gallery, em São Paulo. Casão compareceu – e saiu algumas vezes, sorrateiramente, para cheirar cocaína. Naquela época, dificilmente se cheirava em banheiros ou carros, como mais tarde se tornou comum. Os usuários seguiam todo um ritual, com prato, gilete para bater bem o pó e canudinho. O jogador corria até seu escritório na Faria Lima para cumprir esse "processo de preparo" e voltava ligado ao Gallery. "Nunca usei cocaína na frente do Raul. Ele já não estava bem, e eu não queria instigá-lo, embora saiba que o álcool e as drogas fizeram parte de sua vida até o final."

\* \* \*

Depois de entrar em acordo com Miguel Cidras, maestro e agente de Raul, faltava só arranjar um local apropriado para o show. Representantes da produção viajaram ao interior e alugaram o ginásio do Campus Universitário de Marília, com capacidade para 5 mil pessoas. Em seguida, começaram a fazer divulgação por cidades de toda a região, como Bauru, Tupã, Oriente e demais localidades próximas.

Mas existia um problema. Perto do grande dia, perceberam que haviam cometido um grave erro: a reserva do ginásio não coincidia com o evento de motocross, marcado para uma semana depois. E não havia mais como mudar – a divulgação fora feita, o ginásio encontrava-se indisponível na data pretendida e, principalmente, Raul Seixas já se programara. Pior ainda: não existia linha de ônibus aos sábados à noite para a universidade. A dificuldade de acesso iria afugentar muitos potenciais espectadores.

Na esperança de contornar o problema e atrair público, um dos antigos sócios da FWM teve a ideia de sortear uma moto para a plateia no dia do espetáculo. Porém, sem dinheiro para comprá-la, fechou um acordo com uma concessionária e a levou em consignação. Com a arrecadação da bilheteria, a moto seria paga posteriormente, assim como todas as despesas do show. "Esperávamos 5 mil pessoas, mas foram só 2 mil. Bateu desespero! Não dava para pagar nem o Raul Seixas, quanto mais o ginásio, o hotel e a moto", conta Magrão.

O clima de tensão aumentou com a chegada de Raul. O astro avisou que não entraria em cena se não recebesse o cachê adiantado. Seguiu-se uma longa e extenuante negociação. Para evitar um escândalo, o mesmo sócio que idealizara o sorteio da moto preencheu na hora um "cheque voador" e o entregou ao cantor. Raul queria dinheiro vivo, mas o circo já estava armado e ele acabou cedendo, embora com indisfarçável contrariedade.

O show começou com uma hora de atraso. Àquela altura, impaciente, o público já reagia com irritação. Desnecessário dizer que Raul estava "pra lá de Bagdá", muito bêbado – na melhor das hipóteses –, como se tornou praxe em sua fase de decadência e alcoolismo crônico. Levou para o palco, inclusive, um copo de uísque. "Ele cantava uma música e parava pra tomar um gole. Assim, cantou por menos de meia hora, se invocou com a plateia, deu um tapa no copo e anunciou: 'Não canto mais!' Saiu do palco, entrou na perua e voltou para o hotel, enquanto os espectadores protestavam e pediam bis", relata Magrão.

Ainda havia o problema da moto para resolver. Sem dinheiro, seria preciso devolvê-la à concessionária. O autor da ideia, então, resolveu apelar para uma fraude. Ele pediu a outro amigo de Casagrande, que já se enturmara na cidade, para combinar com alguma garota um jogo de cartas marcadas. Ele chamaria o número referente ao bilhete entregue a ela, a menina subiria ao palco como a vencedora do concurso, para ludibriar o público, mas não ficaria com a moto. Assim um papelzinho foi tirado da caixa e o número, previamente escolhido, anunciado para a plateia, com pompa e circunstância: "oito... cinco... três!!!" Mas ninguém se manifestou. Repetiu-se o número, e nada. Alguns espectadores gritaram: "Essa pessoa já foi embora, tira outro número!" A tensão dominava os organizadores, quando surgiu uma moça, pulando de alegria no palco. Ela entregou o bilhete "premiado", e o estafe do show a convidou para ir ao camarim.

Minutos depois, a vencedora apareceu nos bastidores com um grupo de oito amigos, feliz da vida por ter ganhado a moto. O organizador responsável pela marmelada, surpreso, lhe perguntou entredentes: "Você sabe o que está se passando, né?" A resposta caiu como uma pedra: "Claro, eu ganhei a moto!" A confusão aumentava. O amigo de Casão designado para arrumar a tal moça repassara a tarefa para um morador da cidade, que deu o bilhete a uma amiga sem lhe explicar devidamente o plano ou a garota não entendeu direito a maracutaia. "Ainda tentamos convencê-la a não ficar com a moto, mas não houve jeito. Para piorar, ela era filha de um promotor público de Marília", conta Magrão.

Mais enroscado do que disco velho de vinil, o pessoal da produção voltou rapidamente para o hotel, pegou as coisas e fugiu da cidade às pressas. "Conseguimos escapar, mas a polícia fechou a estrada e parou o Raul Seixas, que não tinha nada a ver com a confusão, para prestar esclarecimentos. A imprensa local dizia que o Casagrande deu chapéu em Marília. Até hoje, quando visito minha terra, encontro gente que ainda se lembra desse show", diz Magrão.

A 440 quilômetros dali, Casagrande também nada tinha a ver com esse rolo todo. Ele nem pudera ir ao show no sábado à noite, pois estava concentrado para um jogo contra a Internacional de Limeira, no domingo de manhã. A forma como ele viria a saber das encrencas em Marília foi a mais estranha possível. No meio da partida, seus amigos chegaram ao Canindé, um deles assobiou da arquibancada e gritou "Wartão!!!" para chamar sua atenção. Ao vê-los ali, tão cedo, Casão logo percebeu que as coisas não tinham ido bem no interior. Com ar interrogativo, ele esfregou as unhas das mãos na camisa – o típico sinal de "sujeira", no jargão da malandragem – como que perguntando se algo havia dado errado. Diante da confirmação dos parceiros, só levou as mãos à cabeça. E se esforçou para se concentrar apenas na partida.

* * *

A mistura de rock, política e futebol continuou a fazer parte de seu dia a dia. Era frequentador assíduo de shows e, sempre que podia, desde que não estivesse concentrado ou jogando pelo time, batia ponto nos espetáculos. Mais do que isso, gostava de visitar camarins e fazer amizade com os músicos. Às vezes, desenvolvia tanta intimidade que chegava a ir às apresentações no ônibus da própria banda, como já ocorreu com Titãs e Barão Vermelho, entre outros. Nessas ocasiões, sentia-se quase como integrante do grupo.

Mesmo quando não tinha proximidade, não perdia a chance de manter contato pessoal com os artistas. Em 1983, antes de conseguir conquistar Mônica, ele foi com Denise (sua primeira namorada), Magrão e a namorada dele, Silvana, a um show da Blitz, que estourara com o hit "Você não soube me amar".

Antes de ir para o Anhembi, local do espetáculo, fumara um baseado e encontrava-se chapado, com os olhos vermelhos e recendendo a maconha. Logo na entrada, encontrou-se com o locutor Osmar Santos, por quem nutria grande simpatia e até afinidade, por conta do apoio dado à Democracia Corinthiana e à campanha pelas Diretas Já. Ao vê-lo, Osmar percebeu seu estado alterado, embora, educadamente, não tenha comentado isso de forma aberta para não constrangê-lo. Porém, com seu estilo peculiar, o cumprimentou assim: "E aí? Tá legal, hein, garotinho!!!?" Casão entendeu o recado e caiu na risada.

Depois desse dia, ao longo dos anos, sempre que encontrava um amigo "maluco", Casão repetia o jargão: "E aí? Tá legal, hein, garotinho!!!?" Nem precisava dizer mais nada. Uma forma de comunicação cifrada, mas simples, bem-humorada e cheia de significado, como costumavam ser as frases do genial Osmar Santos.

Todos assistiram ao show no Anhembi e, ao final, Denise e Silvana foram ao banheiro. Enquanto esperavam as garotas, uma pessoa da produção da Blitz avisou ao atacante que Evandro Mesquita, vocalista e líder da banda, gostaria de conhecê-lo. Casão se animou e, na mesma hora, convidou Magrão para ir junto ao camarim. "E as meninas?", ponderou o amigo. "A gente as encontra depois, fica frio", respondeu, com seu habitual descompromisso.

Casão queria aproveitar a oportunidade para conhecer Fernanda Abreu, vocalista e parceira de Evandro Mesquita na banda, por quem sentia atração. Por isso, a ausência da namorada naquele instante vinha até a calhar. "Cara, nós vamos perder nossas garotas!", insistiu Magrão. Mas, decidido, o atacante abriu o jogo: "Eu preciso falar com a Fernanda, essa mina é demais, cara!" E lá foram eles.

Depois de cumprimentar o vocalista, Casagrande teria seu grande momento de ser apresentado à musa da Blitz. No caminho até o camarim, ele manifestara a intenção de passar uma cantada na estrela, ou pelo menos demonstrar seu interesse, trocar telefone, algo do gênero, mas travou na hora H. Soltou um elementar e reprimido "Oi!". Ao saírem de lá, Magrão o cobrou pela timidez: "Pô, largamos nossas namoradas pra você tentar engatar algo com a mina, e você chega lá e não fala um 'a'? Tenha dó! Agora, vamos enfrentar a fúria das meninas, que devem estar nos procurando feito loucas e, claro, numa bronca danada." Dito e feito. As duas haviam rodado o Anhembi inteiro e, sem achá-los, foram ao estacionamento conferir se o carro ainda se encontrava lá. "Quando aparecemos, elas estavam paradas ao lado do jipe. Ouvimos um sermão interminável", lembra-se Magrão.

Essa falta de coragem para abordar as mulheres sempre o acompanhou na adolescência e juventude. Magrão não se cansa de jogar na cara de Casão que, se não fosse pelos velhos camaradas, e especialmente por ele próprio, seu melhor amigo, a vida sexual e afetiva do atacante corintiano teria sido um fiasco. "Eu é que cantava as meninas pra ele. Até a Mônica, pô, eu tive de dar um jeito de aproximá-lo dela. Nessa área, sempre foi fraco. Só se dava bem por causa da fama", tripudia.

Apesar das espetadas de Magrão, Casagrande acabava se dando bem nesse terreno, embora tímido para tomar a iniciativa da primeira abordagem. Aos 18 anos, já saía com dançarinas do "Show de Mulatas do Sargentelli" – famoso espetáculo de samba produzido pelo apresentador Oswaldo Sargentelli numa época em que o termo "mulata" era glamorizado como sinônimo de beleza, antes da discussão sobre o teor racista que o envolve – e também com as chamadas "chacretes" do programa do Velho Guerreiro, o Chacrinha. Além disso, abria, lia e selecionava, com a ajuda do amigo Ocimar, as centenas de cartas que as fãs lhe enviavam. "Escolhíamos pela letra e íamos visitar as melhores. Algumas vezes, acertávamos na mosca! Quando nos decepcionávamos, só fazíamos um agá, a menina ficava feliz e íamos embora."

A tática das cartas teve curta duração. Logo ele abandonou essa prática juvenil, e os shows se tornaram o ambiente preferido para iniciar paqueras. Quase sempre pedia auxílio a um de seus camaradas para se aproximar da mulher desejada. Isso aconteceu numa apresentação do Creedence em São Paulo. A certa altura, ele se virou para o amigo Márcio e falou em tom imperativo: "Vai lá e pega o telefone daquela mina ali pra mim." O problema era que a garota estava acompanhada por um sujeito, aparentemente namorado. "Você tá louco? Ela está com um cara, como vou chegar assim?", rebateu o parceiro. "Que nada, a mina tá dando bola pra mim, olha só, vai pegar o telefone dela!"

Ajuizadamente, Márcio não se atreveu a entrar nessa roubada. Porém, a própria moça resolveu tomar uma atitude. Pediu a seu acompanhante que fosse buscar uma bebida e, tão logo ele se afastou, aproximou-se de Casagrande e lhe passou rapidamente o número do telefone. "Depois você me liga", combinou. "Tá vendo? Eu não disse? Sou malandro, meu, e você é um puta otário!", fustigou Casão, dirigindo-se ao companheiro. Só que ele mesmo não tivera coragem de fazer a abordagem. Como quase sempre acontecia.

*  *  *

Mas Casão não se sentia tão descontraído assim em todos os shows. No "Tributo a Cazuza", apresentação do Barão Vermelho para homenagear os dez anos da morte do ex-integrante do grupo, em 2000, já chegou "travado" ao Anhembi. Ele estava a caminho com um grupo de amigos, quando o celular tocou. Era o baterista Peninha. Ao saber que se encontravam próximos do ginásio, o percussionista fez o convite: "Nós passamos para pegá-lo, vamos juntos para o show. Estaciona aí mesmo e, quando vir uma van, acena pra gente."

Logo que chegaram à casa de espetáculos, os integrantes do Barão se dirigiram ao camarim, enquanto Casão foi para o banheiro cheirar mais cocaína. Havia levado uma porção na bolsa. Ao se reencontrar com Peninha, logo avisou: "Uma coisa que não suporto fazer, quando estou louco, é tirar fotografia", já supondo que alguém teria a ideia de registrar sua presença ali. Mal ele acabou de falar, apareceu o produtor Duda Ordunha, disposto a tirar uma foto deles juntos, para divulgação. "Meu, no estado em que estou, não tiro uma foto agora nem por um caralho", abriu o jogo. "A gente pega só daqui pra cima...", insistiu Duda, apontando, ingenuamente, a altura do peito. "Daqui pra cima que é pior, pô!", desvencilhou-se Casão. Com as pupilas dilatadas, os músculos da face contraídos, rangendo os dentes pelo efeito da droga, não queria passar recibo. E, assim, não pôde posar para a foto histórica.

Houve outras furadas piores por causa da droga, à medida que a dependência se agravava. Casão já faltou a vários espetáculos de artistas amigos, depois de ter confirmado presença, por não se sentir em condições de aparecer em público. "Uma mancada clássica minha foi num show do Barão Vermelho no Via Funchal. Estava no hotel com o Frejat, o Peninha e o Duda, conversando numa boa, um momento superbacana. Só que eu ia ao banheiro do saguão para cheirar."

Quando faltava uma hora para o show, o pessoal do Barão se despediu e partiu rumo ao Via Funchal. Frejat deu pessoalmente o ingresso para Casão, que se comprometera a sair logo em seguida para assistir ao espetáculo. "Mas eu fiquei mais algum tempo ali, entrei no banheiro de novo... e bateu paranoia. Simplesmente não consegui ir. Além da falta de respeito e de consideração, foi um puta ato egoísta. Na hora, muito doido, apenas pensei: 'Não vou, foda-se!' Os caras eram meus amigos, pô!", penitencia-se.

Na fase ainda mais aguda da dependência química, Casão chegou a receber conselhos até de Luiz Carlini, o lendário guitarrista. Parece até piada: um símbolo dos anos mais loucos do rock nacional tentou colocar Casão nos eixos. Os dois são amigos de longa data, frequentam as respectivas casas e já viveram aventuras capazes de deixar até os carecas de cabelo em pé. Porém, embora mantenha o visual transgressor de sempre, Carlini passou a zelar pela saúde, a se preocupar tanto com o corpo quanto com a mente. Riscou as drogas e o álcool do cardápio – e até mesmo carne vermelha.

Em plena "trip" saudável, certo dia, ele recebeu a visita de Casão às 7 horas da manhã. Foi acordado pela insistência do amigo em bater à porta. "Bota água pra ferver", pediu o ex-jogador, irrompendo sala adentro, enquanto o músico tentava despertar por completo. Ao constatar que a água não seria usada exatamente para fazer café, mas para dissolver cocaína, ele tomou um susto. Tentou, a seu modo, alertar o companheiro sobre os perigos daquele caminho que já percorrera em outros tempos, mas sem grande poder de argumentação. "Ele se sentia impotente, pelo histórico dele, diante da situação", diz Casa.

O dia em que os dois se conheceram nunca será esquecido. O encontro, por acaso, se deu dentro de um velho elevador, num hotel da boca do lixo de São Paulo. Casão fora até lá para se encontrar com Miguel Cidras e contratar o show de Raul Seixas – aquele conturbado, em Marília. O destino de Carlini era o mesmo: dirigia-se ao quarto do maestro e agente de Raulzito. Durante o percurso do vagaroso elevador, houve o contato. "Fala, Casão!", saudou o guitarrista, reconhecendo o centroavante do Corinthians. "Você é o Carlini, né? Sou seu fã pra caralho!", respondeu o jogador. Não era só um elogio educado por uma questão social. Ele tinha verdadeira adoração pelo Tutti Frutti, grupo fundado por Carlini nos anos 1970, que fez grande sucesso com Rita Lee.

Se entre as bandas estrangeiras Casão tinha profunda admiração pelo The Who, em grande medida pelas performances avassaladoras de Pete Townshend – que arrebentava a guitarra, destruindo o instrumento ao final de seus shows –, no Brasil, ele se entusiasmava com Raul Seixas, Os Mutantes e Tutti Frutti. Portanto, não perdeu a oportunidade de iniciar uma amizade que perdura até hoje.

Mais de uma década atrás, o ex-jogador chegou a comprar uma guitarra profissional preta, Gibson Les Paul, com a esperança de aprender seus mistérios com o grande mestre e amigo. Mas o projeto não deu muito certo. Carlini sempre punha o pé na estrada, tocando mundo afora, e seu "aluno" também tinha compromissos profissionais que dificultavam a conciliação das agendas para um aprendizado musical regular e sistemático. Pelo menos essa é a desculpa oficial. Porque, convenhamos, a probabilidade de Carlini transmitir seu virtuosismo a Casagrande é a mesma de o ex-centroavante da Seleção ensinar o roqueiro a fazer gols de bicicleta.

Carlini não foi o único ícone do rock a se sentir impotente em barrar a escalada de Casão rumo ao inferno. Certa manhã, o então comentarista da Globo se viu tomado por uma sensação de culpa e insatisfação. Virado, não conseguia parar de consumir cocaína e tomar tequila. O sol batia na janela, lembrando-lhe que já era outro dia, enquanto o som tocava na sala: "Mais uma dose? / É claro que eu tô a fim! / A noite nunca tem fim / Por que que a gente é assim?"

Ao se ver retratado naquela canção, decidiu ligar diretamente para um dos autores da música. Telefonou para a casa de Frejat, no Rio de Janeiro, e ao ouvir a voz do cantor do outro lado da linha, perguntou à queima-roupa: "Frejat, por que que a gente é assim?" O cantor deu uma risada um tanto amarga e emendou: "Eu também nunca consegui descobrir isso..." Esse episódio não ocorreu como gozação, mas sim como autêntico pedido de socorro. "Queria mesmo uma resposta para entender essa nossa compulsão", explica Casagrande. Uma resposta que jamais encontrou.

\* \* \*

Talvez sua maior proximidade na área musical tenha sido com Marcelo Fromer, guitarrista dos Titãs que morreu após ser atropelado por uma moto em 2001, enquanto corria na avenida Europa, em São Paulo. Os dois faziam juntos um programa que misturava futebol e música na rádio 89FM, depois também na Brasil 2000. Essa tragédia o levaria a estreitar a convivência com os demais integrantes do grupo, sobretudo com Paulo Miklos, que substituiria Fromer como seu parceiro em um projeto semelhante na Transamérica, com o reforço de Carlini.

"Nós nos conhecemos nos bastidores de um show nos anos 1980, mas ele era mais íntimo, em princípio, do Marcelo. A gente se tornou mais próximo justamente na época do acidente, uma situação dolorosa demais que vivemos juntos. O Casão ficou muito abatido e, durante os dois dias no hospital, até que ocorresse o óbito, eu o amparei bastante e fiquei bem perto dele", lembra Miklos, instrumentista, compositor e um dos vocalistas dos Titãs, além de ator. A dor em comum estabeleceria um elo também com o baixista Branco Mello, que anos depois seria mais um titã a fazer com Casão o programa *Rock Bola,* novamente na 89FM, colocando em seguida o filho Bento Mello, guitarrista da banda Sioux 66, em seu lugar.

Na época em que Paulo Miklos dividia com Casão o programa na Transamérica, os dois ainda cheiravam bastante. "Como começava tarde da noite, a rádio já estava bem deserta, então fazíamos uma farra!", conta o músico. "A gente realmente usava a droga, e vou te dizer: não ajudava em nada. Pra entrar ao vivo, era uma trava, uma coisa terrível! O coração vinha na garganta, um desserviço total que a cocaína prestava. E mesmo assim era uma grande curtição, a gente se divertia em ver o outro suando frio [risos]. À parte isso, estávamos fazendo coisas de que a gente gosta, tocando músicas, recebendo pessoas bacanas, interessantes, gente maluca também do rock, artistas, então foi sempre muito prazeroso."

Em 2006, a conta chegou para Miklos, quando sentiu que estava fora de controle e decidiu se tratar. "Isso está muito ligado à depressão. A gente faz uma espécie de automedicação e não dá certo. Você usa a droga e acaba abusando no sentido de cobrir uma situação de dor. É preciso cuidar das duas coisas, porque usar desses artifícios realimenta a própria depressão. Não é um terreno fértil; pelo contrário, complica ainda mais", adverte.

Naquela ocasião, ele percebeu que seria necessário manter distância de Casagrande. "Essa é uma das principais atitudes que a gente tem de tomar. Eu tive que me afastar de onde havia chance de encontrar a droga. E realmente, com os colegas, havia um risco de estar exposto. Dei uma afastada, inclusive, do Casão. Ele ligava pra minha casa e me convidava pra sair, mas eu não estava disponível. Fiquei mais cuidadoso em relação a isso, uma necessidade para alcançar meu objetivo", explica.

Depois que parou de usar drogas, Casagrande estabeleceu outras conexões com os parceiros do rock – muitos deles, assim como Miklos, também tiveram problemas com a dependência química e conseguiram, cada um à sua maneira, conquistar a sobriedade.

\* \* \*

Uma mostra de como essa relação se tornou profícua está em um ousado projeto musical produzido por Casão, com participação de alguns desses amigos, juntamente com artistas de outros estilos de som, reunidos a toque de caixa para uma apresentação única.

Essa ação resultou no empreendimento cultural mais ambicioso de Casagrande: o megashow *Adonirando*, montado em pouco mais de um mês. Talvez "ambicioso" nem seja a melhor palavra para defini-lo, por não refletir todo o gigantismo da iniciativa. Ousaria dizer, sem incorrer no risco de banalizar um verbete tão superlativo, que se tratou mesmo de uma aventura quixotesca – adjetivo derivado do personagem Dom Quixote, de Miguel de Cervantes, que encerra os seguintes significados, de acordo com o dicionário Houaiss: que é generosamente impulsivo, sonhador, romântico, nobre, mas um pouco desligado da realidade. Pois, a bem da verdade, *Adonirando* nem sequer se enquadra na classificação de um simples show. Para ser preciso, o que aconteceu no Theatro Municipal de São Paulo no dia 31 de janeiro de 2018 foi um delírio.

Tudo começou de uma forma prosaica, quando Casão estava em casa vendo televisão num domingo à noite. Cansado no final do dia, entre um bocejo e outro, ele teve a atenção despertada por uma reportagem de Elaine Camilo, exibida no programa *Fantástico* de 12 de novembro de 2017, sobre o descaso com o acervo de Adoniran Barbosa. Quase mil peças pessoais do genial pai do samba paulista não tinham acolhida em órgãos públicos ou museus de forma permanente. As imagens eram impactantes. Em vez de estarem em exposição pública, gravatas-borboletas, chapéus, roupas, óculos, discos, um banjo, a miniatura do famoso Trem das Onze (produzida artesanalmente pelo sambista), e relíquias como a aliança feita de uma corda de cavaquinho (que o compositor dera para a sua segunda mulher e grande amor de sua vida, Matilde de Lutiis) encontravam-se encaixotados em uma sala da Galeria do Rock, na região central de São Paulo.

Representada por uma advogada, a única filha de Adoniran, Maria Helena Rubinato, cobrava alguma ação dos órgãos de preservação da memória da cidade para que um de seus maiores ícones não acabasse esquecido. Havia o temor de que as peças fossem se perdendo de tanto mudar de lugar, pois já haviam passado pelo cofre de um banco, por um teatro, pelo Museu da Imagem e do Som, onde o acervo não ficou todo reunido, pela Universidade de São Paulo (USP) para serem catalogadas e até por um sítio e um galpão no interior do estado.

Por seu temperamento emocional, Casão perdeu o sono ao ver aquilo. "Fiquei indignado. Um puta acervo de um personagem importante da música brasileira... como pode estar jogado na Galeria do Rock? Depois eu vi que a intenção era boa, não tinha sido 'jogado' lá. Estavam armazenando no sentido de ajudar, mas, de qualquer forma, pela importância do Adoniran, já era para ter um museu em sua homenagem, uma exposição permanente."

A reportagem do *Fantástico* ainda mostrava que havia um lugar assim, mesmo sem contar com a preciosidade do acervo da família, na pequena comunidade de Bror Chail, em Israel. Por incrível que pareça, lá existe a Casa Adoniran Barbosa, fundada pelo paulistano Tzvi Chazan, ex-cônsul de Israel em São Paulo, com o apoio de outros imigrantes brasileiros judeus. "Isso demonstra o desprezo das nossas autoridades pela cultura. Em qualquer outro país, haveria um museu em funcionamento, atraindo turistas, inclusive", diz Casão.

Naquele domingo, Casagrande ficou se virando de um lado para o outro na cama, remoendo a ingratidão de São Paulo pelo maior símbolo do samba paulista. Um pot-pourri passava por sua cabeça: "Trem das onze", "O Samba do Arnesto", "Saudosa maloca", "Tiro ao Álvaro", "Iracema", "Vila Esperança", "Despejo na favela"... Quantas composições geniais de Adoniran correm risco de cair no esquecimento em consequência da falta de cuidado com a memória nacional? Músicas que raramente eram tocadas nas rádios e que dificilmente chegariam ao conhecimento das novas gerações.

Um desejo maluco começava a ferver em seu cérebro. Que tal organizar um show em homenagem ao sambista que reunisse uma legião de músicos dos mais variados estilos? Mas não podia ser um tributo qualquer, pensava com seus botões. Tinha de ser algo marcante, à altura do personagem, e com potencial para o público sair do espetáculo com a devida noção da magnitude de sua obra.

Com uma ideia na cabeça, e sem dinheiro na mão, Casão iniciou a semana pensando em como levar adiante o seu sonho de uma noite de verão. De súbito, lembrou-se do maestro João Carlos Martins, uma figura respeitada que poderia conferir peso ao projeto, caso conseguisse o seu apoio.

"A minha maior lembrança do Casagrande era de ele ter participado da Democracia Corinthiana junto com o Sócrates. Mas não o conhecia pessoalmente; o primeiro contato foi na cerimônia de revezamento da tocha olímpica [em 2016]. Cada um de nós iria correr 200 metros com ela e, por acaso, foi ele que a entregou para mim na entrada do Theatro Municipal. Depois nós trocamos telefones e eu o convidei para assistir a um concerto meu na Sala São Paulo. Quando ele foi, eu lhe dei uma placa de prata pela luta contra a dependência química, no intervalo do espetáculo, e depois jantamos em casa. Aí realmente ficamos amigos e voltamos a jantar outras vezes juntos. Depois disso, o Casagrande assistiu a vários concertos meus no Municipal e acabou gostando de música clássica pra valer", diz o maestro.

A partir dessa conexão com um peso-pesado da música, a intenção de voar alto decolou. Na terça-feira seguinte, ainda impactado com a reportagem do *Fantástico*, Casão foi assistir a mais um concerto de João Carlos Martins na Sala São Paulo. "No final, como costumávamos fazer, nós saímos pra jantar, e eu lhe perguntei se tinha visto a reportagem sobre o Adoniran. Ele não tinha visto, então eu expus toda a situação, e nós dois comentamos que aquilo era um absurdo. Aí eu lhe disse que queria fazer alguma coisa pra homenagear o Adoniran e pedi sua ajuda. O maestro topou na hora: 'Vai fundo, o que você fizer, eu estou dentro.' Ao ouvir isso, fiquei entusiasmado. Pô, com o apoio do João Carlos Martins, não tinha como dar errado. Saí dali a mil por hora, disposto a correr atrás e fazer uma produção fodida."

Munido apenas de muita empolgação, Casagrande entrou em contato com a designer e fotógrafa Ana Cissa Pinto, sobrinha do cartunista e escritor Ziraldo, que mora em Nova York. Ele enviou uma mensagem para a amiga, em que explicava seu propósito, mas admitia não conhecer ninguém para estruturar o projeto. Ana lhe indicou, então, a diretora de produção Claudia Odorissio, que resolveu abraçar aquela quimera. "A Claudinha topou e, em três dias, tinha toda uma equipe montada, com diretor musical, diretor de luz, assessoria de imprensa, advogado para tratar das questões jurídicas, tudo...", anima-se Casão.

Só faltava o dinheiro. O que não era pouca coisa. Afinal, estava decidido a fazer um espetáculo com um elenco de mais de vinte artistas consagrados – representantes de gêneros musicais tão diversos como samba, rock, MPB e rap, além de uma banda de apoio especializada em Adoniran. Para fechar o seu desvario, imaginava até mesmo uma orquestra filarmônica sob a regência do maestro João Carlos Martins. Tudo isso no Theatro Municipal, palco mais nobre e tradicional de São Paulo, com aluguel caro e onde é difícil de se conseguir datas disponíveis.

Muitos amigos tentaram dissuadi-lo da empreitada. Temiam que ele se queimasse e, em caso de uma provável decepção, o sentimento de frustração acarretasse um desequilíbrio emocional. Algo a ser evitado por qualquer dependente químico em recuperação.

As frequentes ponderações, no entanto, não tinham o menor efeito. Casagrande estava obcecado em ir em frente. Em ritmo acelerado, ele passou a fazer contatos com seus amigos músicos, a explicar o caráter de homenagem do show e a preveni-los de que muito provavelmente não poderia pagá-los. Só mesmo se um patrocínio expressivo fosse fechado de última hora, algo quase impossível tendo em vista o tempo exíguo e, sobretudo, a recessão econômica que afugentava investidores e eventuais mecenas.

Em paralelo, Casão conversou com João Carlos Martins para tentarem algum tipo de permuta com o Theatro Municipal. "Nós demos algumas contrapartidas, como afinador de piano, que é caro pra caralho, para ficar durante um tempo à disposição do teatro. Também acertamos arrumar uniforme, alimentação e alojamento para a banda mirim que iria disputar um festival em Joinville. E oferecemos clínicas ministradas por músicos profissionais para a escola que funciona lá. Há alunos que estudam clarinete, violino, violoncelo, todos os instrumentos, e eles precisam evoluir."

A ideia inicial era fazer o *Adonirando* no dia 25 de janeiro, feriado de aniversário da cidade de São Paulo. Porém, os trâmites burocráticos para aprovação das contrapartidas não correram na mesma velocidade de Casagrande, cuja ansiedade, normalmente já alta, atingiu picos preocupantes. "Aí veio Natal e Ano-Novo, quando tudo para, né? Ficamos na expectativa até o dia 12 de janeiro, quando o Municipal confirmou a liberação. Porra, estávamos fodidos, imagine organizar tudo do dia 12 até o 25... Então decidimos mudar a data para 31 de janeiro. Consultei os músicos convidados e todo mundo topou. Só que a gente percebeu que não ia ter grana, então coloquei a questão: 'Vamos em frente mesmo sem patrocinador? Ninguém vai ganhar nenhum!' O pessoal aceitou mesmo assim, então nós fizemos", conta Casão.

Além do maestro João Carlos Martins na regência da Orquestra Bachiana Filarmônica Sesi-SP, marcaram presença os seguintes artistas: Arrigo Barnabé, Baby do Brasil, Carlinhos Vergueiro, Demônios da Garoa, Eduardo Gudin, o tenor Jean William, Kiko Zambianchi, Laya Lopes, Luiz Carlini, Luiza Possi, Nasi, Paulinho Boca de Cantor, Paulo Miklos, Rappin' Hood, Sabrina Parlatore e o Conjunto João Rubinato, que leva o nome verdadeiro de Adoniran, por ser especializado em seu repertório. Ainda participaram o ator Cassio Scapin, interpretando o autor de "Trem das onze", e o apresentador Zé Luiz, parceiro de Casão no programa *Rock Bola* na 89FM. A Rede Globo cedeu filmes e audiovisuais com Adoniran, que fazem parte de seu arquivo, para serem projetados em um telão.

Mesmo com os artistas abrindo mão do cachê, ainda seria necessário pagar a equipe técnica e todas as despesas para a montagem da estrutura do show. "Entre os artistas, só os músicos do Conjunto João Rubinato receberiam cachê. Achamos justo porque eles vivem disso, exatamente de eventos relacionados ao Adoniran. Os demais fizeram só uma participação especial. Mas ainda tinha que bancar muita gente, o diretor de som, o diretor de iluminação, todo esse pessoal... Por isso, nós precisávamos pelo menos que entrasse uma grana. Quem nos salvou foi o Isaac Azar, dono do restaurante Paris 6, que doou 50 mil reais e forneceu a alimentação para os músicos e um coquetel."

A essa altura, a tensão ainda persistia. A bilheteria também seria um recurso imprescindível, mas o tempo para a divulgação já estava muito curto. Com toda a sua experiência, João Carlos Martins quase roeu a corda, pois temia não só o prejuízo financeiro, mas também um fiasco de público que daria um clima constrangedor ao evento. "Eu cheguei a falar para ele cancelar tudo porque achei que não ia ter ninguém no Municipal. Porém, quando saiu no jornal que era o Casagrande que estava organizando o espetáculo, os ingressos todos foram vendidos em um dia. Fiquei impressionado com o poder que ele tem junto à mídia."

Outro aspecto que surpreendeu o maestro foi a capacidade de Casagrande aglutinar tanta gente em torno de si, mesmo sem um tostão para oferecer. "Ninguém acreditava que ia dar certo, com exceção dele. Mas, graças a seu carisma, todo mundo se uniu em razão de uma causa, o que resultou em uma noite memorável comandada pelo Casão. Eu acho que foi uma data histórica para o Theatro Municipal. É notável que um ex-jogador de futebol e comentarista esportivo tenha conseguido arregimentar tantos músicos de prestígio para homenagear talvez o maior compositor paulista popular."

Se Casão costumava se ressentir da falta de adrenalina desde que parou de jogar, desta vez pôde fazer um estoque para durar muito tempo. Tanto pela dificuldade de conciliar as agendas dos artistas como pela indisponibilidade do Municipal para ensaios, só houve um treino, durante a própria tarde daquela quarta-feira, e com alguns contratempos inesperados. Rappin' Hood, por exemplo, pensou em desistir. Poeta do rap, em que as letras são recitadas e não propriamente cantadas, ele começou a se sentir um peixe fora d'água assim que chegou ao teatro. Quando viu que iria entrar logo depois de Baby, com todos os recursos vocais de uma das maiores cantoras do Brasil, ele esteve próximo de jogar o boné.

"O Rappin não queria descer para o ensaio, bateu um medo. Ele falou: 'Casão, nós somos irmãos, eu fico só assistindo ao show à noite, não preciso participar.' E ele tinha sido o primeiro a ser chamado... Então eu lhe disse: 'Não, não vai ser isso, não. Você vai cantar!' Nesse momento, eu tive um estalo. Saí atrás da Baby, encostei nela e propus: 'Você dá uma força pra mim? Você canta junto com o Rappin' Hood? Ele tá muito inseguro e precisa entrar no show.' Ela concordou, então subi correndo atrás do Rappin e lhe contei: 'Arrumei uma coisa legal, você vai cantar junto com a Baby.' Aí ele morreu! Olhou assustado e falou assim: 'Você é louco! Eu vou cantar junto com a... não, agora que eu não vou mesmo.' Eu pedi para ele pelo menos fazer uma tentativa no ensaio; se não se sentisse bem, não precisava ficar."

O rapper conseguiu encarar o desafio e jamais se esquecerá do dia em que se apresentou no palco mais solene de São Paulo. "Esse show foi demais! Oportunidade única. O que o Casão fez comigo, mano... Imagina, ele me botou pra cantar com a Baby! Eu fiquei até com medo. Quis sair fora e falei pra ele: 'Casa, essa mulher canta demais, como é que eu vou cantar ao lado dela? Meu, eu não mando bem cantando. Eu só faço rap...' Mas ele ficou lá me convencendo, olhou nos meus olhos e disse: 'Cara, você é monstro! Vai dar conta do recado, sim.' E acabou sendo sensacional. Nem teve um ensaio de verdade, só uma passagem de som. Eu tava tenso no começo, mas a Baby me deixou muito tranquilo. Ela é muito segura, experiente e canta pra caralho! A nossa música foi 'Saudosa maloca', e fazer dupla com ela marcou a minha vida", diz Rappin.

De fato, foi uma performance arrebatadora. Enquanto ele entremeava trechos de rap na canção, Baby fazia contorcionismos vocais rasgados, ao estilo de Elza Soares. Ao final, houve aplausos calorosos do público, em reconhecimento a essa parceria improvável que proporcionou uma das partes mais saborosas do show.

Contornar a crise de Rappin' Hood esteve longe de ser a única missão de Casão naquele dia. A cada minuto, surgia uma emergência para resolver, e ele era requisitado por várias pessoas ao mesmo tempo. Como todo personagem quixotesco que se preze, também contava naquela noite com o seu Sancho Pança, o fiel escudeiro Magrão, amigo desde a infância e de todas as horas – o mesmo parceiro que já estivera presente na primeira empreitada de Casagrande no âmbito artístico, aquele show conturbado de Raul Seixas em Marília, em 1983. Quase 35 anos depois, elegantemente vestido com um blazer nos salões do Theatro Municipal, Magrão se lembrou desse episódio da juventude, sem conter a risada. "Pelo menos nós evoluímos um bocado, hein?", comentou.

Porém, à medida que se aproximava o início do espetáculo, marcado para as 20 horas, não havia mais clima para recordações ou brincadeiras. Posicionado na porta de entrada do teatro, com fone de ouvido e microfone de lapela, Magrão suava frio enquanto se comunicava com os diretores do evento. A ordem era para que se fechassem as portas para começar o show, pois o Municipal é bastante rígido quanto ao horário de encerramento. Com um elenco de artistas tão grande, havia o risco de não sobrar tempo para cumprir todo o roteiro.

O problema é que não parava de chegar gente, inclusive convidados ilustres, artistas e jornalistas que se atrasaram no trânsito intenso do centro de São Paulo. Para não ser rude com ninguém, Magrão segurou o quanto pôde, mas logo precisou seguir a ordem dos organizadores. Mesmo assim, no momento em que Luiz Carlini irrompeu no palco tocando "Samba do Arnesto" com um solo de guitarra estridente, alguns retardatários ainda se esgueiravam pelas laterais da plateia para serem acomodados nos últimos lugares vagos.

O pequeno atraso no início se refletiu no final. Acomodado em uma poltrona em cima do palco, Casagrande começou a ser pressionado pelo diretor artístico André Accioli para acelerar as participações dos artistas. Só faltou combinar com o público. No meio da apresentação dos Demônios da Garoa, os espectadores entraram em êxtase e passaram a aplaudir de pé o tradicional grupo de sambistas. Quando eles tocaram o último acorde e agradeceram, houve insistentes pedidos de bis. "O diretor artístico falou: 'Não, não, tem que correr!' Eu precisava decidir ali na hora e, porra, estava todo mundo empolgado! Não dava pra ignorar, seria um anticlímax terrível! Os caras olharam pra mim, perguntando o que eles deveriam fazer. Respondi: 'Toquem aí, meu, a melhor música que vocês tiverem!' E pensei: que se foda o tempo!"

No encerramento, a Orquestra Bachiana Filarmônica, sob a regência do maestro João Carlos Martins, emergiu do fosso para fechar a noite em grande estilo. Os demais artistas que já haviam se apresentado retornaram ao palco. "A ideia de colocar todo mundo junto no final pra cantar 'Trem das onze' me ocorreu à tarde durante o ensaio. Eu fiquei pensando: onde os outros músicos vão ficar enquanto o maestro estiver tocando a última música? Os caras ficarão esperando acabar lá no camarim? Ia dar uma quebra de tesão do caralho! Então sugeri para o maestro que o elenco inteiro voltasse pra cantar enquanto ele regia a orquestra. Ele gostou da ideia, e assim foi feito. Várias situações surgiram durante esse único ensaio. O diretor musical era o Fábio Caetano, que trabalhou comigo na Globo, e eu ficava ali do lado só olhando, mas às vezes também dava um pitaco: 'Você não acha que ficaria legal fazer assim?' Muita coisa acabou rolando ali na hora. Foi uma experiência incrível."

Quando o maestro sinalizou o fim da apresentação, o Theatro Municipal veio abaixo. O público aplaudiu longamente, com gritos de "bravo, bravo", e os envolvidos na aventura se sentiram exultantes. "Foi um grande feito, o Casagrande tem de se orgulhar mesmo, assim como nós nos orgulhamos de ter participado e ficado junto dele. Acho que ele tem esse aspecto catalisador, que é muito bacana, de se cercar de pessoas talentosas dispostas a topar um projeto assim. Consegue atrair e seduzir todo mundo. Só por isso se tornou possível reunir gente de diversos gêneros tão diferentes, até da música erudita. Vi que o Casão estava satisfeito e feliz. Havia uma relação de admiração entre todos que participaram, o que aconteceu ali foi realmente especial", atesta Paulo Miklos.

Enquanto agradecia ao público, Casagrande sentia uma emoção parecida com a de um gol em final de campeonato. Um tipo de sensação intensa que ele precisa experimentar para suprir o vazio deixado com a aposentadoria do futebol, e que antes, equivocadamente, tentava compensar com drogas. "Eu estava precisando ocupar o espaço na minha cabeça, algo conversado em terapia. Gosto muito de comentar jogos, mas sobrava tempo demais livre, sem fazer porra nenhuma. Eu necessitava acrescentar alguma coisa criativa na minha vida. Algo que me desse tesão!" Até mesmo os momentos de tensão, a corrida contra o tempo, o desafio de superar os obstáculos que surgiam lhe proporcionaram prazer. "Deu uma adrenalina do cacete, mas gostosa. É a mesma adrenalina de fazer gol, de ser campeão, por algo que deu certo, e não aquela adrenalina ruim de quem se fodeu."

O sucesso dessa experiência o levou a querer repetir a dose com homenagens a Belchior e Luiz Gonzaga, mas o plano depende de recursos mais consistentes para se concretizar. "O Casagrande continua com os ideais dele, o problema é quando se analisam os custos financeiros com aluguel de teatro, contrapartidas e outras despesas. Cada vez fica mais difícil obter patrocínio no país. O Casão consegue unir os artistas, mas faltam outras coisas que teriam de ser asseguradas a partir da venda desses projetos para as empresas. Quando você marca um gol de placa, é melhor ficar com aquele gol de placa do que arriscar algo que, de repente, pode não dar o mesmo resultado. Na minha opinião, ao menos que se arrume um patrocínio definitivo, não é papel de uma pessoa com a importância do Casão sair correndo, praticamente implorando apoio para viabilizar a sua ideia", analisa João Carlos Martins.

Enquanto não consegue um modelo sustentável para a sua fábrica de sonhos, Casagrande ocupa o tempo com outras iniciativas relevantes, como a urgente defesa da democracia. Uma conquista aparentemente consolidada no Brasil, mas que voltou a se ver ameaçada em escala mundial, o que o levou a abraçar essa luta novamente com dedicação e paixão.

## 22. POLÍTICA EM CAMPO

Nos últimos anos, os fãs e o público em geral viram o lado militante de Casagrande aflorar intensamente outra vez. Embora tenha se enfronhado na luta contra a ditadura militar nos anos 1970 e 1980, a partir da conquista da normalidade democrática no país – cujo marco foi a Constituição Cidadã promulgada em 5 de outubro de 1988 –, ele havia se afastado das campanhas políticas e, ainda mais, de qualquer ação partidária. Sempre manteve o ideário progressista e a defesa de causas sociais, com opiniões firmes e transparentes em entrevistas, mas já não via necessidade de subir em palanques. Até evitava deliberadamente emprestar sua imagem para disputas eleitorais, por entender não ser esse seu papel, além de saber que a projeção proporcionada pela exposição contínua na maior emissora do país exigia certo distanciamento. Essa postura discreta, de "neutralidade", só seria abandonada com a ascensão da extrema direita mundial e o surgimento, por aqui, de um personagem nefasto, que tensionou ao máximo a polarização na sociedade e colocou em perigo o estado democrático de direito no Brasil: o ex-presidente Jair Bolsonaro.

O gabinete do ódio, com um aparato digital idealizado para espalhar notícias falsas e demonizar adversários, as ofensas de cunho racista ou sexista, as manifestações homofóbicas, a apologia à tortura, o preconceito contra as mulheres, o menosprezo aos negros, a perseguição aos indígenas, o desprezo pela ciência, a obstinação em desacreditar as vacinas que poderiam impedir milhares de mortes por Covid-19 no auge da pandemia, os ataques às instituições e ao sistema eleitoral, as afrontas ao Supremo Tribunal Federal, o corte sistemático de verbas destinadas às pesquisas nas universidades e às produções culturais... tudo se misturava em um caldo tóxico, espesso e virulento que contaminava expressiva parcela da população. O despontar desse "chupa-cabra de civilidade", como bem definiu o sociólogo, jornalista, escritor e professor Muniz Sodré, logo foi percebido como uma ameaça por Casagrande e o fez voltar à cena política.

A "reestreia" nesse campo se deu antes mesmo da eleição presidencial de 2018, na qual Bolsonaro se elegeria presidente da República. O ex-jogador começou a ficar preocupado com a notoriedade alcançada pelo então deputado federal que dava declarações absurdas, criminosas, para ganhar destaque em programas de humor na televisão e no rádio. Inicialmente sem ser levado a sério, encarado como uma figura folclórica e caricatural, ele encontrou eco em setores conservadores radicais cujo ressentimento iria despertar e, a partir dessa base, até então sem representatividade, acabou alçado à condição de presidenciável.

O obscuro parlamentar, que durante 27 anos ocupou cadeira na Câmara sem qualquer relevância, pulando de partido em partido, com uma trajetória errante por PDC, PPR, PPB, PTB, PFL, PP, PSC e PSL, passou a construir a imagem de *outsider*. Como se viesse de fora do meio político, a despeito do histórico de quase três décadas em que navegou por legendas nanicas ou integrantes do chamado Centrão – bancadas que se unem para negociar verbas com o governo em troca da aprovação de projetos no Congresso Nacional. O fisiologismo crônico passou a ser escamoteado com bravatas contra o sistema instituído, adesão a pautas de costumes retrógradas, defesa de um modelo único e tradicional de família, acenos a correntes religiosas fundamentalistas e criação de perigos imaginários, como a suposta cooptação das crianças pela "ideologia de gênero" nas escolas e a "doutrinação comunista" que seria empreendida por professores com "inclinações esquerdistas".

As frases de Bolsonaro sempre impactaram Casagrande pela estupidez e violência explícitas: "Sou favorável à tortura", "O erro da ditadura foi torturar e não matar", "Se o filho começa a ficar assim, meio gayzinho, leva um couro e muda o comportamento dele", "Vamos fuzilar a petralhada aqui do Acre".* São apenas alguns exemplos de tiradas do líder extremista que o ídolo corintiano sempre considerou intoleráveis dentro do jogo democrático. "Não se pode aceitar falas que desrespeitam as pessoas, a memória e as famílias de tantas vítimas supliciadas e mortas na ditadura."

Em 2016, durante a votação do impeachment de Dilma Rousseff, a declaração de Bolsonaro mais uma vez ultrapassou os limites aceitáveis. "Pela memória do coronel Carlos Alberto Ustra, o pavor de Dilma Rousseff, [...] o meu voto é sim!", afirmou na ocasião. Em referência ao fato de a ex-presidente ter sido presa e torturada em 1970, com choques elétricos, pau de arara e espancamentos, deu-se a deprimente homenagem, em plena Câmara dos Deputados, a um militar reconhecido pela Justiça como torturador. Morto em 2015, Ustra comandara o DOI-Codi em São Paulo, um dos principais centros de repressão nos anos de chumbo – o mesmo local em que o deputado Rubens Paiva, pai do escritor Marcelo Rubens Paiva, amigo íntimo de Casagrande, foi preso, torturado e assassinado em 1971.

Comentários desse tipo o machucavam – e de uma forma ainda mais particular – ao atingir pessoas por quem tem afeto. Isso ocorreu, por exemplo, em uma resposta a Preta Gil, filha do cantor e compositor Gilberto Gil, que perguntou ao então deputado, em um quadro do programa *CQC*, em 2011, na TV Bandeirantes, o que ele faria se um filho dele se apaixonasse por uma mulher negra. "Ô, Preta, eu não vou discutir promiscuidade com quem quer que seja. Eu não corro esse risco porque meus filhos foram muito bem educados e não viveram em ambiente como lamentavelmente é o teu", declarou o entrevistado, em uma demonstração inequívoca de discriminação racial.**

Aliado da luta antirracista no país, Casagrande via a ascensão do bolsonarismo como mais um risco de retrocesso para a população negra em sua batalha por respeito e direitos iguais. Entre outros insultos, o já candidato à presidência, em 2017, chegou a tratar os negros quilombolas

---

\* BOLSONARO em 25 frases polêmicas. *Carta Capital*, 29 out. 2018.
\*\* GONZALES, Jennifer. Na TV, Bolsonaro diz a Preta Gil que namoro com negra seria "promiscuidade". *Estadão*, 29 mar. 2011.

como se fossem animais, em uma palestra no clube Hebraica, no Rio: "Fui num quilombola [sic] em Eldorado Paulista. O afrodescendente mais leve lá pesava sete arrobas. Não fazem nada! Acho que nem para procriadores servem mais", disse, usando medida e termo empregados normalmente para se referir a criações de gado.*

A truculência dos discursos de Bolsonaro já não surpreendia Casagrande havia muito tempo. O que o deixava perplexo era ver grande parte da imprensa, dos cidadãos e até das instituições do país normalizar falas tão perversas. A ausência de reações mais contundentes a tamanha investida contra a democracia permitiu que se chocasse o ovo da serpente do fascismo. Afinal, desde pelo menos 1999, Bolsonaro já assumia as suas intenções malignas caso chegasse ao poder.

Ao final daquela década, no programa *Câmera Aberta*, na TV Bandeirantes, perguntado se fecharia o Congresso Nacional se fosse eleito presidente, não titubeou: "Não há a menor dúvida, daria golpe no mesmo dia." E foi além: "Através do voto você não vai mudar nada nesse país, nada, absolutamente nada! Só vai mudar, infelizmente, se um dia nós partirmos para uma guerra civil aqui dentro, e fazendo o trabalho que o regime militar não fez: matando uns 30 mil, começando com o FHC [Fernando Henrique Cardoso, então presidente da República], não deixar pra fora não, matando! Se vai [sic] morrer alguns inocentes, tudo bem, tudo quanto é guerra morre inocente." O vídeo dessa entrevista circulou amplamente pelas redes sociais nos meses que antecederam as eleições de 2018.** E, mesmo assim, o eleitorado o escolheu nas urnas.

Honrando seus princípios políticos e sociais, Casagrande fez campanha em direção contrária. A essa altura, ele já havia decidido se envolver no jogo eleitoral e manifestava abertamente seu repúdio a um candidato com nítida vocação autoritária. Tal atitude o levou a entrar na mira da milícia digital bolsonarista. O gatilho disparou quando o comentarista publicou uma coluna na revista eletrônica *GQ*, em 9 de maio de 2017, em que se

---

\* BOLSONARO é acusado de racismo por frase em palestra na Hebraica. *Veja*, 6 abr. 2017.
\*\* ENTREVISTA com Jair Bolsonaro. *Câmera Aberta*, TV Bandeirantes: São Paulo, 23 mai. 1999.

contrapunha aos jogadores Felipe Melo, então no Palmeiras, e Jadson, no Corinthians, que haviam manifestado apoio a Bolsonaro. Vale reproduzir aqui um trecho do texto de Casão:

> Obviamente estou do lado oposto ao de Felipe Melo e Jadson. Tive, junto com lendas como Sócrates, a sorte de viver o histórico movimento das Diretas Já. Participamos de comícios, ajudamos a revolucionar a cultura do vestiário e colocamos o Corinthians como uma das grandes vitrines do movimento pelo restabelecimento da democracia no Brasil. Chegamos a ser monitorados pelo Departamento de Ordem Política e Social (Dops), órgão que atuava, assim como o Destacamento de Operações de Informações – Centro de Informações de Defesa Interna (DOI-Codi), na repressão de qualquer pensamento contrário ao que o regime impunha. Políticos, artistas, esportistas, estudantes e cidadãos comuns foram muitas vezes tachados de subversivos simplesmente por desejarem o fim da ditadura. Quem se propusesse a gravar um vídeo contra o *status quo* – como fez o Felipe Melo – dificilmente escaparia da cadeia. Pois bem: Bolsonaro é entusiasta dos que comandavam os órgãos de repressão na época. Já declarou isso várias vezes e prestou homenagem ao comandante Brilhante Ustra, do DOI-Codi, o principal chefe da repressão, em pleno Congresso Nacional.
>
> Aos mais jovens, ou nem tão jovens, como Felipe Melo e Jadson, é bom lembrar o que aquilo significou para nós atletas. Já contei aqui em outra oportunidade, mas vale recordar: a vontade de viver novamente em uma democracia era tão forte que fazia até os palmeirenses apoiarem o elenco da Democracia Corinthiana, como ficou claro quando nós fomos aplaudidos ao passar no meio da torcida alviverde momentos antes de jogar a semifinal do Paulista de 1983.

Dias depois, o candidato da extrema direita respondeu com uma postagem nas redes sociais: "Depois do Neto [ídolo do Corinthians na década de 1990], agora é a vez do Casagrande, comentarista esportivo da Globo, que critica os jogadores que me apoiam. Vejam quem ele idolatra e em quem ele não acredita", dizia, antes de exibir um vídeo de uma entrevista de Casão no programa *Morning Show*, da Jovem Pan, concedida em 7 de julho de 2016 e editada de maneira a deturpar o conteúdo original.

"Era uma fala minha sobre a fase em que tinha admiração pela história de Lúcifer como personagem bíblico, por representar o inconformismo e ter um aspecto revolucionário. Ao longo da entrevista, lembrei minhas leituras a esse respeito, até chegar ao ponto em que Cristo me salvou dos demônios. Aí concluí que havia mudado, que hoje tenho Jesus no coração, mas eles deixaram só a primeira parte, editaram de forma sacana e desonesta porque sabiam que eu dispunha de espaço na mídia e era contra aquela candidatura. Depois, o vídeo passou a ser repostado por seus seguidores. Foi uma estratégia mentirosa para me colocar como satanista e jogar o público contra mim", lamenta.

Esse episódio o desgastou e, após tratar do assunto em sessões de terapia, decidiu manter distância das redes sociais, em face da avalanche de ameaças, xingamentos e agressões preconceituosas por parte dos fãs de Bolsonaro. Os ataques não lhe provocaram medo, mas um desencantamento com os rumos da humanidade, certa náusea ao tomar contato com o ambiente venenoso dos *haters*, que só propagam intolerância na internet. "Não quero saber mais de nada disso. Saí do Facebook e agora só tenho um perfil no Instagram que é administrado pelo meu filho Leonardo. É ele quem faz as postagens, quase sempre são fotos, e, quando quero falar alguma coisa lá, mando um WhatsApp com a frase e peço pra ele botar. Nem acompanho."

Se a intenção de Bolsonaro, além de desmoralizá-lo, também era a de deixá-lo acuado, pode-se dizer que o tiro saiu pela culatra. "Quando ele gravou isso contra mim, percebi que o jogo era sujo, pesado. Depois desse vídeo, decidi entrar com cara e coragem nesse processo eleitoral de 2018." No momento em que as pesquisas dos principais institutos apontavam o candidato do PSL na liderança das intenções de voto, Casão assinou o manifesto Democracia Sim, no qual mais de trezentas personalidades dos mais variados segmentos da sociedade civil expressavam repúdio às ideias antidemocráticas do candidato de extrema direita e o rejeitavam publicamente no documento divulgado em 23 de setembro, catorze dias antes da votação em primeiro turno.

"O Juca Kfouri me mandou o texto, eu li e falei pra ele: 'Juca, eu estou assinando um manifesto que não tem envolvimento com partido algum, certo? Só estou assinando porque também sou contra, vejo despreparo nesse cara e perigo para a democracia", relembra Casagrande, que se juntou a figuras públicas como Caetano Veloso, Mano Brown, Fernanda Torres, Wagner Moura, Camila Pitanga, Alessandra Negrini, Leandra Leal, Patrícia Pillar, Walter Salles, Ana Moser, Washington Olivetto, Miguel Reale Júnior, Maria Alice Setubal, Drauzio Varella, entre tantos outros que firmaram a declaração.

A lembrança do dia em que fez o convite para Casagrande aderir à mobilização continua nítida para Juca, que tomou cuidado para não constranger o amigo. "Quando perguntei pra ele, foi assim: 'Casão, nós vamos fazer um manifesto Ele Não [nome de uma campanha de repúdio a Bolsonaro iniciada por um movimento feminino em passeatas nas ruas, que ganhou abrangência e se tornou popular nas redes sociais]. Você topa assinar? Se você não assinar, morre aqui, e não tem nenhum julgamento.' Inclusive, disse pra ele: 'Eu não sei se eu assinaria se estivesse na Globo. Acho que não.' E aí ele vai lá e põe a assinatura dele. Uma coragem admirável!"

Embora não tenha surtido o efeito esperado, no sentido de evitar a eleição de Bolsonaro, Casagrande sente orgulho por não se ter omitido. "Cumpri meu papel como cidadão e, apesar de termos perdido nas urnas, fiquei com a minha consciência em paz. E continuei a combatê-lo sem parar, incessantemente, durante os seus quatro anos de governo. Eu acho que o auge da minha participação foi durante a pandemia e, mais tarde, na fase em que ele tentou a reeleição, no final de 2022."

O período de confinamento dentro de casa em 2020 e 2021, com distanciamento social e afastamento até de familiares e pessoas amadas em face de milhares de mortes decorrentes da contaminação pela Covid-19, no pico da pandemia, constitui-se em um dos momentos mais dramáticos da humanidade.

Como todo mundo, Casagrande precisou suportar esse incômodo, mas conseguiu administrar bem a situação. "Eu não sofri tanto com o isolamento, sabe por quê? Eu já havia ficado um ano internado dentro de uma clínica, sem ver ninguém por mais de seis meses, então já estava acostumado. Porque é muito mais confortável ficar na minha casa, sozinho, mesmo não podendo sair, do que quando eu estava internado."

A agonia, no entanto, estava presente por outro motivo. Sem sair de casa, ele assistia o dia inteiro ao noticiário da GloboNews, sofria com a escalada das mortes pela doença e ficava indignado com o descaso do governo em providenciar as vacinas contra a Covid-19, que se houvessem chegado antes poderiam ter salvado milhares de vidas. Por motivação ideológica – o fato de a China adotar regime comunista – e uma disputa eleitoreira – já que via o governador de São Paulo, João Doria, como potencial concorrente à presidência no pleito seguinte –, Bolsonaro resistiu o quanto pôde em adquirir a CoronaVac, vacina produzida pelo Instituto Butantan em parceria com o laboratório chinês Sinovac. O imunizante só não chegou com mais atraso porque Doria tomava iniciativas à revelia do Ministério da Saúde e fazia com que os governadores dos demais estados pressionassem o órgão federal.

No final de setembro de 2020, Doria assinou contrato com o laboratório chinês para recebimento de 46 milhões de doses da vacina e declarou que a vacinação em São Paulo seria iniciada em dezembro. O ministro da Saúde, o general Eduardo Pazuello, passou a ser ainda mais cobrado pelas outras unidades da Federação e, em 20 de outubro, anunciou que as doses de CoronaVac disponíveis para o Brasil seriam compradas pelo governo federal. No dia seguinte, porém, Bolsonaro o desautorizou. "Não compraremos vacina da China", disse o mandatário ao ser questionado por uma seguidora na rede social. "Enquanto as pessoas morriam aos montes, o presidente vinha com esse papo de que não queria vacina da China. Um lance revoltante", pontua Casão.

Paralelamente, o governo Bolsonaro desperdiçava a oportunidade de adquirir vacinas da Pfizer, como revelaria o presidente da farmacêutica norte-americana na América Latina, Carlos Murillo, à Comissão Parlamentar de Inquérito (CPI) da Pandemia, instalada no ano seguinte. O executivo informou que pelo menos cinco ofertas de vacina haviam sido ignoradas pelo governo Bolsonaro – sob o pretexto de que o contrato continha cláusulas abusivas, mesmo que outros 66 países tivessem aceitado as condições oferecidas, sem objeções. As três primeiras ofertas, inclusive, previam a entrega de 1,5 milhão de doses já em dezembro de 2020. Mas o contrato só seria assinado em 19 de março de 2021, ou seja, 234 dias depois da proposta inicial da Pfizer. O início da vacinação se dera dois meses antes, em 17 de janeiro, por obra do governo de São Paulo, horas após a Agência Nacional de Vigilância Sanitária (Anvisa) aprovar o uso emergencial dos imunizantes CoronaVac e AstraZeneca.

Em meio ao cenário de horror, que viria a produzir mais de 700 mil mortes por Covid no país, o presidente chamava a doença de "gripezinha", debochava das vítimas simulando falta de ar, promovia aglomerações públicas e estimulava a população a não usar máscara de proteção, um cuidado comprovadamente eficaz, indicado por infectologistas no mundo inteiro.

Em vez de vacina, Bolsonaro era um obsessivo entusiasta da cloroquina, medicamento sem recomendação científica para tratamento da Covid, tendo sido produzidos 3,2 milhões de comprimidos em 2020 pelos laboratórios do Exército e da Marinha, segundo a Agência Pública. Ao mesmo tempo, incentivava a população a não se vacinar, ao inventar que os imunizantes poderiam provocar mutações genéticas e até mesmo aids. "Relatórios oficiais do governo do Reino Unido sugerem que os totalmente vacinados estão desenvolvendo síndrome da imunodeficiência adquirida muito mais rápido do que o previsto", chegou a afirmar em um pronunciamento, obviamente propagando *fake news*. Ou então: "Lá na Pfizer, está bem claro no contrato: nós não nos responsabilizamos por qualquer efeito colateral. Se você virar um jacaré, é problema de você, pô! Se você virar super-homem, se nascer barba em alguma mulher aí, ou algum homem começar a falar fino, eles [da Pfizer] não têm nada a ver com isso. Ou o que é pior: mexer no sistema imunológico das pessoas."* Essas são só algumas das frases absurdas, desconexas e irresponsáveis proferidas pelo mandatário.

---

* UOL. Bolsonaro: "Se tomar vacina e virar jacaré não tenho nada a ver com isso". YouTube, 17 dez. 2020.

Tudo isso deixava Casagrande inconformado, mas havia muitas outras questões no Palácio do Planalto e na Esplanada dos Ministérios que o angustiavam. O vazamento de uma reunião ministerial em abril de 2020 trouxe à tona – além de comportamentos nada republicanos, com uma profusão de termos chulos empregados por integrantes do governo – um plano capcioso do ministro do Meio Ambiente, Ricardo Salles. Ele queria aproveitar o momento em que as atenções da sociedade e da imprensa estavam concentradas na pandemia para "passar a boiada", como definiu, e flexibilizar uma "baciada" de normas não só ambientais, mas também em outros setores da administração pública. Àquela altura, os desmatamentos criminosos na Amazônia, com a permissividade para a atuação de madeireiros e garimpeiros ilegais, já haviam se tornado uma preocupação mundial. E colocavam em risco, sobretudo, a sobrevivência de muitos povos indígenas, um dos temas mais caros para Casagrande.

Diante desse cenário devastador, o ex-jogador foi convocado para assinar um pedido de impeachment de Bolsonaro, entregue ao presidente da Câmara, Rodrigo Maia, em 14 de julho de 2020. O documento tinha adesão de diversos nomes de destaque, como os economistas Luiz Gonzaga Belluzzo e Luiz Carlos Bresser-Pereira, a antropóloga Lilia Schwarcz, o padre Júlio Lancellotti, o ator Sérgio Mamberti, entre muitos outros, mas os títulos dos jornais não poderiam contemplar todos os participantes. "A imprensa noticiou, com manchetes em todos os sites, que o pedido de impeachment era meu e do Chico Buarque. Isso deu uma repercussão do caralho!"

A notícia saiu em primeira mão na coluna da Mônica Bergamo, na *Folha de S.Paulo*, sob o título "Chico Buarque, Bresser-Pereira, Casagrande e personalidades apresentam à Câmara pedido de impeachment de Bolsonaro", e foi replicada por diversos órgãos de imprensa que assinavam a agência Folhapress. Vários sites, como Terra, O Antagonista, Folha Vitória, entre outros, fizeram a manchete apenas com Chico e Casagrande. Essa evidência atraiu a militância digital bolsonarista de maneira ainda mais aguda. Mesmo já sem o hábito de acompanhar os comentários nas redes sociais, diante do volume e da violência dos ataques orquestrados, não havia como o comentarista não tomar conhecimento.

"Desse ponto em diante, virou uma metralhadora: 'drogado, financiador do tráfico, bandido, cheirador, blá-blá-blá...' Eu sofri, não entendia nada de redes sociais, achava que todo mundo existia mesmo. E aí a Paula Lavigne, a mulher do Caetano Veloso, me explicou que havia os robôs do gabinete do ódio. Ela fez um mapeamento dos ataques que eu recebia, enviou pra mim e explicou que a grande maioria vinha do gabinete do ódio, lá de dentro do Planalto mesmo. Dali saía para as redes. Grande parte das ofensas e ameaças partia de robôs, para atacar continuamente, não dar tempo de eu respirar. Isso realmente atinge emocionalmente a pessoa pra ela sofrer e parar de criticar o Bolsonaro. A intenção era essa. Só que eu não parei. Sofri, mas não parei. Isso acontecia com qualquer um que se manifestasse contra ele, mas, como eu o criticava o tempo todo, vinha uma chuva pesada", diz.

E motivos não faltavam para Casagrande se manifestar. Ele via com extrema apreensão a articulação de um golpe militar nos bastidores do governo. "Antes mesmo de o pai dele ser eleito presidente, o Eduardo Bolsonaro já ameaçava fechar o Supremo Tribunal Federal. Essa inclinação para o arbítrio é antiga e se manteve durante os quatro anos de mandato." Em um vídeo gravado em julho de 2018, que viralizou a uma semana do segundo turno das eleições, o deputado federal pelo PL afirmava: "Cara, se quiser fechar o STF, sabe o que você faz? Você não manda nem um jipe. Manda um soldado e um cabo."

As falas ofensivas do clã Bolsonaro e seus adeptos a ministros da mais alta corte tornaram-se comuns. Os radicais de extrema direita eram instigados por seu maior líder a desafiar a instituição responsável por preservar a ordem jurídica e resguardar os direitos constitucionais no país. Não à toa, em junho de 2020, um grupo de trinta apoiadores atacou o prédio do STF com uma saraivada de fogos de artifício.

Casagrande também se preocupava com a escalada armamentista no Brasil, a partir da facilitação da compra de armas e munições, inclusive de modelos antes restritos às polícias e ao Exército. Houve a proliferação descontrolada de clubes dos chamados CACs (Colecionadores, Atiradores Desportivos e Caçadores), com crescimento de 474% dos certificados, segundo dados do Anuário da Segurança Pública, com base em licenças concedidas até 1º de julho de 2022. Ao longo do governo Bolsonaro, foram emitidos 904.858 registros para aquisição de armas. Um arsenal nas mãos de pessoas comuns, sem treinamento adequado, e também em posse de criminosos. A intenção do presidente, revelada em uma reunião ministerial em 22 de abril de 2020, cuja gravação de vídeo foi tornada pública por ordem do ministro Celso de Mello, do STF, estava clara. "Eu quero todo mundo armado. Que povo armado jamais será escravizado", declarou.

"Aquele papo de liberar armas para cidadão de bem se defender era conversa fiada, na qual muita gente caiu. Ele queria dar armas à população para que os civis, quando chegasse a hora do golpe, entrassem na guerra por ele, morressem por ele. Assim como tantas pessoas foram presas por causa dele", explica Casão, referindo-se aos bolsonaristas detidos durante a invasão e depredação das sedes dos Três Poderes, nos episódios de barbárie de 8 de janeiro de 2023.

Estimulados por suspeitas infundadas lançadas por Bolsonaro contra as urnas eletrônicas e o Superior Tribunal Eleitoral (TSE), radicais do país inteiro passaram a se concentrar em frente a quartéis do Exército, desde novembro de 2022, pedindo intervenção militar para impedir a posse do presidente Luiz Inácio Lula da Silva, eleito democraticamente em um pleito auditado por organismos nacionais e internacionais, que incluíam a Organização dos Estados Americanos (OEA) e até as Forças Armadas. Como a maioria dos comandantes militares não aderiu à aventura de golpe e Lula assumiu a presidência em 1º de janeiro, os bolsonaristas mais inflamados decidiram invadir e depredar o Palácio do Planalto, o Congresso Nacional e o STF, na tentativa de forçar o Exército a se aliar aos golpistas. Até uma minuta de decreto para que Bolsonaro instaurasse estado de defesa na sede do TSE, para assim alterar na marra o resultado da eleição, foi encontrada pela Polícia Federal na casa de Anderson Torres, seu ex-ministro da Justiça. "A nossa democracia, conquistada a tanto custo, esteve por um triz", constata Casão.

Em depoimentos à Polícia Federal, o ex-comandante do Exército, Marco Antônio Freire Gomes, e o ex-comandante da Marinha, Carlos de Almeida Baptista Júnior, confirmaram, em 2024, que o ex-presidente chegou a apresentar um plano de golpe aos chefes militares. A ruptura institucional só não se concretizou porque os dois discordaram da proposta. Freire Gomes, inclusive, disse ter comunicado a Bolsonaro que seria obrigado a prendê-lo caso persistisse naquele caminho.

Ao olhar em retrospectiva, Casagrande se sente honrado por ter entrado de cabeça no combate ao bolsonarismo e ajudado a impedir que a extrema direita tomasse exclusivamente para si os símbolos nacionais. "Na condição de quem já defendeu o Brasil em Copa do Mundo, ao perceber que a camisa da Seleção Brasileira estava sendo sequestrada, fui o primeiro cara a gravar um vídeo a esse respeito. Ninguém tinha falado nada quando eu chamei aquilo de 'sequestro da camisa amarela'", relembra.

No vídeo publicado em 18 de agosto de 2020, segurando o uniforme consagrado, ele diz: "Hoje eu quero falar do orgulho que eu tenho de ter vestido a camisa amarela da Seleção Brasileira. Principalmente essa aqui, a número 8. Foi a que eu usei na Copa do Mundo de 1986, no México. A camisa amarela sempre esteve ao lado da democracia, da justiça e da liberdade. Há uns quatro anos, ela foi sequestrada por grupos antidemocráticos, racistas, homofóbicos e preconceituosos – ela nunca esteve nessa posição", ressaltou Casão, lembrando que a "amarelinha" se fez presente na campanha pelas eleições diretas em 1984. Ele conclui: "Eu faço parte de um grupo de pessoas que quer resgatar essa camisa, salvar a camisa amarela, trazer para o lado em que ela sempre esteve: o da democracia, da justiça, da liberdade e do amor também."

Durante a campanha de Lula, em 2022, Casão gravou inúmeros vídeos manifestando seu apoio ao candidato do PT, com quem chegou a se encontrar, naquele momento decisivo, em duas ocasiões. Como tanta gente, ele fez o "L", com os dedos polegar e indicador, símbolo do líder petista, e contou com a companhia de Raí, irmão caçula de Sócrates, nesse movimento. "O amor venceu o ódio", celebra.

A vitória seria extremamente apertada, "na raça", como as principais conquistas corintianas. Na eleição mais acirrada da história, Lula obteve 50,9% dos votos válidos, contra 49,1% do concorrente. Uma diferença de

2.139.645 votos, em um universo de 118,5 milhões contabilizados. A frente ampla progressista – formada por representantes que já estiveram em lados opostos no espectro político, como Geraldo Alckmin, ex-governador de São Paulo pelo PSDB, que se transferiu para o PSB para compor a chapa de Lula como vice-presidente – conseguiu triunfar. A candidata presidencial do MDB, Simone Tebet, também deu apoio importante no segundo turno. Ela depois seria nomeada ministra do Planejamento. Graças a essa união de forças, o Brasil se salvou das trevas.

O jogo foi sujo e pesado. Além da divulgação de *fake news*, Bolsonaro articulou com sua base no Congresso a aprovação oportunista de um Projeto de Emenda à Constituição que ficou conhecido como "PEC Kamikaze" ou "PEC das Bondades", com a instauração de um suposto "estado de emergência" para driblar a legislação eleitoral, que proíbe a concessão de novos benefícios com dinheiro público em ano de eleições. Com essa manobra, instituída a pouco mais de três meses do pleito, quando as pesquisas de opinião apontavam confortável vantagem de seu concorrente, o candidato à reeleição pôde distribuir pelo menos 21 bilhões de reais extras para eleitores beneficiários de programas sociais.

Disposto a virar o jogo de qualquer jeito, ele criou um auxílio mensal de mil reais para caminhoneiros e taxistas, de julho a dezembro de 2022; aumentou de 400 reais para 600 reais o valor do Auxílio Brasil (substituto do Bolsa Família em seu governo); e dobrou o valor do vale-gás. Ainda durante o período eleitoral, logo após Bolsonaro ter ficado atrás de Lula na votação em primeiro turno, a Caixa Econômica Federal disponibilizou 99% de toda a sua carteira de crédito consignado do Auxílio Brasil para aquele ano, concedendo 7,595 bilhões de reais para 2,9 milhões de beneficiários do programa de transferência de renda, segundo dados obtidos e publicados pelo site UOL.

Só não houve mais desequilíbrio na disputa graças à vigilância de Alexandre de Moraes, ministro do STF que presidiu o TSE durante aquele período crítico. O magistrado agia prontamente no sentido de determinar a imediata retirada de conteúdos falsos das redes sociais, neutralizando em parte a avalanche de mentiras, calúnias e difamações contra Lula, bem como ataques às urnas eletrônicas e ao sistema eleitoral. No dia da votação em segundo turno, ele também agiu com rapidez para abortar uma operação ilegal deflagrada pela Polícia Rodoviária Federal, que fazia abordagens nas estradas e dificultava o trânsito de eleitores, especialmente em regiões do Nordeste em que Lula apresentara ampla vantagem no primeiro turno.

"O Alexandre de Moraes merece uma estátua! Não tem a estátua do Nilton Santos em frente ao estádio Nilton Santos? Não tem a do Bellini no Maracanã? Não tem a do Alex lá no Fenerbahçe? Não há a do Pelé em vários lugares do mundo? Pois é, na frente do Supremo Tribunal Federal tinha que ter uma estátua do Alexandre de Moraes. Ele é o grande herói dessa história toda, o líder da resistência contra a extrema direita e toda a sujeira que eles fizeram", afirma Casão. Mesmo ciente de que Xandão – apelido dado ao ministro por seus desafetos e depois ressignificado de maneira carinhosa pelos admiradores – segue no exercício do cargo e pode, eventualmente, tomar decisões das quais discorde frontalmente, Casão reconhece seu papel fundamental em um momento histórico delicado e decisivo para o futuro da democracia no país.

Com a preservação das instituições, após a derrota nas urnas, Bolsonaro acabaria condenado pelo TSE à inelegibilidade por oito anos, até 2030, em julgamentos ocorridos em 2023. No primeiro, em junho, ele foi punido por ter promovido, no ano anterior, uma reunião com embaixadores estrangeiros na qual repetira mentiras contra o sistema eleitoral brasileiro. No segundo, em novembro, houve a aplicação da mesma pena por causa do abuso de poder político ao usar as cerimônias oficiais de comemoração da Independência, em 7 de setembro, para fazer campanha pessoal em palanques montados no Rio e em Brasília.

Casagrande comemora o afastamento temporário do principal representante do obscurantismo. Mesmo assim, continua em alerta por saber que o jogo ainda não terminou por completo. A defesa da democracia precisa ser firme e constante. Assim como o combate à discriminação racial, uma chaga aberta desde os tempos da escravidão, mobiliza os seus esforços por uma sociedade mais justa e igualitária.

## 23. NA LUTA CONTRA O RACISMO

A questão racial sempre esteve no radar de Casagrande. Rodeado por pessoas negras na própria convivência familiar, teve a chance de crescer em um ambiente de maior diversidade, algo incomum na sociedade brasileira, sobretudo em estratos das classes média e alta, em que o contato inter-racial se dá quase sempre nas relações de trabalho, em geral mediadas por uma escala hierárquica. Marcado pela violência do passado escravocrata, o país vive um *apartheid* não declarado, com um abismo social a separar brancos e pretos, que dispõem de menos oportunidades de acesso à educação e, por consequência, de ascensão social e econômica. Os avanços recentes da população afrodescendente foram alcançados com muita luta, em grande parte por pressão do movimento negro, do qual o ex-jogador procura se aproximar cada vez mais.

"Como o meu tio Antônio Carlos, irmão da minha mãe, se casou com uma prima da mulher do Ditão, aquele zagueiro do Corinthians nas décadas de 1960 e 1970, eu vivia em festas de aniversário junto com as pessoas negras que faziam parte da família, numa época em que havia um afastamento social ainda maior. O Ditão também era irmão do Adilson, o jogador de basquete do Corinthians que defendeu a Seleção Brasileira em três Olimpíadas. Além de afeto, eu tinha a maior admiração por eles, inclusive o Ditão simbolizava a raça corintiana, antes do Zé Maria, outro ídolo meu. Eu sonhava em ser como eles. Por tudo isso, não fui tão impactado pelo racismo na minha formação, embora tenha descoberto mais tarde que todos nós somos influenciados em alguma medida, como consequência de uma estrutura social injusta que nos é imposta", reconhece Casão.

Na carreira esportiva, ele seguiria em contato com colegas negros e pardos após ingressar nas categorias de base do Corinthians, aos 13 anos. No entanto, apesar da camaradagem na relação entre os boleiros, hoje Casagrande percebe que o chamado racismo estrutural se fazia presente no dia a dia, até em brincadeiras aparentemente inocentes.

"O Sócrates chamava o Wladimir de Saci, por exemplo: 'E aí, Saça?' O Wladi rebatia: 'Saci é o seu passado!' Eu mesmo falava: 'E aí, neguinho?' E, de novo, ele replicava: 'Neguinho é o seu passado!' Sem ficar puto, mas sempre respondia dessa maneira. Na época, eu achava que era normal brincar assim. Fazer gozação com o Ataliba e tal... e eles respondiam tirando onda também. Só que, depois de um tempo, eu comecei a entender mais sobre preconceito e a sacar que esse tipo de coisa não é legal. Eu passei a compreender que tudo bem... ninguém ficava puto e brigava, mas será que caía bem a brincadeira que a gente fazia com o Wladimir, com o Ataliba, com qualquer negro do time? Ou o cara ficava constrangido em responder de uma maneira mais contundente? Claro que eu e o Magrão éramos gente boa, ninguém queria machucar ninguém. Nem percebíamos que essa tiração de sarro despretensiosa poderia mexer com a autoestima do colega, exatamente porque o racismo estrutural se manifesta dessa maneira, ao normalizar o que não deveria ser normal. Descobri que eu mesmo, embora não soubesse, havia sido moldado por ele. E comecei a aprender a me colocar no lugar do outro", explica Casão.

A tomada de consciência sobre a gravidade de distinguir seres humanos pela pertença racial, por características físicas ou culturais, pela região de origem ou por qualquer outra particularidade se consolidou quando ele se transferiu para o futebol italiano. "Porque na Itália existe o preconceito do norte contra o sul. Eu joguei no norte, e sei o que os caras falavam do pessoal da Sicília, de Napoli, Cosenza, todas as cidades do sul. Quando a gente ia jogar lá, sempre tinha gente que falava assim: 'Domingo tem jogo na África!' Eles consideram o sul da Itália mais próximo da África do que do norte da Itália, e olham com desprezo para as pessoas de lá. Eu via muito isso e ficava revoltado, mas, por ser estrangeiro, não podia falar nada."

Ao regressar ao Brasil, em 1993, Casagrande se deparou com um país diferente daquele que havia deixado sete anos antes. "Houve a chacina da Candelária e a chacina de Vigário Geral. Eu morava no Rio e logo percebi que o Brasil tinha mudado para pior, com a ascensão do crime organizado e o envolvimento de policiais. Começamos a ver sequestros, operações nos morros com dezenas de mortos, execução de crianças de rua, negras principalmente", lamenta.

As duas chacinas, crimes hediondos, aconteceram no intervalo de pouco mais de um mês. No dia 23 de julho, seis menores e dois jovens em situação de rua, com idades entre 11 e 19 anos, foram mortos a tiros nos arredores da igreja da Candelária, no Centro do Rio, onde dormiam juntamente com um grupo de mais de quarenta crianças e adolescentes órfãos ou abandonados. Três policiais e um ex-PM foram condenados pelos homicídios. Em 29 de agosto, no dia seguinte ao assassinato de quatro policiais, um grupo de trinta homens encapuzados invadiu a comunidade de Vigário Geral, na zona norte, e executou aleatoriamente 21 moradores que estavam nas ruas, em um bar e até dentro de casa. Foram mortos trabalhadores que exerciam as mais diversas profissões, como a de metalúrgico, ferroviário, auxiliar de enfermagem, motorista, dona de casa, além de estudantes. Em dois processos relacionados ao crime, 52 suspeitos foram denunciados, mas apenas sete policiais militares acabaram condenados. A imagem dos corpos enfileirados lado a lado dentro de caixões permanece na memória de Casagrande.

Desde então, crimes desse tipo se repetem nas principais capitais do país. Sob o pretexto de combater o tráfico de drogas, operações policiais tiram a vida de pessoas inocentes nas comunidades, entre as quais muitas crianças, vítimas das chamadas "balas perdidas" – como se fosse um efeito colateral sem importância. "É uma situação desumana que castiga quase sempre a população negra e empobrecida", observa Casão.

Tal percepção é confirmada pelas pesquisas. O Anuário Brasileiro de Segurança Pública de 2023, com base em dados do ano anterior, apresenta números estarrecedores, que seguem praticamente inalterados, com variações irrelevantes a cada edição. Os negros aparecem sempre como as principais vítimas das mortes violentas intencionais no país – nesse levantamento, com 76,9% das ocorrências, contra 22,7% de brancos. A iniquidade se amplia quando levadas em conta somente as mortes em decorrência de intervenções policiais, com 83,1% dos casos registrados referentes a negros, diante de apenas 16,6% de brancos.

Esse cenário provoca profundo incômodo em Casagrande. Assim como a dizimação dos povos indígenas, sujeitos à expropriação de seus territórios e à contaminação dos rios pelo garimpo ilegal, que não só lhes tira a água de beber como provoca a escassez do alimento obtido pela pesca. Também são vítimas de assassinatos recorrentes, encomendados por fazendeiros irregulares ou mineradores que invadem suas terras.

Durante anos, enquanto afundava na dependência química, o ídolo corintiano se manteve alienado de todos esses problemas. "Drogado, você não vê o mundo real. Fica egoísta, não está preocupado com nada. Quer apenas satisfazer o impulso de usar a droga", admite. Desde que conseguiu sair desse labirinto, Casão adotou outra postura e assumiu o compromisso de usar os meios de que dispõe para defender a igualdade racial e os direitos daqueles que são cotidianamente aviltados.

Um episódio em particular o tirou da inércia e o fez partir para a ação antirracista: o assassinato bárbaro do garoto João Pedro, de 14 anos, durante uma operação policial no Complexo do Salgueiro, em São Gonçalo, região metropolitana do Rio de Janeiro, no dia 18 de maio de 2020.

De acordo com a família, os policiais civis já entraram disparando ao invadir a casa do tio do menino, que naquele instante brincava com outras crianças. Sem entender o que acontecia, levou um tiro de fuzil nas costas, conforme atestaria o laudo cadavérico. Segundo as investigações, havia mais de setenta marcas de tiros no imóvel, e a cena do crime fora alterada para simular um confronto com traficantes, que supostamente teriam pulado o muro da residência, o que o Ministério Público concluiu não ter ocorrido. Três policiais são acusados de homicídio duplamente qualificado e fraude processual.

"Esse crime absurdo ficou martelando na minha cabeça. Apesar de acontecerem diversas mortes desse tipo, a execução do João Pedro, um moleque negro de 14 anos que brincava dentro de casa, mexeu demais comigo", conta o comentarista. Ele ainda nem sequer havia absorvido o impacto quando mais uma cena de violência racista, desta vez em Minneapolis, nos Estados Unidos, ampliou o choque. "Uma semana depois, eu vejo o George Floyd sendo morto, diante das câmeras de TV. Uma cena horrorosa, em que o cara pedia socorro, avisava que não estava conseguindo respirar, as pessoas ao redor também falavam para soltá-lo, mas o policial não parou até matá-lo asfixiado na frente de todo mundo, com televisão e celular gravando. Uma barbárie inominável." Durante nove longos minutos, o policial se manteve ajoelhado em cima do pescoço de George Floyd, já rendido no chão, pela simples suspeita de que ele tivesse tentado pagar sua compra, em uma loja de conveniência, com uma nota falsa de 20 dólares. Expulso da corporação, o assassino cumpre pena de 22,5 anos de prisão.

As duas tragédias, que reviraram Casagrande por dentro, tiveram grande repercussão na imprensa. Mas com uma diferença que lhe chamou a atenção: enquanto a vida seguiu normalmente por aqui, com a entrada de João Pedro nas estatísticas de crianças e jovens mortos por policiais ou por "balas perdidas", tal qual Ágatha, Kauê, Kauã, Eloah, Thiago, Kathlen, Kaio, Heloísa e tantos outros, protestos tomaram conta dos Estados Unidos e de várias cidades no mundo em solidariedade a George Floyd e em repúdio ao racismo.

A onda de indignação começou imediatamente na cidade de Minneapolis, no estado de Minnesota, e logo se espalhou pelo país inteiro e por outras nações. Em algumas manifestações, carros e imóveis foram incendiados e houve confronto com policiais. Em Nova York, ocorreram abusos das forças de segurança, o que resultaria em um acordo de indenização – a cidade aceitou pagar, no total,13 milhões de dólares a centenas de pessoas presas apenas por protestar. Em Washington, ativistas e funcionários municipais pintaram de amarelo, em letras gigantes, o asfalto de uma rua que leva à Casa Branca com a frase "Black Lives Matter" (em português, Vidas Negras Importam) – slogan surgido em 2013 depois que o vigilante de bairro civil George Zimmerman foi inocentado pela morte a tiros do adolescente negro Trayvon Martin, em fevereiro de 2012, na Flórida, e mais tarde ganharia dimensão maior a cada caso de assassinato de pessoas negras nos Estados Unidos.

Com a tragédia de Floyd, a campanha "Vidas Negras Importam" se tornou internacional. Na Espanha, cerca de 3 mil manifestantes se reuniram em frente à Embaixada norte-americana em Madri, exigindo justiça e o fim da violência contra afrodescendentes. Na Itália, milhares de cidadãos, em grande parte jovens, se reuniram na Piazza del Popolo e se ajoelharam em silêncio, com os punhos erguidos por nove minutos – mesmo tempo que o policial manteve a pressão de seu joelho sobre o pescoço da vítima.

Casagrande assistia, impressionado, a toda essa convulsão social que reunia gente dos mais diversos matizes, caminhando lado a lado, em uma demonstração vigorosa de repúdio ao racismo. Em uma comparação inevitável com a passividade diante de casos semelhantes no Brasil – onde se veem, no máximo, protestos localizados de familiares das vítimas e moradores das respectivas comunidades –, o comentarista concluiu que algo precisava ser feito para provocar mais mobilizações e decidiu dar a sua contribuição no sentido de chamar atenção para o problema.

"As manifestações começaram em 25 de maio mesmo, logo após o assassinato, em uma segunda-feira. Eu estava no *Bem, Amigos!* e resolvi falar sobre esses casos, tanto o do George Floyd como o do João Pedro. Durante o programa, me veio à cabeça assim: 'Preciso fazer alguma coisa! Só ficar denunciando e dando opinião não é suficiente. Quero criar um grupo antirracista!' Aí mandei mensagem para a Isabel [Salgado, ex-jogadora de vôlei]: 'É o seguinte, estou a fim de fazer um grupo antirracista, você me ajuda?' Ela topou na hora: 'Pô, Casão, legal, te ajudo sim! Quem nós vamos chamar?' Expliquei que pensava em começar por gente do esporte, perguntei se ela também tinha contatos de pessoas do meio e combinamos conversar assim que eu saísse do ar", relembra.

Isabel acionou a colega Ana Moser, que viria a ser ministra do Esporte no início do terceiro mandato do presidente Lula, e o projeto começou a decolar. Naquela noite, Casão custou a pegar no sono, tamanha era a sua empolgação. "Dormi pensando nisso, acordei animado e, em três dias, o grupo que nós chamamos de 'Esporte pela Democracia' tinha mais de duzentas pessoas. Entre elas, muitos jornalistas, juristas, atores, atrizes, dirigentes, atletas aposentados ou em atividade. Acho que foi um dos movimentos mais fodidos de que eu participei porque idealizei o negócio e ele está aí até hoje."

A iniciativa reunia uma frente ampla, pode-se assim dizer, pela variedade ideológica e de pensamentos, mas que se juntou a partir do ideal antirracista e de princípios democráticos. Entre as assinaturas, havia craques do futebol como Wladimir, Raí, Reinaldo (ídolo do Atlético-MG), Claudio Adão, Grafite, Roger Machado, Juninho Pernambucano, Neto, Ronaldão, Raul Plasmann, Fernando Prass e muitos outros. As demais modalidades estiveram representadas por campeões como Etiene Medeiros, Gustavo Kuerten, Marta Sobral, Oscar Schmidt, Fabi Alvim, Vera Mossa, Carol Solberg, Ana Mesquita, Joanna Maranhão, Edinanci Silva, Yane Marques, Diogo Silva, entre tantos atletas que marcaram a história esportiva do país.

A cada dia, atores, cantores, músicos, compositores, escritores, cineastas, jornalistas, publicitários, juristas e professores também se incorporavam à lista: Chico Buarque, Caetano Veloso, Tereza Cristina, Paulo Miklos, Nando Reis, Leiloca, André Abujamra, Rappin' Hood, Zeca Baleiro, José Loreto, Alessandra Negrini, Thiago Lacerda, Moara Passoni, Paula Barreto, Célia Xakriabá, Eliana Alves Cruz, Marcelo Rubens Paiva, Anielle Franco, Osmar Santos, José Trajano, Juca Kfouri, Jamil Chade, Eliane Brum, Milton Leite, Cleber Machado, Karine Alves, Kenarik Boujikian, Washington Olivetto, Pasquale Cipro Neto – estes são apenas alguns deles. Até um padre apareceu para a bênção: Júlio Lancellotti.

Formou-se um grupo de WhatsApp, com inclusão de alguns dos participantes, para discussão dos rumos a serem seguidos e tomadas de decisão. Em tempos de pandemia e reclusão, em que as *lives* se popularizaram como alternativa a eventos presenciais, a primeira palestra por vídeo do Esporte pela Democracia foi da educadora e escritora Luana Tolentino, autora dos livros *Outra educação é possível: feminismo, antirracismo e inclusão em sala de aula* e *Sobrevivendo ao racismo: memórias, cartas e o cotidiano da discriminação no Brasil*. Pela vocação original do grupo, nada mais coerente do que a abertura dos debates com uma ativista negra, especialista no tema. Porém, diante dos retrocessos do governo Bolsonaro, logo o leque se ampliaria para outras pautas urgentes, em defesa dos valores democráticos, dos direitos humanos, da preservação ambiental, dos povos indígenas, da educação, da cultura, da ciência, das vacinas e da população mais vulnerável, com um posicionamento firmemente contrário às constantes ameaças à normalidade institucional.

Coube a Isabel escrever o manifesto inaugural do Esporte pela Democracia, com acréscimos e sugestões pontuais de um ou outro integrante do grupo. O texto final ficou assim:

> Nós, atletas, ex-atletas e profissionais ligados ao esporte, cidadãos brasileiros antes de tudo, afinados com o pensamento de diversas categorias e nos juntando às vozes que pactuam com a democracia, os direitos humanos e civis, respeito à vida e à diversidade, estamos aqui unidos em nome daquilo que sempre acreditamos e praticamos em nossas profissões e deve se estender sem restrições ao exercício cotidiano: o direito supremo à vida, a uma sociedade justa e igualitária, ANTIRRACISTA, o respeito das individualidades e o valor do coletivo em nome do bem-estar e da dignidade para todos.
>
> A tentativa contínua de destruição da democracia se mostra de forma clara e direta por inúmeras medidas autoritárias. Testemunhamos diariamente desrespeito à Constituição, autoritarismo, uso desvirtuado da política em benefício de poucos, ataque às instituições democráticas, ameaças ditatoriais, cerceamento da liberdade de imprensa, destruição das políticas de proteção ao meio ambiente, desrespeito aos povos indígenas e à história dos povos originários, ataque às minorias políticas e sociais. Há ainda amplo desprezo por educação, cultura, ciência, pilares considerados parâmetros de dignidade em todo o mundo.
>
> Somando-se a esse cenário e às posturas inaceitáveis, em um contexto de pandemia, a maioria da população brasileira está largada à própria sorte, especialmente a parte mais vulnerável social e economicamente, em total desrespeito às recomendações sanitárias básicas por parte de quem deveria dar o exemplo à população.

Enquanto tudo isso acontece, o número de mortos pelo vírus aumenta diariamente e o sistema de saúde colapsa, seguimos testemunhando o fruto da violência cotidiana que sistematicamente atinge as populações negras, periféricas, pobres, alvos preferenciais dos sistemas de poder. A banalização da vida negra soma historicamente milhares e milhares de mortos por violência, discriminação, práticas racistas diárias bem diante dos nossos olhos.

Como atletas e ex-atletas e profissionais ligados ao esporte, aprendemos a importância de nos posicionarmos contra arbitrariedades e injustiças, não tolerando comportamentos que desrespeitam o bem-estar coletivo e advogam em nome de uma visão do mundo limitada e revoltante. Aprendemos o respeito absoluto pelo outro, que apenas na solidariedade existe jogo. Na história de nosso país, muitos ídolos nacionais vieram exatamente do esporte e seguem sendo referências de postura diante da vida e da humanidade. Muitos são negros, oriundos de periferias e comunidades, lugares para os quais o esporte muitas vezes representa esperança de futuro, meio de existência e de alcance de condições básicas de dignidade.

Pelo nosso repúdio integral ao racismo, à violência, e nosso desejo de voltar a crer num futuro possível e igualitário, hoje nos colocamos diante de questões políticas importantes. Como representar um país em que práticas autoritárias se tornam cotidianas? Em que a diversidade cultural, uma de nossas maiores riquezas, é frontalmente atacada? Como nos comportar diante do que temos vivido nos últimos tempos, da triste imagem nacional passada para o mundo?

Queremos voltar a nos sentir orgulhosos de nosso país, representando em Copas do Mundo, Olimpíadas, Paralimpíadas e outras competições internacionais o legado de nossa cultura, nossa história, nosso povo. Queremos ver o Brasil voltar a crescer, com jovens tendo acesso a educação, trabalho, moradia, vivendo numa sociedade consciente e justa.

Por isso, não podemos nos silenciar diante daquilo que testemunhamos. Precisamos colocar aqui a nossa voz e a nossa indignação, como cidadãos, convocando o legado de honestidade e bravura do esporte em nome do país que queremos e merecemos como Nação: um Brasil justo, igualitário, progressista e, acima de tudo, pactuado com a democracia e o respeito absoluto por TODAS as vidas.

O sonho de todo atleta é representar o seu país. Então, estamos aqui hoje para reconvocar a lucidez, diante da questão inadiável: que Brasil é esse que queremos trazer na camisa e chamar de nosso?

Por causa do Esporte pela Democracia, Casagrande teve contatos frequentes com Isabel nessa época. Falavam-se bastante por telefone, já que ela morava no Rio, e estiveram juntos durante um encontro de atletas e ex-atletas com o então candidato a presidente Luiz Inácio Lula da Silva, no dia 27 de setembro de 2022, em um hotel de São Paulo, com o propósito de apoiar sua campanha e discutir políticas para o setor. Foi a última vez que a viu. Exatamente cinquenta dias depois, em 16 de novembro, a musa do vôlei morreria em decorrência de pneumonia por infecção bacteriana, aos 62 anos. O amigo ficou destroçado.

"Todas as coisas de que eu participei até hoje, em manifestações políticas ou esportivas, a Isabel sabia ou estava junto. Sempre a consultava e contava com o seu apoio. A morte dela me pegou muito", lamenta. A amizade começou ainda nos anos 1980, quando os dois brilhavam no esporte e tinham afinidades de pensamento. "Era fã do vôlei feminino, principalmente por causa da Isabel e da Jaqueline. Eu as achava o máximo e costumava ver jogos nos ginásios. Às vezes, a Seleção até treinava no Corinthians, e eu acompanhava direto. Quando fui para a Itália, essa turma toda começou a ir pra lá também: a Isabel, a Heloísa, a Dulce, a Ivonete, o Marcel, o Israel, o Oscar, o Bernardinho... Vira e mexe, a gente se encontrava nos voos e dava uma sensação bacana, sabe? Pertencíamos mais ou menos à mesma geração, alguns um pouco mais velhos, e estávamos vencendo, todo mundo jogando na Europa. Havia uma certa cumplicidade."

Novembro de 2022 foi um mês especialmente doloroso para Casagrande, com a perda de ídolos com quem chegou a ter amizade ou pelo menos contatos esporádicos. A cantora Gal Costa já havia partido no dia 9. "A notícia da Gal provocou um baque do cacete não só por ser fã, mas também porque havia grande afeto. Ela tinha sido muito carinhosa comigo no programa do Serginho Groisman, logo depois que saí da internação e contei toda a história ali. Quando a Gal se levantou para cantar, ficou ao lado da minha cadeira, segurando minha mão", recorda, com saudade.

Na mesma data, também faleceu o ator, cantor e compositor Rolando Boldrin, outro artista que admirava. E, no dia 22, chegou a vez de Erasmo Carlos. "Nós conversamos durante a pandemia toda. Fui ver o show dele aqui em São Paulo, ele mandava mensagem de feliz aniversário: 'Oi, bicho, parabéns aí!' Eu não consigo apagar. Parece que, se eu deletar, assumo que a pessoa morreu e eu estou virando as costas pra ela." Ele também guarda até hoje um aplicativo, passado pelo Tremendão, em que se pode sintonizar rádios do mundo todo. Para completar, no final do ano, dia 29 de dezembro, veio o adeus a Pelé. "Não tem nem o que dizer. É o eterno Rei do Futebol, insubstituível."

Se a morte rondava por perto, tendo levado inclusive alguns amigos, como o cantor e compositor Moraes Moreira, que sofreu infarto fulminante em abril de 2020, e o jornalista e apresentador Rodrigo Rodrigues, vitimado pela Covid em julho do mesmo ano, o grupo Esporte pela Democracia lhe proporcionava novas amizades. Uma delas, a cineasta Moara Passoni, que escreveu o roteiro do documentário *O futuro é ancestral* em parceria com Célia Xakriabá, o colocaria em contato com lideranças indígenas e abriria o caminho para que ele pudesse militar também nessa área.

"A Moara me explicou melhor o drama que os povos originários vivem no país e me aproximou da Célia Xakriabá e da Sonia Guajajara. Como ela já trabalhava com indígenas, pedi para me apresentar a outras lideranças para que eu pudesse oferecer ajuda. Participei de *lives* com a presença de caciques de diversas aldeias, me comprometi a me empenhar para dar visibilidade a suas questões e entrei na organização do ato Sem Demarcação Não Tem Jogo', que foi lá na aldeia Katurãma, em São Joaquim de Bicas, do lado de Brumadinho", relata Casão.

O evento ocorreu dia 23 de setembro de 2022 e contou com a participação dos atores Maria Ribeiro e Thiago Lacerda. Juntamente com

Casagrande, eles demarcaram com cal um campo de futebol em uma ação simbólica para chamar atenção para a necessidade de oficializar a posse dos territórios ocupados pelos povos originários.

Ao mesmo tempo que se buscava expor o drama enfrentado por muitas dessas nações indígenas, era dia de festa na aldeia. Afinal, na ocasião, celebrou-se a entrega da escritura definitiva de 36 hectares ocupados por comunidades pataxó e pataxó-hã-hã-hãe. O terreno foi doado diretamente pela Associação Mineira de Cultura Nipo-Brasileira, sem envolvimento da Funai ou dos governos estadual e federal.

Vindas do sul da Bahia, em 2011, onde se concentra a maior parte de seu povo, dez famílias indígenas em dificuldades para ganhar o sustento com a venda de artesanato resolveram migrar para retomar a vida junto à natureza em Minas Gerais. Elas se estabeleceram inicialmente às margens do rio Paraopeba, em uma reserva natural em Brumadinho, local em que podiam pescar, plantar e praticar seus rituais de acordo com a tradição ancestral. A comunidade cresceu ali, chegando a 37 famílias, já que os jovens se casam cedo, em geral entre 15 e 18 anos. Tudo ia bem até o rompimento da barragem da Vale, que provocou a morte de 270 pessoas e deixou os pataxó sem terra outra vez. Enquanto o mar de lama arrastava moradores, casas, animais, árvores, plantações e tudo o mais que houvesse pela frente, eles só tiveram tempo de subir no alto de um morro e acompanhar de lá a cena apocalíptica de destruição.

"O rio Paraopeba nos dava tudo de que precisávamos para uma vida saudável, feliz e tranquila. Tinha mais de cinquenta espécies de peixes, com água limpa de beber e também para cozinhar, regar nossas hortas e para nos banharmos. Mas de uma hora para outra a nossa aldeia, a NaôXohã, sumiu do mapa. O rio está morto, contaminado por resíduos tóxicos trazidos pela lama da mineradora", lamenta a cacica Ãngohó, também conhecida como Célia Hã-hã-hãe. Sem a fartura proporcionada pelo rio, assim como as roças de feijão, mandioca, milho e abóbora, que se perderam, os pataxó ficaram outra vez sem recursos, dependendo de doações.

Em situação crítica, Ãngohó e o cacique Hayó, seu marido, ao tomarem conhecimento de que uma área de proteção ambiental corria risco de ser invadida por posseiros, resolveram propor à associação nipo-brasileira, dona do terreno, a concessão de seu uso com o compromisso de defendê-la das invasões. Comovido com a tragédia que se abatia sobre os indígenas, um dos diretores da associação, Antonio Hoyama, filho de japoneses que migraram para o Brasil em 1934 em condições também adversas, levou a ideia aos demais associados. O resultado superou as expectativas dos pataxó, que conseguiram a doação definitiva do terreno. No dia do evento Sem Demarcação Não Tem Jogo, houve a entrega dos documentos à cacica Ãngohó.

Com o rosto pintado de urucum, à moda dos anfitriões, Casagrande aplaudiu o gesto dos nipo-brasileiros. "Foi uma atitude humanitária que deveria inspirar outros proprietários de terras", diz. Ele se emocionou ao acompanhar os rituais indígenas ao som de tambores, maracás (chocalhos) e taquaras (flautas feitas de bambu), ao lado de indígenas de outras aldeias, que vieram de várias partes do Brasil para prestigiar o acontecimento. Estavam presentes representantes das nações Xakriabá, Krenak, Xucuru Kariri, Tikuna, Maxakali, Tapajós, Yawanawa e Kambiwá. "Fiquei impressionado com a energia deles. Foi a primeira vez que entrei numa aldeia, com aquele espaço no meio, as casinhas, a escola, tudo bem espaçado, senti uma paz incrível, em comunhão com a natureza. A lua nasce bem no meio das montanhas, em um céu carregado de estrelas. É impossível não ficar apaixonado pela vida nesse lugar."

Casão gostou tanto que quis repetir a experiência. Nesse mesmo dia, ele conheceu Shirley Krenak, liderança indígena e ativista ambiental, que o convidou para conhecer a sua aldeia, em Resplendor, na região do Rio Doce, em Minas Gerais, próxima a Governador Valadares. "Duas semanas antes do Carnaval de 2023, viajei pra lá e fiquei três dias. Fui batizado na lagoa por ela, vi as terras, escrevi um texto no UOL; agora eu sei tudo do que eles precisam. Há muito tempo, lutam pela demarcação das terras que foram tomadas deles por fazendeiros. Existe um lugar chamado Sete Salões, que são sete cavernas onde eles se encontram com os ancestrais do povo Krenak, em um ritual importantíssimo para a cultura deles. Só que essa parte não está mais em posse deles, o que os impede de ir até lá, porque os capatazes os ameaçam de morte."

Em 28 de abril de 2023, a presidente da Funai, Joenia Wapichana, finalmente assinou o ato de identificação e delimitação da Terra Indígena Krenak de Sete Salões, uma das etapas mais importantes para a conclusão do processo de reconhecimento do território, em cumprimento tardio de uma determinação da Justiça, que em setembro de 2021 condenara a Funai, a União e o estado de Minas por violações dos direitos humanos e civis dos krenak durante a ditadura militar. Em 1972, eles haviam sido arrancados de sua morada, em Resplendor, e mandados à força para a fazenda Guarani, que funcionava como reformatório, uma espécie de campo de concentração na cidade de Carmésia, a 300 quilômetros de distância. Foi uma operação destinada a mantê-los confinados para que suas terras fossem distribuídas a posseiros. Posteriormente, em 1993, o Supremo Tribunal Federal anulou essas transferências, e os indígenas recuperaram parte do território. Porém, a área de Sete Salões ficou fora da decisão. Só mais recentemente, com a luta dos ativistas, abriu-se novo processo para a retomada do patrimônio.

"Quando se fala em indígenas, normalmente a gente pensa naqueles que ficam na Amazônia. Sem dúvida, é importante acabar com o desmatamento e o garimpo ilegais, que cresceram muito por lá, e proteger aquelas populações da violência dos invasores. Mas temos que olhar também para os demais povos indígenas, não só os da Amazônia. Os que vivem em Minas Gerais, na Bahia... todos eles foram roubados", conclui Casagrande.

O ativismo ambiental, antirracista e político, principalmente, haveria de provocar profundas transformações em sua vida e influenciar até mesmo os rumos da carreira profissional.

## 24. ADEUS À GLOBO

A crescente militância de Casagrande em questões políticas passou a incomodar a TV Globo. Essa é uma suposição bastante provável, embora ninguém tenha lhe dito expressamente. Pela sua própria natureza indomável, traduzida em seu estilo autêntico, direto, agudo e independente, a direção da emissora sabia não ser possível lhe colocar rédeas. Qualquer atitude nesse sentido seria interpretada como censura. Algo que jamais aconteceu durante os 25 anos em que permaneceu no canal. No entanto, àquela altura, as manifestações em entrevistas e nas redes sociais, de maneira cada vez mais intensa, extrapolavam as causas universais – como o combate ao racismo, à homofobia, ao machismo, em suma, a todo tipo de preconceito – e marcavam seu envolvimento direto nas eleições presidenciais. Algo sem precedentes desde sua contratação.

Casão entendia que o Brasil vivia um momento delicado e perigoso, algo jamais visto desde a redemocratização na década de 1980, e se sentia no dever de tomar uma posição. Com o país polarizado e a existência de uma milícia barulhenta de extrema direita, que o perseguia com expressões de ódio e ataques à imagem, não seria de estranhar que a Globo se preocupasse com tamanha exposição. Afinal, o público do futebol tem perfil bastante variado e inclui os "bolsominions" – termo que se popularizou em referência aos seguidores mais fanáticos de Bolsonaro, inspirado nos "minions", aquelas criaturinhas amarelas do filme *Meu malvado favorito*, de 2010, cujo único objetivo é "servir ao vilão mais malvado do mundo". Ou seja, ele pisava em terreno minado.

Nesse cenário, a apreensão do comando do departamento de esportes parece natural. Mas não era a única questão capaz de comprometer o futuro do comentarista no canal. Durante os seus últimos anos lá, a emissora passara por mudanças de direção e de estilo, ao adotar uma linha cada vez mais voltada para o entretenimento, com brincadeiras e tiradas de humor se sobrepondo muitas vezes à análise e à informação. Uma orientação que não combinava com sua personalidade, mas que foi bem assimilada por outros ex-jogadores que se tornaram comentaristas.

A bem da verdade, Casagrande começou a se sentir "órfão" com a saída de Marco Antonio Mora, diretor-executivo da Central Globo de Esportes, em 2015. A admiração era tanta que Casão continuou a encontrá-lo para almoçar e trocar ideias até a morte dele, no início de 2018 – o jornalista ressentia-se, aliás, do distanciamento de alguns ex-colegas após ter deixado o cargo. "O Marco Mora foi um dos caras mais inteligentes e com mais conhecimento de televisão que eu já vi. Sabia tudo, desde novelas e espetáculos até esporte... tudo, tudo. Ele deu continuidade ao projeto 'Padrão Globo de Qualidade'. Na época em que comandava, nós estávamos em todos os eventos presencialmente e tínhamos que ter opinião de verdade. Quando me contratou, ele falou assim: 'Eu estou contratando aquele comentarista da ESPN Brasil. Aquele que vai direto ao ponto, fala sem ficar dando voltas. Se você vier para cá e maneirar só porque é TV Globo, não quero, porque vai ser igual a todos aí. Estou contratando porque acho você diferente.' Ele me deu liberdade pra ser autêntico."

Com esse estímulo, Casão se sentia à vontade para expor seus pensamentos de modo franco e incisivo, sem hesitar, por coleguismo, em fazer críticas contundentes a jogadores – algo que ex-atletas costumam evitar. "Eu expresso opiniões mais diretas. Aí muita gente diz: 'Ah, você é agressivo.' As pessoas encaram como agressividade uma opinião assertiva porque estão acostumadas com gente que dá voltas, morde e assopra, morde e assopra... Eu não mordo nem assopro, só dou minha opinião", afirma.

Gradativamente, os ventos foram tomando outra direção, e o que era visto como qualidade passou a provocar certo incômodo. "Após a saída do Marco Mora da Globo, as coisas começaram a mudar. Tanto que eu comecei a dar minhas opiniões sem respaldo nenhum. Ninguém chegava a me censurar, mas eu sentia que havia um mal-estar."

Embora a sua saída da Globo tenha ocorrido em meio a um processo de renovação para rejuvenescer a equipe e baixar custos, Casagrande percebeu que havia outras questões envolvidas. "Claro que eles queriam mudar a geração, mas cada um de nós saiu por um motivo diferente. O argumento era o mesmo: a questão financeira. Tanto em relação a mim como ao Cleber Machado, a alegação era que a gente ganhava muito e eles estavam querendo diminuir despesas. Ok, isso é verdade, tanto que mudou todo mundo. Mas cada um teve algo a mais na saída. E o meu 'algo a mais' não é só por fala política, não. É por criticar a CBF, a Seleção Brasileira, o Neymar. Eles queriam – sempre quiseram – entrevistas exclusivas com o pessoal da Seleção, principalmente com o Neymar. E a minha presença atrapalhava. Não tenho dúvida disso."

Mesmo ciente da saia justa com a qual precisava lidar, Casão não abria mão da independência em suas análises. "Nunca me falaram pra aliviar porque não ia adiantar. O lance é assim: não persigo o Neymar, são críticas em cima de fatos. Eu nunca inventei nada sobre nenhum jogador, treinador ou dirigente. Eu comento em face dos acontecimentos. Dou a minha opinião, que não é uma verdade absoluta. O outro pode achar diferente. Só que a minha opinião, provavelmente, tinha muito peso."

Ao longo dos anos, Casagrande se tornou o principal desafeto de Neymar – e do pai dele – na imprensa esportiva. E se seguiram muitas trocas de farpas. Embora reconheça e admire o talento extraordinário do craque, o comentarista sempre se incomodou com sua falta de comprometimento e de maturidade, justamente por entender que ele tinha condições de ganhar o prêmio de melhor jogador do mundo, se fosse mais centrado, e comandar o Brasil na conquista de uma Copa do Mundo. "Tudo começou quando eu falei que ele era mimado, e aquilo explodiu como se eu tivesse ofendido o Neymar. Eu percebi que a palavra 'mimado' era pouco usada, não era corriqueira, e a maioria das pessoas, principalmente o estafe do Neymar, não sabia o seu significado. Porque mimado não é uma ofensa ao caráter da pessoa. É simplesmente alguém que se recusa a amadurecer e que recorre sempre aos pais quando tem um problema."

Por considerar que essa definição se enquadra perfeitamente a Neymar, Casão não se arrepende de a ter empregado. Depois da derrota do Paris Saint-Germain para o Real Madrid por 3 a 1, no primeiro duelo válido pelas oitavas de final da Liga dos Campeões, em 14 de fevereiro de 2018, os jornais europeus criticaram severamente o desempenho do craque brasileiro. O espanhol *Mundo Deportivo* e o italiano *Gazzeta dello Sport* fizeram uso de um trocadilho com seu nome para detoná-lo em suas manchetes: "Neymal." Porém, foi o comentário de Casagrande que ganhou mais repercussão e provocaria a fúria do jogador e de seu pai.

"O futebol é coletivo. Os times não têm que procurar um cara [parceiro de ataque] que tenha o perfil do Neymar. O Neymar é que tem que ter o perfil do time. O Pelé, com toda a genialidade dele, descia alguns degraus para fazer parte do coletivo. Não ficava parado no degrau dele, forçando para que os outros chegassem até ele. O Neymar ainda não tem a genialidade, o tamanho de um Maradona, de um Messi, de um Cristiano Ronaldo, para que a equipe possa esperar ele resolver. Não é assim. Os brasileiros se iludem com isso", disse Casagrande no programa *Redação SporTV*, um dia após o jogo.

Em seguida, completou: "O que me incomoda é a maioria dos torcedores brasileiros e da imprensa ficar passando a mão na cabeça do Neymar. Ele já demonstrou diversas vezes comportamentos fora do coletivo, é mimado, colocando até em risco a equipe. Ontem, levou um amarelo no primeiro tempo. Se ele faz mais uma falta ou cava uma, o juiz o coloca pra fora, o que seria desastroso. Isso pode acontecer em uma Copa do Mundo. Pô, aí falam: 'O Cavani não sei o quê, contrata o fulano, o Neymar tem que sair do Barcelona porque está muito nas costas do Messi, aqui o centroavante não combina com ele, vamos levar ele para outro lugar.' Estamos criando um monstro, em vez de corrigir o monstro para ele virar gênio. Não estamos colaborando com o Neymar", pontuou Casão.

No mesmo dia, sem citar o nome de Casagrande, mas em uma postagem nas redes sociais claramente direcionada a ele, Neymar pai adotou um tom excessivamente agressivo, inclusive com uma menção cifrada ao fato de o ex-jogador enfrentar a dependência química. Tratando-o como "abutre", disse que não poderia chamar de atleta "alguém com comportamentos no mínimo questionáveis fora dos gramados".*

Um ano depois, Casagrande e Neymar pai ficariam frente a frente no *Grande Círculo*, do SporTV. Em um diálogo respeitoso, os dois abordaram o conflito, mas não chegaram a um consenso, em uma longa discussão. Enquanto Casão defendeu o seu direito à crítica como ex-jogador e comentarista, ressaltando que o termo "mimado" não é um xingamento, o pai do craque insistiu que extrapolava para o campo pessoal.

Por se tratar do principal astro do futebol brasileiro desde 2011, Neymar tem muitos admiradores para defendê-lo e até bajulá-lo. Entre eles, criou-se a expectativa de que o atacante fizesse uma Copa do Mundo espetacular em 2018, na Rússia, e desmoralizasse Casagrande. No entanto, o craque não brilhou, irritou adversários, árbitros e torcedores com simulações de falta e se tornou alvo de chacotas por suas encenações exageradas. Quando caía em disputas de bola ou sofria qualquer infração, rolava pelo gramado com expressões dramáticas de dor. "Ele foi patético. Em vez de ficar em pé e jogar, só queria cair e rolar. Tanto que virou meme mundial. Depois disso, todo mundo começou a falar que ele era mimado. Hoje é muito fácil dizer isso, qualquer um fala. Mas na época em que ele era mimado mesmo, de verdade, e tinha de ser criticado para evoluir, ninguém abriu a boca. Talvez por medo da reação dele, do pai, do seu estafe... Só eu falei e segurei a bronca."

Sem que Neymar alcançasse êxito no Mundial, com a eliminação do Brasil nas quartas de final diante da Bélgica, curiosamente os holofotes da mídia se voltariam para Casagrande na decisão entre França e Croácia. Ao final da partida, enquanto os franceses comemoravam o título, o comentarista global surpreendeu a todos ao celebrar, ao vivo, uma conquista pessoal.

Após o narrador Galvão Bueno ressaltar a grandiosidade da competição, as viradas e o papel dos imigrantes na ascensão das novas potências do futebol, a bola foi passada para Casagrande emendar de primeira e

---

* PAI de Neymar critica Casagrande: "abutre" e "oportunista". *Placar*, 29 set. 2021.

dar o toque de emoção que faltava, até então, com a ausência da Seleção Brasileira na festa: "Galvão, tudo isso que você falou realmente aconteceu e, para mim, essa é a Copa mais importante da minha vida! Porque eu tive uma proposta quando vim pra cá, quando saí do Brasil, que era chegar aqui pela primeira vez numa Copa do Mundo sóbrio e voltar pra minha casa sóbrio. Então, eu estou muito feliz...", sussurrou a última frase antes de cair no choro e sair de cena.

Ao concluir seu desabafo, houve um instante de silêncio na transmissão. A dimensão humana daquela confissão era tão gigantesca que paralisou a todos, como se fosse necessário dar um tempo para as pessoas assimilarem o impacto, inclusive os telespectadores, com uma parada técnica para respirar. Até o veterano Galvão Bueno, em sua décima segunda Copa do Mundo, se desconcertou e também se calou. Ao retomar o comando, o experiente locutor se mostrava tocado, com os olhos marejados. "Assim você chora e me faz chorar também...", admitiu, antes de silenciar outra vez. "Parabéns, Casa, que Deus te abençoe...", balbuciou, seguido por uma nova pausa. Galvão suspirou fundo para buscar oxigênio, organizar as ideias e seguir em frente. "Vamos lá! Ainda tem coisa para acontecer. Muitas lágrimas vão rolar ainda!", disse, referindo-se à entrega da taça e das medalhas aos bicampeões do mundo.

A declaração de Casagrande provocava impacto tanto pelo tema inesperado como pela sinceridade acachapante de revelar ao público que não estivera sóbrio em nenhum dos Mundiais anteriores de que participara como comentarista e até mesmo como jogador. Afinal, em 1986, no México, chegou a ser fotografado bebendo cerveja com o volante Alemão em um show de Alceu Valença (como já registrado no capítulo 19).

A extraordinária repercussão de sua atitude, que ganhou imediatamente destaque nos principais portais de notícias, devia-se ao fato de ele colocar na mesa a dependência química – um tema que ainda é tabu em muitas famílias – na hora do almoço de domingo e em plena final da Copa do Mundo, com muita gente reunida. Tamanha ousadia atendia a dois propósitos: não só o de celebrar seu triunfo particular, mas também o de jogar luz em um problema de saúde pública e, assim, dar ânimo para outras pessoas que enfrentam essa doença crônica – muitas vezes encarada como desvio de caráter ou até mesmo atividade criminosa.

Esse é um drama que aflige muita gente, mas seria tratado com deboche por Neymar quatro anos mais tarde, em aparente retaliação às críticas feitas por Casagrande em sua coluna no UOL, depois da convocação do técnico Tite para o Mundial seguinte, no Catar, em 2022. "Ele vai querer ser jogador ou celebridade na Copa? Se jogar bola, ficando de pé, sem entrar na onda de cai-cai, a Seleção ficará mais forte. Mas se escolher ficar se olhando no espelho e se admirando, a Seleção não vai a lugar nenhum. Podemos perder a Copa do Mundo para o narcisismo do Neymar", advertiu Casão. O atacante não rebateu diretamente, mas curtiu postagens ofensivas a Casagrande nas redes sociais, incluindo uma publicação rasteira, com trocadilhos batidos, infames e desrespeitosos sobre a batalha de Casagrande contra a dependência química.

No Catar, Neymar torceu o tornozelo direito logo no jogo de estreia, na vitória contra a Sérvia por 2 a 0, e só retornou nas quartas de final, quando fez um dos gols no triunfo por 4 a 1 sobre a Coreia do Sul. Ele voltaria a marcar nas quartas de final, no empate com a Croácia por 1 a 1. "Podemos dizer que foi o gol mais importante dele pela Seleção", avalia Casão. O Brasil, porém, acabou eliminado nos pênaltis, sem que o camisa 10 tivesse executado sua cobrança. "O desempenho do Neymar nessa Copa foi prejudicado pela sua contusão no primeiro jogo, mas ele foi profissional o tempo todo e se envolveu poucas vezes em polêmicas desnecessárias", reconhece.

Mesmo assim, o principal craque dessa geração continuou aquém do que se esperava dele. Para Casão, isso tem muito a ver com o perfil individualista e narcisista. Em retrospectiva, as participações dele nos Mundiais chamaram muito mais atenção pelas variações dos cortes e tinturas de cabelo do que pelo futebol apresentado.

Se não, vejamos. Em 2014, apareceu louro, com fios lisos caindo na testa. Em 2018, superou todas as expectativas ao exibir mudanças em série. Para o último treino antes da estreia, fez alongamento dos cachos, em tom amarelo descolorido, só com as raízes naturais escuras. Não à toa, Eric

Cantona, ídolo da França e do Manchester United na década de 1990, produziu um vídeo em que posa com uma porção de macarrão sobre a cabeça, segurando uma foto de Neymar, para constatar a semelhança. Porém, no dia do primeiro jogo, contra a Suíça, o craque surgiu no gramado já com um cabelo diferente, aparado nas laterais e com um longo topete louro, ganhando nas redes sociais o apelido de Calopsita – a ave ornamental que ostenta um penacho. Já na partida seguinte, diante da Costa Rica, os fios se mantiveram amarelados, porém bem mais curtos. No terceiro duelo, contra a Sérvia, resolveu experimentar uma tintura escura, mais próxima da cor natural. Assim como estrearia com um estilo parecido, também discreto, na Copa de 2022, frente à Servia, e depois adotaria a cor platinada ao voltar ao time, recuperado de contusão, nas oitavas de final contra a Coreia do Sul. Parecia estar em um desfile de moda.

Não se trata de intransigência com o "menino Ney", que seguiu com o comportamento juvenil mesmo ao entrar na casa dos 30 anos. Casão jamais contestou seu direito de ser vaidoso e inovar no visual. O que o incomoda é a excessiva importância dada para a futilidade, em detrimento da concentração para jogar a principal competição de futebol do planeta. Salta aos olhos a diferença de postura do francês Mbappé, campeão do mundo aos 19 anos em 2018 e finalista na edição seguinte, assim como a do argentino Lionel Messi, que levantou a taça em 2022. Enquanto eles preservaram a discrição e seriedade, tornando-se notícia pelo desempenho em campo até a final, Neymar se celebrizou pela extravagância mutante das madeixas. A ponto de levar seu cabeleireiro pessoal para acompanhá-lo durante a disputa do torneio.

Na Copa do Catar, Casagrande também entrou em rota de colisão com Ronaldo, Cafu, Roberto Carlos, Rivaldo e Kaká, integrantes do time pentacampeão mundial em 2002, convidados da FIFA. Já fora da Globo, como colunista do UOL e da *Folha de S.Paulo*, sentia-se ainda mais solto para colocar o dedo na ferida. Assim, escreveu uma coluna a respeito do comportamento deles no Mundial, bem como abordou o assunto no programa *Posse de Bola* no canal UOL: "A torcida da Argentina dá espetáculo, ela torce, canta... como faz no Campeonato Argentino ou em Buenos Aires.

São músicas que dão incentivo à seleção. Mas tem um detalhe a mais: os grandes ídolos argentinos estão na arquibancada junto com a torcida. [...] Batistuta, Crespo, Zanetti, Cambiasso, Sorín, todos eles no meio da torcida da Argentina, cantando as músicas. Enquanto isso, nossos ex-jogadores, ex-ídolos, estão sentados na tribuna da direção da FIFA. Cafu, Kaká, Roberto Carlos e o Ronaldo, [...] de terno, como se fossem dirigentes. E os da Argentina estão na arquibancada. Há falta de identificação dos ídolos brasileiros – agora, até os ex-ídolos brasileiros – com a torcida e com o povo. Enquanto os argentinos não perderam a raiz deles."

Para Casagrande, além de posarem ao lado de xeques e emprestarem a imagem para avalizar uma competição disputada em um país ditatorial, que não respeita os direitos humanos, oprime as mulheres e criminaliza a homossexualidade, os ex-jogadores brasileiros ainda não souberam honrar o Rei Pelé, então internado no Brasil, em tratamento de um câncer de cólon em estágio avançado, que provocaria sua morte no final daquele mês de dezembro.

"Eu não tenho nada contra os caras, não me interessa o lado político deles. Tenho relacionamento normal com o Cafu, que mora em Alphaville, onde meus filhos também moravam, e nos encontrávamos algumas vezes por acaso, conversando numa boa. Até participamos juntos de um programa da CNN. Com o Roberto Carlos, mesma coisa, sempre houve cordialidade quando a gente se cruzava por aí. Trabalhei ao lado do Ronaldo na cabine da Globo em duas Copas do Mundo. A minha crítica foi exclusivamente naquele momento, no Mundial de 2022. Houve uma homenagem ao Pelé lá no Catar, e nenhum deles foi ao evento. Só foram o Pumpido, ex-goleiro da Argentina, e o ex-lateral-esquerdo Zanetti, também argentino. Se eles tivessem algum compromisso, que passassem antes no evento do Pelé, ou transferissem a agenda para mais tarde. Mas alguém tinha que estar lá! Nem estou dizendo todos eles, mas precisava ter algum representante do futebol brasileiro, porra! É assim que eu vejo as coisas, mas eles têm todo o direito de pensar de forma diferente. Não sou o dono da verdade", ressalta Casão.

O comentarista também criticou Ronaldo por ter levado jogadores do Brasil para comer carne salpicada com pó de ouro. "O churrasco folhado a ouro continua dando o que falar – negativamente, é claro. Muitas vezes, a arrogância não deixa que as pessoas percebam seus erros e tentem arrumar justificativas absurdas e sem noção. Foi o caso do Ronaldo, que mais uma vez demonstrou que não entende as necessidades da sociedade brasileira, nem percebe que já perdeu as raízes com o povo há décadas. Ele disse em uma entrevista que o vídeo [em que aparece com Vini Jr., Gabriel Jesus, Militão e Bremer comendo o tal churrasco] serve como incentivo para as pessoas do Brasil trabalharem e, um dia, também poderem usufruir dessa carne da ostentação. Meu caro Ronaldo: você acha mesmo que o povo brasileiro, que em sua maioria vive em pobreza ou miséria, tem como objetivo de vida trabalhar para experimentar um churrasco folhado a ouro? O brasileiro trabalha para tentar dar três refeições ao dia para a sua família", escreveu em sua coluna.

* * *

Os posicionamentos de Casagrande fazem parte do seu trabalho como comentarista e colunista. A sua intenção não é se colocar como paladino da justiça, mas simplesmente exercer a profissão à qual se dedica há quase três décadas. Democraticamente, aceita que haja diversidade de opiniões. Mas defende a sua de forma enfática, principalmente quando envolve questões graves, como a condenação de Robinho na Justiça italiana, por exemplo. Ele esperava um posicionamento mais firme dos jogadores em repúdio à violência sexual do Rei das Pedaladas e de seus amigos contra uma mulher alcoolizada e indefesa em Milão. Antes que saísse da Globo, o episódio chegou a provocar divergência entre ele e o colega Caio Ribeiro.

Em outubro de 2020, com a pressão de patrocinadores e da opinião pública, após vazamento de áudios comprometedores de conversas de Robinho com um dos amigos envolvidos no estupro coletivo, o Santos decidiu suspender o contrato com o atacante, que voltaria ao clube pela quarta vez. Casagrande analisou assim o caso: "Essa negociação não devia nem ter começado. Foi bom pra mostrar que o futebol faz parte da sociedade, não é um universo separado. Tem que parar de aceitar sacanagem como coisa normal. Lamento muito que tenha de ter pressão dos patrocinadores para o Santos rescindir o contrato. Não vou defender o Robinho de forma nenhuma, neste momento ele é um condenado na Justiça italiana. Não tem como defender esse tipo de situação."

Já Caio Ribeiro, em um primeiro momento, saiu em defesa do companheiro: "A gente não tem todas as informações, então vamos esperar. Quem tem que julgar é a Justiça, para decretar se ele é inocente ou culpado. Isso é a primeira coisa e a minha forma de analisar os fatos. Acho um assunto superdelicado e fico muito chateado porque conheço o Robinho. Torço ainda pela absolvição dele. O Robinho que eu conheço, que tem três filhos e é casado, eu nunca imaginei que faria isso." Após repercussão negativa, Caio voltaria atrás três dias depois, ao concordar com a rescisão do contrato pelo Santos e alegar que não tinha conhecimento do conteúdo das transcrições dos áudios anteriormente.

Em janeiro de 2022, a condenação definitiva de Robson de Souza, o Robinho, a nove anos de prisão seria confirmada em última instância na Itália. Como o Brasil não extradita seus cidadãos, o Ministério Público Federal propôs, numa manifestação ao Superior Tribunal de Justiça, que o jogador fosse preso em solo brasileiro, em um processo de transferência da execução da pena. Em março de 2024, o STJ decidiu que o ex-atacante deveria cumprir a pena no Brasil e expediu a ordem de prisão. Ele foi levado de sua casa, em Santos, para a Penitenciária 2, em Tremembé, no interior de São Paulo.

O caso Robinho não foi a única discordância entre os dois colegas de emissora. Em abril de 2020, Caio Ribeiro havia criticado Raí, diretor de futebol do São Paulo na época, por seu pronunciamento contrário à gestão do presidente Bolsonaro durante a pandemia. Segundo o então dirigente tricolor, o mandatário estava "no limite da irresponsabilidade" ao se contrapor a todas as recomendações da Organização Mundial da Saúde (OMS) e, a continuar assim, a sua renúncia deveria ser cogitada. Na condição de quem cresceu dentro do São Paulo, Caio se opôs a essa manifestação que extrapolava o campo do futebol: "Eu não gostei do discurso do Raí. Ele falou muito pouco de esporte e muito sobre política. Por mais que ele diga que é a opinião pessoal dele, hoje ele é o homem forte do São Paulo. E as declarações e opiniões que ele dá respingam na instituição. Então, ele tem que falar de esporte. Quando ele fala de renúncia, hospitais públicos, tudo isso, me parece que ele tem uma conotação política em relação a preferências", declarou, durante programa do SporTV.

Defensor ferrenho da liberdade de expressão, Casagrande não deixou por menos e se manifestou pelo Instagram: "Eu penso exatamente como o Raí. Sou contra a volta do futebol neste momento. Todos os dias, as mortes aumentam no país. É um absurdo pensar nisso. Já falei diversas vezes sobre esse assunto. Numa democracia, todas as pessoas podem e devem expressar suas opiniões, sobre qualquer assunto, independentemente da sua profissão. Ninguém pode querer censurar a fala do outro e determinar qual o assunto que se pode falar. Isso, no meu entender, é antidemocrático. Enfim, o Raí representou com orgulho o seu irmão, Sócrates (Magrão), e não tenho dúvidas de que ele falaria as mesmas coisas. Cobra-se muito, das pessoas do futebol, a falta de participação e de opinião. O Raí é um dos poucos que se posicionaram. Parabéns, Raí! Você seria um grande companheiro na Democracia Corinthiana. Antes de qualquer polêmica, deveríamos nos unir e ser mais solidários nesse momento tão crítico pelo qual passa a humanidade", escreveu.

As posições antagônicas renderam matérias em sites de notícias, com grande repercussão nas redes sociais. Dias depois, Casagrande e Caio se encontraram pessoalmente no *Bem, Amigos!* e protagonizaram uma discussão acalorada. Algo que Casão considera saudável em um debate de ideias, sem a pretensão de estar sempre com a razão.

\*\*\*

Àquela altura, Casagrande começava a perceber, mais nitidamente, a perda de espaço dentro da Globo. Em sua opinião, o fator preponderante seria o entendimento de que sua presença atrapalhava a obtenção de entrevistas exclusivas, sobretudo de Neymar, mas também possivelmente de outros jogadores por influência do craque. O que antes ele supunha, por indicações sutis de que não estava mais tão ambientado com a chefia, progrediu para a retirada das escalas.

"Até 2019, foi tudo bem, já tinha mudado a direção, mas havia uma continuidade. Eu participava das coberturas da Seleção Brasileira normalmente. Acompanhei a Copa América desde os treinamentos em Teresópolis, fazendo todos os jogos, as matérias e tudo o mais. Mas, quando acabou a Copa América, passei a ficar fora de amistosos e jogos das Eliminatórias. Comecei, aos poucos, a ser tirado de jogos importantes, clássicos, essas coisas, e sendo direcionado um pouco mais para o SporTV, o que para mim não tinha problema nenhum, fazia de boa... Mas percebia que estava sendo retirado de cena, paulatinamente, e durante os programas de que eu participava, quando me manifestava sobre causas sociais ou políticas, algo que sempre fiz e que antes gerava debate, também sentia diferença: não dava mais eco, ninguém mais ia adiante e mudavam de assunto", afirma, com base em sua observação.

O passo seguinte foi a extinção do quadro "Fala, Casão!" no *Globo Esporte*. "Acabaram de uma hora para outra, sem me avisar antes. Sem a mínima explicação, porque fazia sucesso, tinha sido criado por sugestão do Ivan Moré, que apresentava o programa, justamente porque terça-feira era um dia fraco e precisavam de alguma coisa forte pra aumentar a audiência."

O mesmo fenômeno ocorreu com o quadro "Casão FC" no *Esporte Espetacular*. "Eu conseguia, ali, entrevistar pessoas que os jornalistas não conseguiam. Fiz com o Abel Ferreira, que não dá entrevista exclusiva pra ninguém. Fiz com o Roberto Dinamite, já com o câncer em fase inicial, e ele falou sobre o problema de saúde, explicou tudo. Houve muitos outros: o Vanderlei Luxemburgo quando dirigia o Sport; o Rogério Ceni, que entrevistei três vezes, quando ele estava no São Paulo, no Cruzeiro e no Fortaleza; o Renato Gaúcho... Enfim, fiz com diversas pessoas. E de repente parou. Então o que eu saquei? Estavam me tirando do ar."

O processo crescente de "apagamento", porém, seria forçadamente revertido devido ao sucesso da minissérie *Casão: num jogo sem regras*, da diretora Susanna Lira, que estreou em 26 de maio de 2022 no Globoplay. "A estratégia era diminuir a minha visibilidade pra chegar a um ponto de eu pedir demissão ou eles me demitirem ou fazermos um acordo. Estava caminhando pra isso mesmo... Até pintar a série que explodiu no Globoplay, ficou vários meses como uma das mais assistidas e recebeu elogios da crítica especializada. Aí minha visibilidade triplicou, em vez de diminuir, mas, mesmo assim, logo depois, eles pediram para fazer o acordo."

No dia 6 de julho, Casão postou um vídeo nas redes sociais com sua despedida: "Olá, pessoal! Vim aqui para avisar a vocês que, depois de 25 anos de TV Globo, seis Copas do Mundo, com cinco finais, incluindo a de 2002 com os dois gols do Ronaldo, três Olímpiadas e diversas finais de campeonato por aí, meu ciclo acabou. Tô saindo da Globo hoje, não faço mais parte do grupo de esporte da TV e vou seguir minha estrada. Na realidade acho que foi um alívio para os dois lados. Um beijo a todos!"

O "alívio" refere-se ao desgaste dos últimos tempos, porque o comentarista traz as melhores lembranças da emissora em que passou períodos marcantes em sua vida. "Não tenho mágoa nenhuma da Globo. Eu seria ingrato se não reconhecesse todas as coisas bacanas que fizemos juntos. Dos meus 25 anos na TV Globo, 23 foram sensacionais, tanto que eles me deram respaldo quando fui internado, pagaram a primeira clínica, depois me apoiaram, voltei, conheci o mundo trabalhando pela Globo. Fiz todos os grandes eventos esportivos porque vivi o melhor momento da emissora", analisa.

Se por um lado sempre fica alguma dor após qualquer separação, por outro lado Casagrande também sentiu certa empolgação em buscar alternativas. "Eu já estava esperando, e também queria sair, sentia que não dava mais. Até porque não sou um cara de ficar lá só com a bola rolando e 22 caras correndo. Isso pra mim é muito pouco. Futebol, pra mim, é muito mais do que isso. Eu não ia mais conseguir ficar fazendo esse papel. Sempre gostei de imprensa escrita também, e a possibilidade de escrever para o UOL e a *Folha* foi sedutora. Eles me procuraram cinco minutos depois que eu anunciei minha saída da Globo. Sempre tive o desejo de escrever para a *Folha*, um jornal de peso, e depois que surgiram os portais de jornalismo, com o advento da internet, o UOL se tornou igualmente um canhão. É como se fosse a Globo dos portais de notícias. Eu me sinto muito livre porque posso escrever sobre o assunto que quiser, de forma direta, me expressar do jeito que eu penso."

Em dezembro de 2023, Casagrande pavimentou o caminho para voltar à função de comentarista de jogos na TV ao assinar um contrato de três meses e meio com a Rede Record, no período de duração do Campeonato Paulista de 2024, cujos direitos foram comprados pela emissora. Embora por um período curto, essa contratação constituiu-se em um passo importante para quebrar o estigma criado na mídia por sua então recente atuação no cenário político, a despeito de a militância ter sido pontual – algo que se encerrara com as eleições de 2022.

"Tem trezentos canais de televisão por aí, e todo mundo me convida para ir a programas: CNN, Bandeirantes, ESPN, Cultura, a própria Globo, onde apareço muitas vezes no *Esporte Espetacular*... Todos os canais me convidam para participar, mas, na hora de contratar, ninguém quer bancar. E não é bancar financeiramente, é bancar a minha personalidade. A Record, que é evangélica e teoricamente mais ligada à direita, viu em mim um cara declaradamente democrático. Sabe que lutei contra a ditadura desde os 16 anos, fiz parte da Democracia Corinthiana, me envolvi no movimento das Diretas Já, participei ativamente contra o governo Bolsonaro e, mesmo assim, ela se interessou em me contratar", enfatiza.

Casão descobriu, da forma mais surpreendente, que existe vida na televisão fora da Rede Globo. E agora segue seu caminho sem abrir mão dos ideais que sempre o nortearam. Como cantam seus velhos amigos do Titãs, ele "quer inteiro e não pela metade".

## 25. HISTÓRIA SEM FIM

A bola ainda está em jogo, e isso basta para Casagrande seguir em frente, suando a camisa na competição incessante de cada dia. Nessa partida renhida, teve lesões sérias e quase perdeu a vida. Já marcou gol contra, tomou cartão amarelo – por pouco não foi expulso de campo – e viu seu maior parceiro ser derrotado pelo álcool. Sofreu danos físicos, afetivos e emocionais, mas sem renegar a própria personalidade. Foge ao estereótipo do viciado que, depois de ser flagrado e se submeter a tratamento, passa a reproduzir frases feitas e a rezar por uma cartilha rasa e pré-fabricada. Jamais caiu na tentação covarde de atribuir seus tropeços às chamadas "más companhias", tão citadas nesses casos. Ao contrário, mostra coragem para assumir seus erros e buscar corrigi-los. Sabe que é o senhor do destino, não uma peça manipulada no tabuleiro de xadrez.

Quando a casa caiu, seria mais prático virar as costas para a sua história, assumir um discurso reacionário contra ídolos do rock, pelo mau exemplo dado à juventude, ou posar de vítima de traficantes para comover a opinião pública. Mas essa visão simplista não faz parte de seu ideário. Ele tem consciência de que o mal não vem de fora. Encontra-se incrustado na alma e no metabolismo de cada um.

O uso de drogas normalmente é consequência de desequilíbrios químicos do organismo, de patologias psíquicas que se manifestam das mais diversas formas, como ansiedade, pânico, depressão, psicose. Ainda há grande preconceito em relação a distúrbios mentais e sequelas psicológicas, o que impede muita gente de assumir a doença e buscar ajuda especializada. Existe o medo de ser tachado de louco. Mas, como diz a letra de "Vaca profana", música de Caetano Veloso, um dos compositores que influenciaram a formação de Casagrande, "de perto, ninguém é normal".

Nesse aspecto, o serviço prestado pelo craque é inestimável. Ele teve o mérito de entrar nas casas das famílias de todo o Brasil em pleno *Domingão do Faustão*, e mais tarde em uma final de Copa do Mundo, para desmistificar o uso de drogas. Desvendou-se por inteiro, contando em detalhes sua saga e alertando para o perigo a que todos estão sujeitos. Não se trata de coisa de bandidos. Atinge tanto marginais e desvalidos como estudantes, profissionais de sucesso, pais e filhos. "Ninguém está totalmente imune a passar por isso" é a sua convicção.

O Relatório Mundial sobre Drogas 2023, divulgado pelo Escritório das Nações Unidas sobre Drogas e Crime (UNODC), revela que 296 milhões de pessoas fizeram uso de substâncias ilícitas em 2021, com aumento de 45% em dez anos. A desigualdade no acesso a cuidados médicos e psicológicos dos usuários também continua grande, a depender do nível socioeconômico da família e do grau de desenvolvimento de cada país. Apenas uma em cada cinco pessoas com transtornos associados ao uso de drogas recebeu tratamento, embora a Organização Mundial da Saúde (OMS) defina a dependência química como uma doença crônica e progressiva, ou seja, que piora com o passar do tempo.

"Dentro desse universo, há desde jovens à procura de aventuras e experimentações até adultos em busca de alívio para seus tormentos. O que não deveria causar estranhamento; afinal, a humanidade faz uso de alucinógenos, calmantes e estimulantes desde seu surgimento na face da Terra. Sem esquecer que o álcool, que não entra nessa conta, também é uma droga perigosa", ressalta Casagrande.

Depois de anos de tratamento contínuo com o auxílio de psiquiatra e psicólogos especializados, inclusive com acompanhantes terapêuticas que o ajudaram a evitar os riscos de recaída no dia a dia, Casão atingiu um estágio no qual já se sente capaz de administrar sua rotina com mais autonomia. Atualmente, mantém apenas duas sessões de terapia por mês na mesma clínica na qual se internou, em Itapecerica da Serra. Mesmo assim, fica atento ao aspecto emocional, podendo buscar socorro pontual caso sinta necessidade em algum momento mais traumático – inevitável na vida de todos nós.

O êxito de sua recuperação leva luz a um tema delicado, ainda encarado como tabu. O tratamento é o melhor caminho, pois pode-se controlar os sintomas dos distúrbios psíquicos com medicamentos e terapia. É verdade que Casagrande tem condição econômica privilegiada. Leva vida de classe média alta, mora sozinho num apartamento confortável – embora sem luxo, na zona oeste de São Paulo –, apoia financeiramente sua família e come em bons restaurantes cotidianamente. Sem ostentação ou esbanjamento, mas com recursos acima das possibilidades da maioria da população brasileira. Por isso, defende a ampliação e o desenvolvimento de uma rede pública de atendimento médico, ampla e confiável, nessa área crucial.

A sua lição de vida serve como farol à população em geral. Ao mostrar que nem um ídolo está livre de cair no abismo, faz um apelo à compreensão das famílias em relação aos usuários de drogas e chama a atenção das autoridades para um drama subterrâneo. A dependência precisa ser encarada como uma questão de saúde pública, não como caso de polícia.

A postura transparente foi fundamental para conquistar o apoio de muita gente. E esse talvez seja o traço mais marcante de sua personalidade: o de ser autêntico. Assim como assume com naturalidade passagens de sua vida que poderiam lhe trazer censuras e constrangimentos, incluindo molecagens e brincadeiras irresponsáveis na juventude, expõe as entranhas de seu inferno particular com raro despudor. Embora não deixe de ser uma decisão arriscada, é justamente isso que comove a maioria das pessoas.

Em nossa convivência, presencio constantemente o carinho com que é tratado pelo público. Desde senhoras religiosas que rezam por ele a jovens e pais que se identificam com seu problema, são muitas as manifestações de admiração por onde passa. Em bares e restaurantes, sempre é abordado para tirar fotos com fãs das mais variadas faixas etárias e escuta palavras de incentivo. Nas ruas da Pompeia e da Vila Madalena, regiões em que circula com mais frequência, motoristas chegam a reduzir a marcha ao vê-lo andando na calçada para gritar saudações desse tipo: "Você é o cara, Casão!"

Washington Olivetto, especialista em comunicação de massa, atribui tanta popularidade à sinceridade desconcertante do antigo craque. "Uma qualidade que o Casagrande sempre teve, desde a época de jogador, é exatamente a honestidade absoluta. Gozado, inicialmente as pessoas imaginavam, até de forma ingênua, que essa sinceridade poderia ser prejudicial em seu trabalho como comentarista na mídia. Mas, ao contrário, virou um grande patrimônio dele, uma marca", analisa o publicitário.

Sobre isso, Olivetto revela um elogio feito pelo locutor Galvão Bueno – com quem Casão já teve rusgas no passado, mas que se mostrou um aliado de peso durante a fase mais crítica – em uma rodinha de amigos. "Certo dia, encontrei o Galvão falando bem do Casagrande pelas costas, e uma das coisas que ele destacava era a absurda sinceridade." Tal característica desmonta qualquer um. "A maneira digna e corajosa com que ele enfrentou seu problema, reconhecendo e superando todas as dificuldades, com uma recuperação sensacional, só aumentou a admiração das pessoas", diz Olivetto, que recorre a uma imagem do pugilismo para traçar um paralelo. "O ser humano gosta de heróis. Nós nos emocionamos, mais ainda, com aquele lutador de boxe que é muito bom, mas sofre uma queda, e depois outra, mas consegue se levantar e ainda fazer o nocaute no final. A recuperação do Casagrande foi sensacional porque, além de tudo, deu um exemplo público."

Nesse ponto, Sócrates não teve a mesma sorte. Quando foi internado em estado grave, seu fígado já estava irremediavelmente comprometido. Ao melhorar e receber alta, manifestou disposição de deixar de beber e, após alguma relutância, até de entrar na fila para transplante de órgão, mas logo vieram outras crises. Ele precisou voltar ao hospital mais duas vezes, na última delas para morrer. Além disso, partiu sem reconhecer a dimensão do alcoolismo que o destruía. Como se viu no capítulo 16, assegurava não ser dependente e se achava capaz de mudar o hábito sem sofrer abstinência.

O fato de Sócrates negar o vício irritava Casagrande, por achar que o amigo devia assumir a gravidade da doença para buscar tratamento intensivo e apoio psicológico. Acreditava ser a única salvação. Mas o Doutor consumiu-se silenciosamente, sem chance de virar o jogo, e deixou um vazio no coração do parceiro, que o incomoda até hoje.

De qualquer forma, os dois viveram intensamente e produziram um momento único na história. Jamais houve um time como o da Democracia Corinthiana, que ultrapassou os limites do esporte para interferir na política da nação e até influenciar os costumes de uma geração – não só de torcedores alvinegros. Em retrospectiva, pode-se falar que nenhum deles desperdiçou a existência. Apesar da morte precoce de um e da queda quase fatal do outro, poucas pessoas chegaram a fazer tanto em tão pouco tempo.

Parafraseando o poeta Carlos Drummond de Andrade, quando essas duas figuras nasceram, um anjo torto cochichou em seus ouvidos: "Vai ser gauche na vida..." E ambos seguiram seu destino com alegria, volúpia e genialidade, mas saindo do esquadro. Juca Kfouri defende a ideia de que são pessoas assim que levam o mundo a evoluir, embora paguem um preço pessoal alto por isso. "Esses caras que escolheram ser gauches na vida, às vezes considerados perdedores pela sociedade, são os que fazem a história, de alguma maneira, mudar de rumo."

Sem se gabar disso, no íntimo, Casagrande tem essa consciência. Sabe que foi uma das peças responsáveis pela resistência democrática no Brasil e se orgulha por ter dado a cara a tapa nos momentos-chave. Sempre esteve na linha de frente dos acontecimentos. Não é pouco. Quanto ao uso de drogas, apesar de admitir os perigos e excessos cometidos, está longe de soar como um muro de lamentações. "Quando olho para trás, não vejo minha história com arrependimento. Esse é um lado preocupante, pois falo isso porque estou vivo. Se estivesse morto, teria deixado meus filhos, meus pais, meus amigos... Aí entra o egoísmo."

Há duas percepções antagônicas em relação a seu estilo de vida. "Sou ambíguo nessa questão. Meu lado rock'n'roll me fazia sentir orgulho: fui louco pra caralho! Ao mesmo tempo, meu lado racional hoje pensa assim: que merda, eu poderia ter tido uma vida melhor." Também toma cuidado para não se tornar um patrulheiro contra os usuários de drogas. "Quero alertar as pessoas sobre o perigo de se tornar dependente, um terreno pantanoso, sem dúvida. Mas não dou sermão e entendo que nem todos irão passar, necessariamente, pelos mesmos tormentos que eu vivi. O meu caso é extremo. Usei drogas injetáveis, uma roleta-russa da qual não dá para se prever a consequência. Uma aplicação, às vezes, já é suficiente para levar à morte. O problema é que nunca se sabe quem irá cair nessa teia traiçoeira, que causa muito sofrimento e pode terminar de maneira trágica. Então, melhor evitar."

Casão respeita a decisão de cada um, mas com a exata noção das próprias restrições. Não gosta nem de passar perto de ambientes com fumaça de maconha. "Como já entrei em surto psicótico, poderia ser um fator de desencadeamento de uma nova crise. Não posso usar mais nenhum alucinógeno, sob o risco de pirar definitivamente." Ele descobriu que a "loucura" saudável, sinônimo de uma vida empolgante e divertida, dispensa aditivos. Está em sua própria personalidade.

Esta é uma história sem fim. Casagrande colhe os louros do nocaute sensacional sobre as drogas, mas nada garante que ganharia novamente, caso voltasse a ter uma recaída. Até mesmo porque os campeões envelhecem. Embora encare a sobriedade como uma conquista definitiva, lembra-se sempre de que "o jogo só acaba quando termina", como dizia Chacrinha, o Velho Guerreiro, antigo apresentador de programas de auditório. Sem contar o fator genético, que predispõe quem possui histórico de dependência na família a trilhar o mesmo caminho – há estudos conclusivos a esse respeito. O pai dele já enfrentou sérios problemas com álcool. Chegou a ser internado pelo filho, quando o atacante jogava na Itália, e a distância se via incapaz de proteger a mãe.

Desde a infância, quando saía para brincar com os amigos na rua, com 12, 13 anos, tinha o cuidado de voltar para casa a cada hora para verificar se ela estava em segurança. Quando ficava bêbado, o pai muitas vezes se mostrava agressivo. Seu Walter conseguiu controlar esse mal, parou de beber e se tornou um pacato senhor que frequentava a igreja da Pompeia, ao lado de dona Zilda, na fase madura de sua vida.

Por ser mais jovem, Casagrande vive em ritmo mais intenso, em busca de novas conquistas e emoções. Agora solteiro convicto, mora sozinho, o que aumenta a responsabilidade de se manter na linha. Além disso, é uma figura pública, frequenta shows de rock, relaciona-se com muita gente.

Segue na disputa de cada lance. A seu lado estão o indiscutível amadurecimento, a consciência do problema, os cuidados dos filhos, o carinho dos fãs e a determinação de atleta.

Casão já pintou o sete e, certamente, continuará completando a sua grande obra com novas tintas. As cores quentes e vibrantes predominam em sua existência, com algumas áreas obscuras na tela e figuras fantasmagóricas distorcidas ao fundo. No todo, a beleza do quadro é radiante – os tons sombrios e as pinceladas mais pesadas até ajudam a lhe conferir profundidade. Para quem vê a vida tal qual arte, não há como não admirar essa visão. Quando e como concluirá o trabalho, não se sabe... Mas que já fez o suficiente para entrar na galeria dos imortais, ninguém pode negar.

# OLHANDO NO ESPELHO

Rever a minha biografia, dez anos depois de ter sido publicada pela primeira vez, é como olhar no espelho. Vejo várias imagens que refletem diferentes versões de mim mesmo, desde o passado mais remoto até o momento que atravesso hoje, com os capítulos que foram acrescentados. Em algumas situações, eu nem me reconheço mais nos fatos narrados. A releitura provoca sensações contraditórias, em uma caótica viagem pelo túnel do tempo, em que não posso alterar o destino vivido.

Muitas coisas eu acho do caralho, como a parte da minha adolescência e juventude. É superdivertido lembrar aquelas histórias, repletas de uma rebeldia juvenil, um certo descompromisso com as regras vigentes, com comportamentos desafiadores, de pura contestação, que marcaram as gerações influenciadas pela contracultura dos anos 1960, 1970 e 1980.

Porém, ao olhar para trás, também vejo algumas coisas no livro que me chocam. E não me refiro só àqueles momentos mais dramáticos, quando havia perdido completamente o rumo, no auge do uso de drogas e dos surtos psicóticos. Mesmo depois disso, na época do lançamento do livro, em 2013, embora eu achasse que já estava muito bem, hoje percebo que aquele Casagrande ainda se encontrava muito mal.

Naquela ocasião, todas as crises que aconteceram comigo seguiam muito próximas, e talvez por isso eu falasse sobre elas com incrível naturalidade. Agora, uma década depois, tudo me soa absurdo, desconectado do que sou... A ponto de eu me perguntar: nossa, será que passei por tudo isso mesmo? Às vezes, dá a impressão de que se tratava de outra pessoa. Porque minha vida mudou completamente.

Hoje me sinto muito distante daquele universo. Não convivo mais com os fantasmas, com os demônios daquele momento. Diferentemente de 2013, eu não bebo, não fumo e, obviamente, estou longe das drogas. Não preciso mais matar um leão por dia, como necessitava fazer naqueles tempos. Aliás, não é verdade que uma pessoa que se recupera da dependência química terá de matar um leão por dia até o fim da vida. Quem vive assim é aquele cara que continua se colocando em situações de risco. Como não faço isso, vivo bem tranquilo, sem pressão nenhuma. Já tenho meus programas definidos, jamais me boto em um cenário complicado. Quando saio, vou ao teatro, ao cinema, vou jantar, tomar um café, vou a shows... ou então fico em casa assistindo a séries na TV, ou escrevendo. Portanto, para mim já não é um grande sacrifício permanecer sóbrio, é algo automático.

Atualmente, as pessoas que saem comigo não bebem na minha frente. Algum tempo atrás, até perguntavam: "Meu, tem problema se eu tomar um chope?" E eu respondia: "De boa, cara, eu não me importo." Mas ultimamente nem isso acontece mais. Não que seja uma imposição minha; todo mundo é livre pra fazer o que quiser. Acho natural se a pessoa quiser tomar um chope – não vejo mal nenhum, porque esse problema é meu. Eu nem me incomodaria porque não tenho o direito de controlar a vida de ninguém. Mas acho que quem sai comigo deve pensar da seguinte maneira: *Pô, o cara passou por tanta coisa, já está em outra sintonia, também não vou beber aqui.*

Às vezes, sinto cheiro de maconha no ambiente, como no show do Roger Waters, por exemplo. Mas isso não me afeta em nada. Aliás, o maior elogio que eu recebi foi no show do Iron Maiden, no Morumbi. Fiquei numa área reservada, onde serviam bebida à vontade: cerveja, vodca, sei lá mais o quê, e eu só pedia água. Quando apagou a luz e começou o espetáculo, bateu um forte cheiro de maconha também. No final do show, que durou umas duas horas, um cara atrás de mim deu um tapinha nas minhas costas, eu virei, e ele falou: "Porra, Casão, fiquei vendo o show e prestando atenção em você. Tá todo mundo bebendo, inclusive eu bebi; todo mundo fumando maconha, e eu também fumei. Mas você só consumiu água. É impressionante! Um dia eu quero estar nessa mesma situação em que você está." Eu agradeci: "Legal, obrigado!", e senti um puta orgulho.

Por que eu entendi isso como o maior elogio? Porque veio de um cara como eu. É fácil alguém que nunca usou drogas me elogiar, é muito simples me parabenizar pela recuperação. Mas quando parte de um cara que fuma maconha e bebe álcool, porra, é o maior elogio que eu poderia receber. Expliquei para ele que o meu foco era o show do Iron Maiden, por isso eu nem vi as pessoas beberem, senti o cheiro da maconha inicialmente e depois nem percebia mais. Porque aprendi a mudar o foco, e isso foi uma grande conquista para conseguir me manter afastado do que não interessa. Se estou numa mesa conversando, meu foco é ali, não importa o que as pessoas estejam fazendo em volta.

Em outra ocasião, assisti ao show dos Titãs, no Allianz Parque, e fui ao camarim. Nem reparei se tinha bebida ali. O Paulo Miklos não usa mais nada, mas toma o vinho dele; o Nando Reis também não usa mais nada, nem álcool ele bebe. E os outros podem beber ou não, porque nem quero saber o que está acontecendo, vou simplesmente cumprimentar os caras, sem me ligar no que se passa ao meu redor. E o reencontro deles, para celebrar os quarenta anos do grupo, foi muito especial para mim porque tinha uma energia muito positiva lá. Eu pude ver a Alice e o Max Fromer, os dois filhos do Marcelo... um amigo, um irmão, que a vida me levou. Revi a Tina, que era mulher do Marcelo, e conversei com todos eles. Ficamos juntos, tive um abraço muito gostoso do Nando e do Paulo, enfim, havia muito carinho envolvido. Nós nos conhecemos desde a juventude, no surgimento da banda, e compartilhamos muitas experiências. É reconfortante constatar que eles também se transformaram, amadureceram e continuam a produzir a música deles, a nos oferecer uma apresentação tão potente.

Nesses dez últimos anos, aconteceram diversos fatos na minha vida – tanto profissionais quanto pessoais, culturais e sociais – que me mudaram. Sou uma metamorfose ambulante, como dizia o Raul Seixas, e acho que o ser humano deve ser assim. Aquele sujeito que resiste a passar por mutações continua preso ao passado e não sai do lugar. Ser uma metamorfose ambulante significa que você não tem medo do novo. E o ser humano, de modo geral, tem pavor das novidades: prefere ficar sempre no mesmo lugar porque se sente mais seguro. É difícil encarar uma coisa nova. Mas só dessa forma evoluímos.

Sempre fui um cara de transformação, só que nessa última década o processo acelerou. Fui uma metamorfose ambulante diária, até porque precisava ser nesse ritmo. Eu necessitava sempre andar para a frente. Tinha de ser de um jeito num dia, acordar no dia seguinte já um pouco diferente, e assim por diante. Não poderia ficar parado porque daquela forma não era confortável para a minha saúde mental. Tive que ir mudando, mudando, mudando...

"Troquei" a dependência química pelas atividades culturais. Esse foi o meu melhor remédio. Percebi o quanto isso me fazia bem quando produzi o show *Adonirando*, reunindo dezenas de artistas de primeiro nível para tocar e celebrar a obra do Adoniran Barbosa no Theatro Municipal de São Paulo. Realizar aquilo foi uma das maiores vitórias da minha vida. Mas também me lancei a uma série de iniciativas profissionais. Comecei a fazer quadros no *Esporte Espetacular* e no *Globo Esporte*, depois saí da TV Globo e, em vez de ir para outro canal de televisão, fui escrever em um grande portal, o UOL, e na *Folha de S.Paulo*, um jornal de peso, com muita responsabilidade.

Quer dizer, o meu "novo" nessa fase talvez tenha sido mais assustador do que o "novo" com o qual costumeiramente a gente se vê obrigado a lidar no dia a dia. Porque eu pulei da TV Globo para a internet, uma mídia com a qual não estava acostumado, e para a *Folha* com a missão de escrever em plena Copa do Mundo sobre o que eu quisesse, com total liberdade. Viajei para o Catar e abordei assuntos muitas vezes fora da esfera esportiva. Escrevi sobre aspectos comportamentais, culturais, e discuti questões de gênero, como a opressão às mulheres e a criminalização da homossexualidade lá, algo que o emir e os xeques no poder pretendiam varrer para debaixo do tapete durante a disputa do Mundial. Fiquei satisfeito com o meu trabalho. Creio que colaborei ao dar minha visão, como ex-jogador da Seleção Brasileira, sobre essas questões.

Também curto bastante fazer o programa *Rock Bola*, com o Zé Luiz e o Bento Mello, filho do Branco. É uma atração da Rádio 89FM, nas noites de segunda-feira, que perdura há muitos anos e já teve várias formações. Antes de ir para o estúdio, eu participo do *Fim de Papo*, no UOL, assim como na sexta-feira. Na terça à noite, tenho o *Cartão Vermelho*, ao lado do José Trajano e do Juca Kfouri. No início de 2024, quando escrevo este depoimento pessoal, estou voltando a comentar jogos na TV, pela Record, em transmissões do Campeonato Paulista. Procuro me manter sempre produtivo, algo que me proporciona bem-estar e colabora para minha saúde mental.

As atividades culturais são o meu principal lazer e, às vezes, também mais uma forma de trabalho. Amei fazer a minissérie *Casão: num jogo sem regras* com a diretora Susanna Lira, que estourou no Globoplay em 2022. Ficamos muito próximos, trocamos ideias, e partiu dela a sugestão de lançarmos um *podcast* em que entrevisto personalidades de qualquer área de atuação. Daí o nome *Casão Pod Tudo*, que acabou virando um *videocast* no YouTube. Não é um formato de perguntas e respostas; eu direciono para um bate-papo, uma troca de ideias. Preparamos um roteiro com alguns temas, mas deixo a conversa fluir e sempre surgem algumas revelações inesperadas. Eu lanço o assunto e espero o convidado esgotar. Se ele der uma deixa no meio do caminho, eu digo: "Peraí, peraí, me explica isso aqui." É muito mais legal assim, muito mais democrático e confortável.

Outro lance que me dá muito prazer são os vídeos curtos que eu gravo no TikTok, contando a história dos discos de vinil, dos DVDs e livros que coleciono. Alguns são raros, relíquias mesmo. Outros podem ser encontrados mais facilmente em sebos ou lojas especializadas. E eu os mostro e recomendo para que as pessoas, principalmente os mais jovens, descubram essas preciosidades. Já falei, por exemplo, do compositor, poeta e cantor Sérgio Sampaio, rotulado como "o maldito dos malditos", e seu disco *Eu quero é botar meu bloco na rua*, que traz a música de mesmo nome, o maior sucesso dele, lançada no Festival Internacional da Canção. Desse álbum, destaco ainda "Viajei de trem", uma mistura de rock progressivo e psicodélico com MPB, que realmente faz a gente "viajar".

Nesses vídeos, já indiquei o DVD *The Complete Monterey Pop Festival*, de 1967, no qual Janis Joplin explode para o mundo, The Who quebra tudo no palco e Jimi Hendrix bota fogo, literalmente, na guitarra. Já trouxe o disco *Refestança*, do Gilberto Gil com a Rita Lee e a banda que a acompanhava, a Tutti Frutti. Já falei de muitos sons sensacionais, de Pepeu Gomes a The Beatles, de Led Zeppelin a Alice Cooper. Até da banda Chic, de black music, rhythm and blues, funk e principalmente disco music, eu já lembrei. Um som que tomou conta das discotecas na minha juventude e fez muita gente dançar loucamente. Por ser da turma do rock, ficava ao lado da pista, tirando uma onda dos caras como um bobão, porque só mais tarde percebi a qualidade daquela música vigorosa e contagiante.

Já naveguei por diversos estilos nesse tour musical em que embarco no TikTok, mas um LP em particular, com o qual me deparei ao fuçar no meu acervo, me emocionou particularmente: o disco *Pixinguinha*, de 1973. Sabe por quê? Porque havia sido um presente para os meus pais, Walter e Zilda, com clássicos da MPB como "Carinhoso", interpretado por Orlando Silva; "Lamento", com o Jacob do Bandolim; e "Marreco quer água", com o Pixinguinha e sua orquestra. Mostrei, durante a gravação do vídeo, que eu tinha escrito "Pai" no selo de um dos lados do disco, e "Mãe" do outro. Os dois já partiram e, ao manusear aquele LP que eles ouviram tanto, fiquei realmente comovido.

Assim eu me divirto, fazendo um monte de coisas diferentes, prazerosas, que preenchem meu tempo. Gosto de ficar em casa e dificilmente vou a festas. Nas raras vezes que decido ir, só vou acompanhado de um motorista. Como não dirijo mais, aciono uma rede de profissionais que prestam serviços para a Globo. Tenho o contato de um deles e aviso com antecedência; se ele não puder, manda outro. Tomo essa precaução para não depender de outra pessoa. Imagine se estou na festa, todo mundo bebendo pra caralho, e alguns convidados começam a extrapolar... Eu sei o meu limite, mas, para respeitá-lo, tenho que ter um carro à disposição. Quando vejo que está começando a ficar um pouco intensa demais a história, eu falo: "Ô pessoal, tô indo embora." Como já disse, nunca me coloco em situação delicada.

Passo a maior parte do tempo em casa porque gosto da minha companhia, o que não acontecia antes. Gosto de pensar, vasculhar minhas estantes com as coleções de discos e livros, ouvir músicas, assistir a filmes, séries, documentários e tudo mais. Já me habituei a viver dessa maneira, mas não pensem que sou um sujeito solitário. Não recuso amor de forma alguma. Só não desejo me casar novamente. As mulheres com quem me relaciono sabem bem disso e buscam exatamente a mesma coisa. Quando começo a ter uma relação mais carinhosa, uma atração maior, muita vontade de estar junto e tal, abro o jogo logo de cara para acertarmos os ponteiros. Sou respeitoso, não sacaneio ninguém, não sou machista, não sou violento, nada... Eu me relaciono normalmente. Assim como não tenho obrigação, a pessoa também não tem obrigação comigo.

Anos atrás, eu me empolgava na largada e já propunha morar junto, o caralho, porque não sabia lidar com os meus sentimentos. Depois, rapidamente, via que não era aquilo o que de fato eu queria, e isso gerava constrangimentos. Trabalhei essa questão em terapia e amadureci. Hoje prefiro amizades coloridas e posso ter mais de um amor simultaneamente, com intensidade e paixão. Pode ser um, dois, três... ou nenhum! Não há uma regra. Cada um mora na própria casa, mas sempre recebo visitas no meu apartamento, a gente transa se quiser, se não quiser não transa, ficamos só vendo filme e não acontece nada. Ou então saímos pra jantar, vamos ao cinema, ao teatro. Para mim, o importante é que haja liberdade total. Ninguém tem obrigação de nada.

Levo uma vida sossegada. (Olha aí o que eu disse, gente, juro que não foi intencional, porém é impossível não me lembrar de "Ovelha negra", da Rita Lee, que se faz sempre presente de uma maneira ou de outra. Mas retomemos o fio da meada do meu dia a dia...) Uma moça vem limpar a casa duas vezes por semana e, na segunda-feira, ela cozinha alguns pratos, que dão para vários dias. Intercalo pedindo comida por telefone ou saindo de vez em quando para almoçar com alguém. São hábitos estabelecidos para organizar o cotidiano. Mas não caio no marasmo da rotina porque a cultura me alimenta. Como diz a música dos Titãs, "a gente não quer só comida, a gente quer comida, diversão e arte".

Como se vê, o meu estilo de vida mudou muito em uma década. No entanto, certas coisas permanecem intactas. Os meus valores continuam basicamente os mesmos. Prezo a liberdade, a democracia, a busca por justiça social, o respeito pelo outro e pela diversidade. A trilha sonora também se mantém – sou fiel ao caldeirão cultural no qual minha personalidade se forjou nas décadas de 1960, 1970 e 1980. Minha geração deu muitas cabeçadas, mas não se pode negar seu poder de criação e os avanços sociais obtidos, principalmente com a ascensão das mulheres e o desenvolvimento da consciência de que a igualdade racial é uma evolução civilizatória a ser perseguida por todos.

Há outra coisa que eu também espero que não mude: a força de transformação do livro *Casagrande e seus demônios*. Nos lançamentos que fizemos pelo Brasil inteiro, diversas pessoas vieram me dizer o quanto a minha história ajuda outras famílias. Ouvi relatos de mães que deram o livro para o filho, e ele colocou na cabeça que queria se internar e se recuperar. Em uma noite de autógrafos no Rio de Janeiro, uma mulher contou o que aconteceu na casa dela no dia em que falei sobre a minha dependência química no programa do Faustão. A família estava vendo, reunida, e todo mundo se emocionou com o meu relato, com os depoimentos dos meus filhos e tudo... Só que o marido dela não parava mais de chorar. Naquele momento, ele acabou revelando a própria dependência química de cocaína e decidiu procurar tratamento. Por isso, a mulher estava naquele dia na fila, comprando o livro para eu assinar e ela presentear o marido. Fiz uma dedicatória especial, profundamente tocado.

Mais uma vez, espero que este livro possa ajudar as pessoas a iniciar um processo de mudança pessoal para melhorar a saúde mental e evoluir. Inspirado naquela música dos Secos & Molhados, eu lhes digo: se as coisas andam assim-assim... vamos fazer assim ou assado.

# AGRADECIMENTOS

A nossos pais, Fiódor Dostoiévski, Iemanjá, Praia da Almada, Aida Veiga, Daniela Gallias, Deborah Yafa Goldshmidt Eskenazi, Fernanda Moreira, Simone Carvalho, José Roberto Malia, Evandro Ruivo, Fernão Ketelhuth, Nelson Rodrigues, Santo Expedito e Chico Buarque... nossos guias espirituais. E aos demônios, por terem nos dado uma trégua.

# REFERÊNCIAS BIBLIOGRÁFICAS

AGUIAR, Leandro. Casagrande joga na defesa de indígenas e marca recomeço para Pataxós em MG. *UOL*, 25 set. 2022. Disponível em: https://tab.uol.com.br/noticias/redacao/2022/09/25/casagrande-joga-na-defesa-de-indigenas-e-marca-recomeco-para-pataxos-em-mg.htm. Acesso em: 24 mai. 2024.

ANJOS, Anna Beatriz et al. O mapa da cloroquina: como governo Bolsonaro enviou 2,8 milhões de comprimidos para todo o Brasil. *Pública*, 1º mar. 2021. Disponível em: https://apublica.org/2021/03/o-mapa-da-cloroquina-como-governo-bolsonaro-enviou-28-milhoes-de-comprimidos-para-todo-o-brasil/#_. Acesso em: 24 mai. 2024.

BICALHO, José Antônio. Sem água, pataxós cancelam festa, e grávidas deixam aldeia. *Folha de S.Paulo*, 2 fev. 2019. Disponível em: https://www1.folha.uol.com.br/cotidiano/2019/02/sem-agua-pataxos-cancelam-festa-e-gravidas-deixam-aldeia.shtml. Acesso em: 24 mai. 2024.

BOLSONARO é acusado de racismo por frase em palestra na Hebraica. *Veja*, 6 abr. 2017. Disponível em: https://veja.abril.com.br/brasil/bolsonaro-e-acusado-de-racismo-por-frase-em-palestra-na-hebraica#google_vignette. Acesso em: 24 mai. 2024.

BOLSONARO em 25 frases polêmicas. *Carta Capital*, 29 out. 2018. Disponível em: https://www.cartacapital.com.br/politica/bolsonaro-em-25-frases-polemicas/. Acesso em: 24 mai. 2024.

CARDOSO, Tom. *Sócrates*: a história e as histórias do jogador mais original do futebol brasileiro. 1. ed. Rio de Janeiro: Objetiva, 2014.

CASAGRANDE JÚNIOR, Walter; RIBEIRO, Gilvan. *Sócrates & Casagrande, uma história de amor*. 1. ed. São Paulo: Globo Livros, 2016.

CASAGRANDE JÚNIOR, Walter; RIBEIRO, Gilvan. *Travessia*: as recaídas, os amigos, os amores e as ideias que fizeram parte da trajetória da minha vida. 1. ed. Rio de Janeiro: Globo Livros, 2020.

ENTREVISTA com Jair Bolsonaro. *Câmera Aberta*, TV Bandeirantes: São Paulo, 23 mai. 1999. Disponível em: https://www.youtube.com/watch?v=21lQ84pnuwo&ab_channel=Jo%C3%A3oRobertoLaque. Acesso em: 24 mai. 2024.

GOMES, Marcelo. O dia em que Casagrande reuniu os atores Thiago Lacerda e Maria Ribeiro para dar luz aos povos indígenas. *ESPN Brasil*, 21 out. 2022. Disponível em https://www.espn.com.br/futebol/artigo/_/id/11111387/dia-casagrande-reuniu-atores-thiago-lacerda-maria-ribeiro-para-dar-luz-povos-indigenas. Acesso em: 24 mai. 2024.

GONZALES, Jennifer. Na TV, Bolsonaro diz a Preta Gil que namoro com negra seria "promiscuidade". *Estadão*, 29 mar. 2011. Disponível em: https://www.estadao.com.br/politica/radar-politico/na-tv-bolsonaro-diz-a-preta-gil-que-namoro-com-negra-seria-promiscuidade/. Acesso em: 24 mai. 2024.

PAI de Neymar critica Casagrande: "abutre" e "oportunista". *Placar*, 29 set. 2021. Disponível em: https://placar.com.br/placar/pai-de-neymar-critica-casagrande-abutre-e-oportunista/. Acesso em: 24 mai. 2024.

UOL. Bolsonaro: "Se tomar vacina e virar jacaré não tenho nada a ver com isso". YouTube, 17 dez. 2020. Disponível em: https://www.youtube.com/watch?v=lBCXkVOEH-8&ab_channel=UOL. Acesso em: 24 mai. 2024.

# ÍNDICE ONOMÁSTICO

**A**
Abel Ferreira, 301
Abel Neto, 40
AC/DC, 52, 70, 233
Acácia Andréa, 226
Ademir da Guia, 174, 176
Adílio, 176
Adilson Monteiro Alves, 134-35, 145-46, 157, 159, 193-96, 199, 234
Adílson, 143, 275
Ado, 142
Adoniran Barbosa, 18, 236, 248-52, 316
*Adonirando, 248, 252, 316*
Adriane Galisteu, 40
Afonsinho, 135-36
Ajax, 205, 207
Alceu Valença, 219, 294
Aleister Crowley, 21-22
Alemão, 206, 214, 217, 219, 294
Alessandra Negrini, 265, 281
Alexandre de Moraes, 272-73
Ali Kamel, 67
Alice Cooper, 318
Alice Fromer, 315
Allianz Parque, 120, 315
América do México, 218
América-RJ, 145
Ana Cissa Pinto, 250-51
Ana Cristina Martinelli (Tina), 51, 315
Ana Mesquita, 281

Ana Moser, 265, 280
Anderson Torres, 270
André Abujamra, 281
André Accioli, 255
Anielle Franco, 281
Antonio Hoyama, 287
Antônio Pitanga, 136
Anuário Brasileiro de Segurança Pública (2023), 270, 277
Arena Corinthians, 103
Arena Fonte Nova, 167, 214
*Arena SporTV, 63, 68, 185-86, 189*
Ari Borges, 22, 24, 40, 152
Armando Nogueira, 56
Arnaldo Cezar Coelho, 40
Arrigo Barnabé, 252
Ascoli, 19, 172, 205-8
Ataliba, 130, 236, 276
Atlético Mineiro, 92, 144, 200, 281
Audax, 72
Azambuja, 136-37

**B**
Baby do Brasil (Baby Consuelo), 92, 94-113, 115, 252-54
Barão Vermelho, 241, 243-44
basílica de Superga, 208
Batistuta, 297
Bats, 220-21
Bebeto, 214-15

Belchior, 135, 147, 149, 158, 257
Bellini, 273
*Bem, Amigos!*, 280, 300
Benê, 142
Benfica, 201, 205
Benjamin Back (Benja), 40
Bento Gonçalves, 229
Bento Mello, 247, 316
Bernardinho, 284
Bete Mendes, 148-49
Biro-Biro, 130, 199, 236
Black Sabbath, 21, 233
Blitz, 241-42
Bob Faria, 185
Boca Juniors, 210
Bologna, 206
Boston City, 72
Botafogo-RJ, 92, 135
Botafogo de Ribeirão Preto, 60, 165
Branco, 214-15, 220
Branco Mello, 72, 247, 316
Bremer, 298
Brøndby, 201-2

C
Cabofriense, 172
cacica Ãngohó (Célia Hã-hã-hãe), 286-87
cacique Hayó, 286
Caetano Veloso, 95, 147, 157, 265, 269, 281, 306
Cafu, 58, 216, 296-97
Caio Ribeiro, 68, 298-300
Caldense, 72, 140, 144-45, 166, 190, 229
*Câmara Aberta*, 262
Cambiasso, 297
Camila Pitanga, 265
Camisa de Vênus, 40
Campeonato Argentino, 296
Campeonato Brasileiro, 146, 166, 189, 194

Campeonato Italiano, 205, 207-8
Campeonato Mineiro, 144
Campeonato Paulista, 129, 132-34, 143, 146, 165, 174, 193, 200, 213, 224-25, 235, 303, 317
Careca, 206, 213-14, 217, 219-20
Carla Camurati, 225
Carlinhos Vergueiro, 252
Carlos Alberto Brilhante Ustra, 261, 263
Carlos Alberto Pintinho, 176
Carlos Alberto Torres, 214
Carlos de Almeida Baptista Júnior, 270-71
Carlos Drummond de Andrade, 309
Carlos Fernando Schinner, 175
Carlos Henrique Schroder, 67
Carlos Murillo, 266
Carol Solberg, 281
*Caros amigos*, 223
*Cartão Vermelho*, 210, 317
Casa Adoniran Barbosa, 249
Casa das Máquinas, 40
*Casão: num jogo sem regras*, 301, 317
*Casão Pod Tudo*, 317
Cassio Scapin, 252
Caszely, 215
Catê, 216
Cazuza, 81, 119, 243
CBF, 81, 291
CBN, 30
Célia Xakriabá, 281, 285
Celso de Mello, 270
Celso Gavião, 201
Celso Unzelte, 72
Central Globo de Esportes em São Paulo (CGESP), 14, 290
chacina da Candelária, 277
chacina de Vigário Geral, 277
Chacrinha (Velho Guerreiro), 243, 310
Chelsea, 210

## ÍNDICE ONOMÁSTICO

Chic, 318
Chico Anysio, 136
Chico Buarque, 136, 147, 268, 281
Chico César, 97
*Chico City*, 136
Christopher Lambert, 30
Cid Moreira, 83
Circo Voador, 219
Ciro Pessoa, 120
Clarice Goldberg, 98
Claudia Odorissio, 251
Claudio Adão, 281
Claudio Lottenberg, 30
Cleber Machado, 68, 281, 291
Clínica Greenwood, 43, 51-52, 54
Clube Esportivo da Penha, 126
CNN, 297, 303
Comando de Caça aos Comunistas (CCC), 149
Comissão Parlamentar de Inquérito (CPI), 266
Conjunto João Rubinato, 252
Conselho Nacional de Desportos (CND), 237
Copa América, 179, 301
Copa do Mundo, 41, 55, 64, 81, 142, 151, 168, 188, 199, 216-17, 219, 221, 271, 291-95, 306, 316
Copa dos Campeões (atual Champions League), 200-2, 205
Copa Libertadores da América, 70, 210
Copa Uefa, 207
Corinthians, 11-14, 19, 58, 71, 92, 96, 107, 130, 133-34, 139-50, 152, 157-59, 162, 166, 168-71, 174-75, 178, 189-91, 193-94, 196, 199-200, 208-10, 213-14, 222, 223-24, 228-30, 234, 236-37, 245, 263, 275-76, 284
Covid-19, 120, 259, 265-68, 281-82, 285, 299
Coxinha (goleiro do Veneno), 126-27

*CQC*, 58, 261
Creedence, 243
Crespo, 297
Cristiano Ronaldo, 292
Cruzeiro, 92, 144-45, 159, 301

## D

Dadi Carvalho, 93
Dalcides Biscalquin, 109
Daniela Gallias, 77, 83, 88, 178
Dante de Oliveira, 169
Darío Pereyra, 162
Davi (neto de Casagrande), 71
David Bowie, 22, 202
De León, 171, 221
Democracia Corinthiana, 12-15, 64, 131, 134, 138, 139-53, 156, 159-60, 168-70, 173, 176-77, 191, 193, 195-97, 199, 234, 241, 250, 263, 300, 303, 309
Demônios da Garoa, 252, 255
Deni Cavalcanti, 225
Departamento de Ordem Política e Social (Dops), 148-50, 263
*Diário de S. Paulo*, 35, 49, 53, 175-76, 189
Diego, 58
Dilma Rousseff, 261
Dino Sani, 142
Diogo Silva, 281
Diretas Já, 12, 148, 155, 168-70, 186, 191, 241, 263, 271, 303
Ditão (ex-zagueiro do Corinthians), 142-43, 275
Ditão (ex-zagueiro do Flamengo), 143
Djalminha, 58
Djavan, 109
DOI-Codi, 261, 263
*Domingão do Faustão*, 63-73, 306
dona Zilda (mãe de Casagrande), 17, 26, 27-28, 30, 46, 48-49, 64, 66, 69, 73, 77-81, 123-24, 143-44, 158, 200, 309-10, 318

Drauzio Varella, 265
Duda Ordunha, 244
Dudu, 176
Dunga, 81, 205

**E**
Éder Aleixo, 214, 216-18
Edinanci Silva, 281
Edinho, 220
Edmundo, 36-37
Eduardo Amorim, 159-60
Eduardo Bolsonaro, 269
Eduardo Gudin, 252
Eduardo Pazuello, 266
Elaine Camilo, 248
Ele Não, 265
Eliana Alves Cruz, 281
Eliane Brum, 281
Eliminatórias Sul-Americanas, 211
Elis Regina, 147, 149, 235
Elivelton, 175, 216
Elói, 201
Elza Soares, 254
Emerson Leão, 14, 191, 193-98
Emerson Sheik, 210
Erasmo Carlos (Tremendão), 165, 285
Erasmo Dias, 149
Eric Cantona, 295-96
Eric Clapton, 50, 233
Ernesto Geisel, 128
escola Penha de França (atual escola Esther Frankel Sampaio), 223
escola Santos Dumont, 224
ESPN Brasil, 23, 40, 57, 64, 290, 303
*Esporte Espetacular, 301, 303, 316*
Esporte pela Democracia, 281-85
*Estadão, 23, 235*
estádio Beira-Rio, 216
estádio Caio Martins, 95
estádio das Antas, 201
estádio Defensores del Chaco, 216

estádio Delle Alpi, 207
estádio do Arruda, 214
estádio do Maracanã, 103-4, 194, 217, 273
estádio do Morumbi, 146, 158, 165, 179, 196, 217, 235, 314
estádio do Pacaembu, 63, 132, 146, 158, 189, 191, 200, 208-10, 214
estádio El Campin, 214
estádio Jalisco, 220
estádio Mané Garrincha, 214
estádio Mineirão, 214
estádio Ramón Tahuichi, 216
Etiene Medeiros, 281
Evandro Mesquita, 241-42
Evaristo de Macedo, 211, 213-16
Expulsos da Gravadora, 40

**F**
Fabi Alvim, 281
Fábio Caetano, 256
Fafá de Belém, 169
Fagner (Raimundo Fagner), 135, 148-50, 167-68, 188, 237
Falcão, 216, 220-21
*Fantástico, 108-10, 214, 248-50*
Faustão (Fausto Silva), 63-68
Felipe Melo, 263
Fernanda Abreu, 242
Fernanda Torres, 265
Fernando Henrique Cardoso (FHC), 169, 262
Fernando Meirelles, 56
Fernando Prass, 281
Fidel Castro, 56
FIFA, 11, 202, 296-97
*Fim de Papo, 316*
Fiorentina, 169-70, 205, 211
Flamengo, 20, 69, 72, 96, 170, 176, 209-10, 218
Flávio, 143

# ÍNDICE ONOMÁSTICO

Flávio Gikovate, 195
Fluminense, 135, 176, 194
*Folha de S.Paulo,* 23, *152, 268, 296, 302, 316*
Fortaleza, 135, 167, 190, 301
Fórum da Penha, 224
Franco Montoro, 169
Franklin Paolillo, 40
Frejat, 244, 246
Funai, 286, 288

**G**
Gabriel Jesus, 298
Gal Costa, 236, 284-85
Galvão Bueno, 14, 68, 210, 293-94, 308
Gato Félix, 93
Gaviões da Fiel, 156, 175
*Gazzeta dello Sport,* 292
Geezer Butler, 21
George Floyd, 279-80
George Zimmerman, 279
Geovani, 214
Geraldo Alckmin, 272
Gianluca Vialli, 205
Gibson Les Paul, 245
Gilberto Gil, 137, 147, 261, 317
Gilberto Tim, 200, 219
Gilson Ribeiro, 152, 221
*Globo Esporte,* 72, *100, 301, 316*
GloboNews, 266
Globoplay, 301-2, 317
Goiás, 213-14
Gonzaguinha, 148-51
*GQ,* 262
Grafite, 281
*Grande Círculo,* 293
Graziela Maria, 104-5, 110-12, 123
Grêmio Barueri, 72
Grêmio, 60, 92, 193
Guará, 146, 166, 190
*Guerra nas estrelas,* 224
Gustavo Kuerten, 281

**H**
Harald Schumacher, 202
Hélio Maffia, 194
Henfil, 147, 149
Henrique (neto de Casagrande), 71
*Hoje em dia,* 57
Hospital Albert Einstein, 30, 43, 45, 59, 178-79, 189
Hospital da Penha, 67

**I**
Ícaro Martins, 225
Instituto Butantan, 266
Internacional de Limeira, 240
Internazionale de Milão, 199
Ira!, 40
Iron Maiden, 314-15
Isaac Azar, 252
Isabel Salgado, 280, 282-84
Isabela Johansen, 115-20, 123
Israel, 22, 249, 284
Ivan Moré, 301

**J**
Jacob do Bandolim, 318
Jadson, 263
Jair Bolsonaro, 259-73, 282, 289, 299, 303
Jamie Foxx, 41
Jamil Chade, 281
Janis Joplin, 50, 115, 204, 233, 317
Jaqueline, 284
Jean William, 252
Jerônimo Bastos, 237
Jim Morrison, 12, 50, 119, 204, 233
Jimi Hendrix, 50, 233, 317
Jimmy Page, 22
Joanna Maranhão, 281
João Carlos Martins, 250-53, 255, 257
João Doria, 266

João Nogueira, 136
João Pedro, 278-80
João Suplicy, 57
Joenia Wapichana, 288
Jogos Olímpicos, 103-5, 143, 188, 275, 283, 302
John Lennon, 165, 225
Jorge Ben Jor, 95
Jorge Vieira, 199-200
Jorginho Cantinflas, 59
Jorginho Gomes, 93, 95
José Antônio Garcia, 225
José Aranha, 225
José Loreto, 281
José Roberto Wright, 213-14
José Sarney, 152
José Trajano, 40, 56, 64, 172-73, 281, 317
Josimar, 220
Jovem Pan, 264
Józef Mlynarczyk, 201
Juan Figer, 200
Juary, 201
Juca Kfouri, 40, 173, 195, 209-11, 215, 265, 281, 309, 317
Júlio César, 221
Juninho, 158, 171, 199
Juninho Pernambucano, 281
Júnior, 218
Juventude, 60
Juventus, 207

**K**
Kaká, 296-97
Karine Alves, 281
Kátia Bagnarelli, 159, 179-83, 185
Keith Richards, 102
Kenarik Boujikian, 281
Kiko Zambianchi, 11, 42-43, 252

**L**
*Lance!*, 40
Lance Armstrong, 203

Laya Lopes, 252
Lazio, 206
LDU do Equador, 172
Leandra Leal, 265
Leandro, 217-18
Led Zeppelin, 22, 318
Lee Marcucci, 11
Leiloca, 281
Leivinha, 176
Leonardo (filho de Casagrande), 30, 31-34, 49, 58-61, 65, 69, 85-86, 208-9, 264
Leonel Brizola, 169
Leônico, 167
Lethal Eyes, 56
Lilia Schwarcz, 268
*Linha de ataque – futebol arte*, 56
Lionel Messi, 292, 296
Lobão, 11, 14
Luana Tolentino, 281
Luís Carlos Winck, 214
Luiz Carlini, 40, 97, 244-46, 252, 255
Luiz Carlos Bresser-Pereira, 268
Luiz Ceará, 214
Luiz Felipe Scolari, 81
Luiz Fernando Lima, 67
Luiz Galvão, 93-94
Luiz Gonzaga (Gonzagão), 150-51, 257
Luiz Gonzaga Belluzzo, 268
Luiz Inácio Lula da Silva, 149, 152, 169, 270-73, 280, 284
Luiza Possi, 252
Luizão, 58
Luverdense, 60

**M**
Made in Brazil, 147
Madjer, 201
Magrão ver Wagner de Castro
Manchester United, 296
Mano Brown, 265

# ÍNDICE ONOMÁSTICO

Maradona, 206, 292
Marcão, 196
Marcel, 284
Marcelo Fromer, 15, 51, 56, 246, 315
Marcelo Nova, 40
Marcelo Rubens Paiva, 72, 261, 281
Márcio, 223, 243
Marco Antônio Freire Gomes, 270-71
Marco Antonio Mora, 14, 67, 290
Marco Antônio Rodrigues, 185
Marcos Winter, 231
Maria Alice Setubal, 265
Maria Helena Rubinato, 248
Maria Ribeiro, 285
Mariana Godoy, 24, 109, 111
Mario Bava, 21
Mário Bortolotto, 116
Mario Covas, 169
Mario Monicelli, 223
Mário Sérgio, 214-15
Mário Travaglini, 145-46, 194
Marquinho, 129, 223, 225-29
Marta Sobral, 281
Martín Vásquez, 207
Matilde de Lutiis, 248
Mauricio de Sousa, 158
Mauro Beting, 174-75
Mauro Galvão, 219
Mauro Naves, 40
Max Fromer, 315
Mbappé, 296
Michel Platini, 207, 220
Mick Jagger, 50
Miguel Arraes, 169
Miguel Cidras, 238, 245
Miguel de Cervantes, 248
Miguel Reale Júnior, 265
Milan, 206
Militão, 298
Milton Leite, 281
Milton Nascimento, 40

Milton Neves, 57
Mirassol, 60
Moara Passoni, 281, 285
Mônica Bergamo, 268
Mônica Feliciano, 31, 33-35, 37, 39-40, 49, 70, 85, 89, 135, 156-58, 162, 170, 208, 230, 241-42
Moraes Moreira, 93-95, 285
*Morning Show*, 264
Movimento Democrático Brasileiro (MDB), 272
MPB4, 136
Mr. Ruffino, 40
MTV, 118
Muller, 58, 219-21
*Mundo Deportivo*, 292
Museu da Imagem e do Som, 249

## N

Nando Chagas, 106, 112
Nando Fernandes, 40
Nando Reis, 56, 97, 281, 315
Napoli, 206
Nasi Valadão, 11, 40, 252
Nelsinho, 162, 231
Neto, 263, 281
Neymar, 102, 291-93, 295-96, 300
Nilton Santos, 273
Nonato Buzar, 136
Novos Baianos, 92, 93-94, 97-98
Nunes, 176

## O

Ocimar, 129-30, 134, 223, 228, 230-31, 243
Oldemário Touguinhó, 215
Orlando Monteiro Alves, 145
Orlando Silva, 318
Orquestra Bachiana Filarmônica Sesi--SP, 252, 255
Os Mutantes, 147, 245

Osasco, 60
Oscar Schmidt, 281
Oscar (zagueiro), 163, 171, 214-15
Osmar Prado, 136
Osmar Santos, 12, 169, 236, 241, 281
Oswaldo Brandão, 143-44
Oswaldo Sargentelli, 242

**P**
Pablo Miguel Roig, 111
padre Arlindo, 27-29
padre Júlio Lancellotti, 268, 281
Palmeiras, 12, 58-59, 146, 174, 176, 189, 193, 196, 263
*Pânico na TV,* 57
Paolo Guerrero, 210
Paris Saint-Germain, 292
parque São Jorge, 134, 140, 142-48, 150-51, 155-58, 168, 193-94, 199, 208, 211, 229, 237
Partido dos Trabalhadores (PT), 148, 152, 168, 172, 191, 271
Pasquale Cipro Neto, 281
Patrícia Pillar, 265
Paul Breitner, 203
Paul McCartney, 165, 225
Paula Barreto, 281
Paula Lavigne, 269
Paulinho Boca de Cantor, 93, 97, 252
Paulo Borges, 142
Paulo César Caju, 14, 136, 176-77
Paulo Coelho, 21-22
Paulo Futre, 201
Paulo Maluf, 225
Paulo Miklos, 15-16, 246-47, 252, 256, 281, 315
Paulo Roberto, 92, 162, 221, 223, 230-31
Pelé, 273, 285, 292, 297
Peñarol, 205
Peninha, 243-44
Pepeu Gomes, 63, 93-95, 106-7, 112, 318

Pete Townshend, 245
Peter Frampton, 13-14, 133-34
Pinochet, 215
Pita, 150, 152
Pixinguinha, 318
Polícia Civil, 148, 227
Polícia Federal, 13, 270
Polícia Militar (PM), 94, 128, 130-31, 133, 137, 147, 227
Polícia Rodoviária Federal, 229, 273
Politheama, 136
Ponte Preta, 142
Pontifícia Universidade Católica de São Paulo (PUC-SP), 148, 195
Porto, 200-1, 205
Portuguesa, 59, 140, 208
*Posse de Bola,* 296
Preta Gil, 261
Pumpido, 297

**Q**
*Quinteto irreverente,* 223

**R**
Racing Club de France, 205
Rádio 89FM, 72, 246-47, 252, 316
Rádio Brasil, 231
Rádio Brasil 2000, 246
Rádio CBN, 30
Rádio Eldorado, 57
Rádio Globo, 235
Rádio Transamérica, 246-47
Rafinha Bastos, 58
Raí, 58, 182, 185, 216, 271, 281, 299-300
Rappin' Hood, 252-54, 281
Raul Plasmann, 281
Raul Seixas (Raulzito), 21-22, 147, 231, 237-40, 245, 254, 315
Ray Charles, 41
Real Madrid, 207, 292
*Redação SporTV,* 292

## ÍNDICE ONOMÁSTICO

RedeTV!, 24, 57, 112
Regina Casé, 225
Regina Martins (Regininha), 178-79
Reinaldo, 214-15, 281
Renata Ceribelli, 108-10
Renato Gaúcho, 216-18, 301
Ricardo Salles, 268
Rita Lee, 94, 137, 186, 234-37, 245, 317, 319
*Ritmo Brasil*, 57
Rivaldo, 58, 209, 296
Rivellino, 142, 176
Roberto Cabrini, 215
Roberto Carlos, 165
Roberto Carlos, jogador, 296-97
Roberto de Carvalho, 234-35
Roberto Dinamite, 301
Roberto Pasqua, 199
Robinho (Robson de Souza), 58, 298-99
*Rock Bola, 72, 247, 252, 316*
Rodrigo Maia, 268
Rodrigo Rodrigues, 285
Roger Flores, 40
Roger Machado, 281
Roger Waters, 119, 314
Rogério Ceni, 301
Rogério Micale, 102
Rolando Boldrin, 285
*Rolling Stone Brasil*, 93
Rolling Stones, 102
Romário, 58
Romerito, 217
Ronaldão, 281
Ronaldo (Fenômeno), 58, 64, 237, 296-98, 302
Rosas de Ouro, 237
Rubens Paiva, 261

## S

Sabrina Parlatore, 252
Sampdoria, 205
Sandra de Sá, 237
Santo André, 132
Santos, 70, 166, 298-99
São Paulo, 19, 92, 138, 162, 165-66, 171, 186, 196, 199, 213, 216-17, 222, 223, 230-31, 235, 299-301
SBT, 211
Scifo, 207
Scott Derrickson, 80
Secos & Molhados, 320
Seleção Brasileira, 14, 17, 20, 36-37, 55-56, 81, 92, 102, 142, 162, 166, 168, 185, 190, 194, 211, 213-21, 224, 271, 275, 284, 291, 294-95, 301, 316
Sepultura, 40
Serginho Chulapa, 213, 231
Serginho Groisman, 285
Sérgio Mamberti, 268
Sérgio Sampaio, 317
seu Walter (pai de Casagrande), 26, 27-28, 64, 66, 142-44, 200, 309-10, 318
Shirley Krenak, 287
Sidney Magal, 227
Sidney, 229-30
Simbas, 40
Simon & Garfunkel, 165
Simone, 237
Simone Tebet, 272
Simone Villas Boas, 86-89, 123
Simple Minds, 202
Sioux 66, 247
Sócrates (Magrão), 12-13, 78, 95, 131, 134-35, 140-41, 145-46, 149-50, 159, 163, 165-91, 194-97, 199, 211, 216-17, 219-21, 234, 236-37, 250, 263, 271, 276, 300, 308
Solito, 194
Sonia Guajajara, 285
Sorín, 297
Sport, 301
Sporting, 205

SporTV, 40, 72, 174-75, 293, 300-1
Superior Tribunal de Justiça, 299
Superior Tribunal Eleitoral (TSE), 270, 272-73
Supla, 57
Supremo Tribunal Federal (STF), 259, 269-70, 272-73, 288
Susanna Lira, 301, 317
Sven-Göran Erickson, 205
Symon (filho de Casagrande), 34, 49, 58, 61, 68-73, 84-85

**T**
Tambor, 129, 223
Tancredo Neves, 169
Tânia Alves, 225
Telê Santana, 211, 216-21
*Terceiro tempo*, 57
Tereza Cristina, 281
Tetê Espíndola, 149
The Beatles, 22, 225, 233, 318
The Cure, 202
The Doors, 12, 119
The Who, 119, 245, 317
Theatro Municipal de São Paulo, 18, 248-51, 253-56, 316
Thiago Lacerda, 281, 285
Tim Maia, 237
Titãs, 11, 51, 56, 72, 120, 241, 246-47, 303, 315, 319
Tite, 102, 295
Toca da Raposa, 151, 217
Toni Polster, 205
Toninho Cerezo, 216, 220
Toquinho, 148, 165
Torino, 14, 20, 69, 172, 205-8
Trayvon Martin, 280
Turma do Veneno, 124, 131, 133-34, 223, 230-31
Tutti Frutti, 245, 318
TV Bandeirantes (atual Band), 40, 221, 261-62, 303

TV Cultura, 303
*TV Fama*, 112
TV Globo, 11, 18, 23, 25, 29, 35, 40-41, 50, 63-73, 76, 81, 94, 100, 104, 108, 124, 152, 173-75, 179, 210, 213-15, 231, 246, 252, 256, 263, 265-66, 289-303, 316, 318
TV Record, 57-58, 303, 317
Tzvi Chazan, 249

**U**
Ugo Tognazzi, 59-60, 223
Ulysses Guimarães, 169
Universidade de São Paulo (USP), 172, 249
UOL, 113, 120, 210, 272, 287, 295-96, 302, 316

**V**
Vanderlei Luxemburgo, 36-37, 58, 174, 301
Vasco, 92, 135, 170, 201
Velloso, 58
Vera Mossa, 281
Vera Zimmermann, 225
Verona, 206
Vicente Matheus, 139, 143-44, 147-48, 234
Vicente Viscome, 228
Victor Hugo (filho de Casagrande), 30, 46, 49, 54, 55-59, 65, 69, 71, 76-77, 208-9
Vini Jr., 298
Vinicius de Moraes, 165
Vitória de Guimarães, 205

**W**
Wagner de Castro (Magrão), 67, 126-30, 134-35, 137, 156-58, 163, 223-30, 238-42, 254-55
Wagner Moura, 265

Waldemar Pires, 139, 145, 157, 237
Walter Franco, 169
Walter Salles, 265
Washington Olivetto, 145, 195, 234, 236, 265, 281, 308
Wladimir, 12, 131, 149-50, 152, 163, 169, 194, 199, 225, 234-35, 236, 276, 281
Woodstock, 233

**Y**
Yane Marques, 281

**Z**
Zanetti, 297
Zé Luiz, 72, 252, 316
Zé Maria, 141, 167, 194, 275
Zeca Baleiro, 188, 281
Zenaide (irmã de Casagrande), 59, 77
Zenon, 12, 167, 190, 199, 236
Zico (Galinho), 176, 216, 218, 220
Zildinha (irmã de Casagrande), 66-67, 77
Ziraldo, 250

Este livro foi composto na tipografia Minion Pro,
em corpo 11/15, e impresso em
papel off-white no Sistema Cameron da
Divisão Gráfica da Distribuidora Record.